湖南流域文化丛书
总编/贺培育　副总编/李斌　郭钦

湘江流域文化研究

毛健/著

社会科学文献出版社
SOCIAL SCIENCES ACADEMIC PRESS (CHINA)

湖南流域文化丛书编委会

总　　　编　贺培育

副 总 编　李　斌　郭　钦

编委会成员　贺培育　李跃龙　李　斌　郭　钦
　　　　　　　马延炜　杨　乔　张　衢　杨　斌
　　　　　　　毛　健　李　超

作者简介

毛　健　湖南省社会科学院历史文化研究所助理研究员，主要从事湖南地方史、湖湘文献整理与研究工作。参与国家社科基金重大项目2项，主持省社科基金项目3项。先后在《求索》《中国典籍与文化论丛》《中国社会科学报》《湖南社会科学》《船山学刊》等报刊发表学术文章20余篇。

一湖四水的文化承载

(总序)

湖南历史悠久、文脉绵长、底蕴深厚,生于斯,长于斯,那山、那水、那人家,亘古及今,湖湘人民生生不息地孕育、传承和发展了博大精深的湖湘文化。诚如一代国学大师钱基博在其《近百年湖南学风骈文通义》导言中所言:"湖南之为省,北阻大江,南薄五岭,西接黔蜀,群苗所萃,盖四塞之国。其地水少而山多。重山叠岭,滩河峻激,而舟车不易为交通。顽石赭土,地质刚坚,而民性多流于倔强,以故风气锢塞,常不为中原人文所沾被。抑亦风气自创,能别于中原人物以独立。人杰地灵,大儒迭起,前不见古人,后不见来者,宏识孤怀,涵今茹古,罔不有独立自由之思想,有坚强不磨之志节。湛深古学而能自辟蹊径,不为古学所囿。义以淑群,行必厉己,以开一代之风气,盖地理使之然也。"① 这是钱基博对湖南地理因素对湖南人文学风的形成及影响的独到见解。湖湘文化作为中华文化的重要组成部分,因受湖南地理环境因素的影响具有鲜明的地域特色。站在全国的角度看,湖湘文化自成一体,独具特色,但是从湖南境内看,湖湘文化又因其境内的不同地域而形成各具特色的子系统区域文化。流域是指以某一条河流为主线,由分水线包围的河流集水区所形成的独立区域。常言道"一方水土养一方人"。水为生命之源,河流是人类

---

① 钱基博:《近百年湖南学风骈文通义》,上海古籍出版社,2012,第5页。

湘江流域文化研究

文明发祥、发展的重要载体，"人"作为文化和文明的主体，我们虽然不能以绝对的环境论来阐释环境决定一切，但是生活在特定区域环境下的人一定会与这一区域的地理因素产生千丝万缕的必然联系。为此，我们根据湖南山水特点，以水为纲，将湖湘文化按湘江流域、资江流域、沅江流域、澧水流域和洞庭湖区划分开来，力图以流域为单元，通过"一湖四水"的文化承载来研究湖湘文化，以达新解。

一　湘水壮阔　文运天开

湘江又称湘水，为长江中游南岸洞庭湖水系一级重要支流，湖南四大河流之一。湘江源头由东西两源组成，西源发于广西壮族自治区兴安县近峰岭，据《水经注》载："湘水出零陵始安县阳海山。"清钱邦芑《湘水考》载："湘水，源出广西桂林府兴安县海阳山，山居灵川、兴安之界上，多奇峰绝壑，泉水之始出也，其流仅可滥觞。"东源发自湖南省永州市蓝山县紫良瑶族乡野狗岭，为潇水源头，于永州市零陵区萍岛与西源汇合。湘江流域面积为湖南四水之最，湖南14个市州有8个在湘江流域，全省经济、政治、文化和人口重心都在湘江流域，因此，湘江被誉为湖南的母亲河，"湘"成为湖南省的简称。

湘江流域位居湖南中东部，河谷开阔，江宽水缓，自古得灌溉和舟楫之利，北通中原、南达岭南的优越区位，使湘江流域的文化承载丰满而厚重。由于人类趋利避害、逐水而居及水系的关系，湘江流域发育形成了许多临水型城市，如长沙、湘潭、株洲、衡阳、永州等，其中长沙、衡阳、永州是最具有代表性的集湘江流域文化之大成的城市文明综合体。长沙地处湘江下游及浏阳河与湘江交汇处，位居湘江流域门户，为中原通达岭南的水陆枢纽，具有"南连衡岳，北连洞庭，势控荆湘，绾毂南北"①的区位优势，为湖南水陆交通要冲，春秋战国时期逐渐形成城邑，为秦长沙郡、汉长沙国治所，有"楚汉名城"之称。长沙城市的发展是历代政治治所和湘江流域水陆交通完美结合的结果，自秦代以后，长沙逐渐发展成为湖南地区的政治、经济、文化和交通中心。衡阳，位于湘江中下游交界处的衡阳盆地，蒸水、耒水与湘江交汇处，被誉为"三水汇聚，衡雁福地"，为中原通往岭南的重要陆路节点和水路交通枢纽，春秋战国时为楚南人烟密集和商贸繁盛之地，成为楚南重镇，自有建置以来即为历代郡、府、路、州治所，是一座文化底蕴深厚、充满活力的临水型城市。永州又称零陵，地处潇水与湘江交汇处，为湘江中上游水陆交通要冲，是湘江流域通达岭南两广地区的重要节点，两汉时期的零陵郡治设置于此，历为郡、府、路、州治所，是一座文化底蕴深厚、人文气息浓厚的历史文化名城。湘江流域的城市因水而生，因水而兴。近现代以来，粤汉铁路、湘桂铁路都沿湘江流域的河谷布线，如今京广高铁、京珠高速也同样如此。湘江流域地域、地势、河流与交通区位同向，可谓得天独厚，湘江流域由此造就了较为兴盛的文化与文明。

二 资水险急 文化出彩

资江又称资水，为长江中游南岸洞庭湖水系一级支流，湖南四大河流之一。资江西源发于城步苗族自治县青界山主峰黄马界西麓，俗称赧水，旧志又称资水或都梁水，由西南向东北至邵阳县塘渡口镇双江口与夫夷水汇合。资江东源发源于广西壮族自治区资源县境内越城岭山最高峰猫儿山，俗称夫夷水，由南向北流至新宁县窑市镇六坪村

---

① 湖南省博物馆、湖南省文物考古研究所、长沙市博物馆、长沙市文物考古研究所：《长沙楚墓》上卷，文物出版社，2000，第1页。

塔子寨进入湖南，在邵阳县双江口与西源㮾水汇合。两源汇合后始称资江，旧志和传统习惯多以㮾水为资水。从整个资江流域看，由于中游地区山高水险，资江流域文化呈现三段式结构，上、中、下游三大区域各具特色，各领风骚，构成了资水险急、人文出彩的独特文化风貌。

资江流域上游地区主要为今邵阳市域，地形以邵阳盆地为中心，西有雪峰山为屏障，南有越城岭阻隔，北为高山峡谷锁闭，唯有东面与湘江流域以缓丘相连，特别是湘江支流涟水深入盆地东北部边缘，分水岭相当低矮平缓，因此资江流域上游地区深受湘江流域文化的影响。资江上游地区虽然深受湘江流域文化的影响，但是其流域地形特点也孕育了本地域显著的文化特色。在语言上，资水上游地区虽然与湘江中下游同属汉语湘方言区，但湘江流域地形开阔，受其他方言影响较大，形成新湘语区，而资江上游地区西、南、北三面有高山阻隔，受其他方言影响小，较好地保留了古湘语成分，形成老湘语区。在地理因素对人类生产生活影响上，资江上游地区为典型的盆地结构，来自东南的暖湿气流在翻越南岭山脉后形成下沉气流，因而降水较湖南其他地区偏少，形成干旱走廊，如遇干旱年份，农作物歉收，加之人多地少，为了养家糊口、添补家用，当地人多养成精打细算及出门做手艺活和贩货走鬻的习性。明清至民国时期，邵阳货郎走街串巷，邵阳手艺工匠进城入乡，宝庆会馆遍及各地，邵阳商帮用拳头开辟武汉鹦鹉洲码头，靠蛮勇立足汉正街。如今资江流域上游的邵阳人血液中流淌着精明能干的基因，承袭着经商办厂的文化传统。

资江中游穿流雪峰山脉，山高水险，水流湍急，支流短小，流域范围涵盖今新化、安化及冷水江大部分地域。由于特殊的地理因素和人居环境，资江中游流域因山高谷深、平地有限而形成了高山灌溉系统的梯田农耕文化，因山高林密、巡山狩猎而产生了崇拜自然山林的巫风文化，因水急浪险、搏浪涉水而养成了勇猛爽直的尚武文化。资江中游的雪峰山区，习惯上被称为"梅山地区"，这里的山统称为"梅山"，新化俗称"上梅山"，安化俗称"下梅山"，这一地域所孕育、产生的地域文化，被学界称为"梅山文化"。

资江流域下游地区属于平原和缓丘区，河床展宽、水流平缓，位居洞庭湖南岸，在地形地貌上与沅江下游、湘江下游连成一片，加之秦汉以后，这一地域在行政管理上长期受湘江流域长沙郡、长沙府的统辖，因此资江下游地区的经济、政治、文化等都深受湘江流域影响，该地域的语言与长沙相近，同属新湘语方言区，人文风俗也几近于长沙，即使在当今时代，这一地域也被称为长沙的"后花园"。

资江流域的城市多因水而生，但受地形因素的影响，资江流域的临水型城市，呈现上下游发展强、中游发展偏弱的特点，整个流域的城市发展以邵阳和益阳最具有代表性。邵阳位居资江上游邵阳盆地中心，地处邵水与资江交汇处，水运便利、地形开阔，这使邵阳成为资江上游地区的政治、经济、文化和交通中心，自两汉建置以来，成为历代郡、府、路、州治所。益阳地处资江下游，为资江流域门户，也是洞庭湖南岸陆路的重要节点，春秋战国时期，楚国就在此设立益阳县治，便利的水陆交通使益阳发展成为资江流域下游和环洞庭湖区的重要城市。

三 沅水悠长 文渊多样

沅江又称沅水，为长江中游南岸洞庭湖水系一级重要支流，湖南四大河流之一。关于沅江源头，有贵州省都匀市云雾山鸡冠岭、都匀市斗篷山和贵定县岩下乡摆洗村等多种说法，第一次全国水利普查，确认贵州省黔南布依族苗族自治州贵定县昌明镇高坡村为沅江的源头。传统习惯上，认为沅江发源于贵州省东南部，有南北二源。南源马尾河，又称龙头江，发源于都匀县（今都匀市）云雾山鸡冠岭；北源重安江，又称诸梁江，源出麻江县平越间大山。沅江以南源为正源，南北二源相汇合后，称清水江，流经至湖南省会同县漠滨乡金子村入境湖南，东流至洪江市（原黔阳县）托口镇与渠水汇合，始称沅江。

沅江流域中上游地区是湘、黔、鄂、桂、渝四省一市边区文化相互交融、相互影响的区域，受行政统属的影响，在贵州境内的地域文化称为黔文化，重庆东南和湖北西南部边境的地域文化习惯上称为巴渝文化，而在湖南省境内的地域文化为湖湘文化。沅江流域中上游的核心区域在湖南省境内，其地域范围为怀化市、湘西土家族苗族自治州及邵阳市的城步苗族自治县和绥宁县，沅江水系的主要支流渠水、潕水、巫水、溆水、辰水、武水、酉水都在湖南境内汇入干流。沅江流域中上游湖南境内的早期文明涵盖了本流域特有的潕水文化、高庙文化和外来的大溪文化、屈家岭文化、龙山文化，文化序列完整、脉络清晰，人类活动遗迹众多，说明在远古时代的渔猎经济条件下，这一地域的生态地理环境适合早期人类繁衍生息。

在历史的发展长河中，沅江流域的早期先民被称为群蛮和百濮，他们可能是沅水流域真正的世居族群。蚩尤部落在北方中原各部落联盟之间的角逐中失败，由江淮地区经洞庭湖沿沅江河谷进入湘西和黔东南地区，从而形成苗蛮集团并发展演变成为苗族、瑶族的先民；随后沅江流域西北部巴蜀地区的先民也在北方部族的挤压下向湘西沅江流域迁徙，巴人成为土家族的先民。苗蛮集团和巴人迁入并与当地世居族群不断融合，形成了沅江流域中上游地区的多民族格局。沅江流域中上游地区的各少数民族在史书中通常被称为"五溪蛮"或"武陵蛮"。当然，随着时间的推移和时代的进步，经过历代中央王朝的不断征伐、开拓、移民和教化，汉族和其他民族也逐渐进入沅水中上游地区，他们大多聚居在河谷平原、山间盆地、交通要道和行政治所，因此居于河谷平原、山间盆地、交通要道和行政治所附近的少数民族逐渐与汉民族融合，而僻居高山深谷的少数民族则仍然保留着原有民族的特性，沅江流域中上游地区因而成为以汉、苗、侗、土家族为主体，瑶、布依、白、水、壮、回族等多民族聚居的地区，成为中原和东部汉族聚居地区与西南少数民族地区交相融合的区域。明清时期，滇黔地区获得开发，"改土归流"推行，随着移民开发和军旅驻防，大批移民、官宦眷属和江浙闽商来到沅江流域中上游地区，楚巫文化、苗蛮文化、巴蜀文化（川渝分治后称"巴渝文化"）、侗壮文化及中原文化、江浙文化和妈祖文化在这里交融互动，构成了沅江流域中上游地区以五溪文化为核心的多元文化交融图景。民俗上多民族交融、相互吸纳，语言上以西南官话为主、各族语言并存，飞山庙、盘瓠庙、天王庙、龙王庙、伏波庙、苏州会馆、"万寿宫"、"天后宫"等都在沅江流域中上游地区留下众多遗迹就不足为奇了。清代湖南建省后，沅江流域中上游湖南境内的五溪地区隶属湖南巡抚管辖，厚重多样的五溪文化成为湖湘文化的重要组成部分。近现代以来，随着社会的不断进步和交通的不断完善，沅江流域中上游湖南境内的五溪地区受东部湘江和资江流域的文化影响也进一步加深。

沅江流域下游地区为今常德市域的一部分，沅江干流进入平原缓丘区，水势平缓、河面宽阔，由于位居沅江下游，因而成为滇黔和湘西的门户。明洪武五年（1372），维吾尔族将领哈勒·八十奉命率军驻守常德，其军中的回族和维吾尔族将士随后在沅江流域下游地区落籍定居并繁衍生息，由此带来了穆斯林文化，他们与当地人和谐相处，丰富了沅江流域下游地区的文化内涵。沅江流域下游地区，地势平坦、无险可据。这里既是通往湘西、黔东、川（今渝）东南地区的水陆要冲,又是北方中原地区与南方及岭南地区的陆路交通的节点,优越的自然条件和地理区位,使这一地区容易受到北方中原文化的影响而成为湖南境内开化、开发最早的地域。善卷的"让王不受"形成了"善德文化",屈原的流放南来催生了"爱国情怀",陶渊明的《桃花源记》展现了豁达乐观的胸襟,刘禹锡的"竹枝词"激发了"诗兴词韵",特殊的地理环境,使沅江流域下游地区的土著文化与荆楚文化、中原文化在这里碰撞、交流、融合,并不断继承、吸收、演进和发展从而形成湖湘文化中一种具有鲜明特色的地域文化,构成了中原文化、巫楚文化、湖湘文化在这里交相辉映的图景。

沅江流域的城市为典型的临水型城市,其中以常德、沅陵和洪江最具代表性,但由于地形因素,除下游常德城市发展成熟、建置稳定外,其他中上游城市因受山区河谷地形影响,城市都呈现发展缓慢和建置不稳定的特征。沅江流域中上游地区由于在地形上高山阻隔、地貌多样,形成了具有多民族特色和多元结构的"五溪文化",在方言上与川、黔语言相近,属西南官话;而下游地区在地形上开阔平坦,形成了承南启北、相互交融的地域文化,在方言上与湖北方言相近,属北方官话荆楚话。这种中上游地区与下游地区截然不同的地形差异,构成了沅江流域文化的多样性,使沅江流域文化多元而丰满。

四 澧水靛蓝 文明深厚

澧水因《楚辞》"沅有芷兮澧有兰"之句,又名兰江,为长江中游南岸洞庭湖水系一级支流,湖南四大河流之一。关于澧水得名之来由,一说因其上游"绿水六十里,水成靛澧色"而得名;一说远古时期,当地先民多居丛岩邃谷,甘泉冷冽,岚瘴郁蒸,非辛辣刚烈之食不足以温胃健脾,故酿制甜酒,煮酒豪饮成习,因醴为甜酒,由是"醴""澧"同音异写,遂得澧水之名。澧水发源于湖南西北部与湖北西南部交界处的武陵山脉东北支南麓,有北、中、南三源。北源发于桑植县五道水镇杉木界,中源发于龙山县大安乡翻身村,南源发于永顺县龙家寨东北。通常以北源为正源,三源于桑植县南岔汇合后,由西向东流经大庸(今张家界市永定区)、慈利、石门、临澧、澧县、津市等县市,于津市市小渡口注入洞庭湖。澧水为湖南四水中流程最短的一条河流,但澧水流域地处武陵山脉最为高耸延绵的一列山岭的南侧,打开湖南地形图,就会在湖南西北部看到这列山岭巍峨延绵的"身躯",有"湖南屋脊"之称。澧水在湖南四水中以水清深澈和文明厚重而著名,故其特点堪称澧水靛蓝、文明深厚。在湖南四水中澧水虽然流程最短,但由于其独特的区位和地质地貌等地理条件,澧水流域文化呈现深厚与丰富多重并举、人文与自然交相辉映的绚丽图景。

根据考古发掘资料,在澧水流域上中下游地区都发现旧石器时代和新石器时代遗址,特别是中下游地区的河谷台地和澧阳平原所发现的旧、新石器时代遗址达500多处,由于这些文化遗存具有鲜明的地域特征,考古学界将这类文化遗存称为"澧水文化类群",其文化序列为"彭头山文化"—"皂市下层文化"—"大溪文化"—"屈家岭文化"—"长江中游龙山文化",承袭关系完整而连续,展现了澧水流域深厚的文化脉络。其中较为著名的有:津市虎爪山遗址、燕尔洞"石门人"遗址、澧县彭头山文化遗址、澧县八十垱遗址、石门皂市下层文化遗址、澧县城头山古城遗址等。

澧水流域与沅江流域虽同为群蛮百濮所居,但与沅江流域稍有不同。因澧水流域与鄂西南及巴蜀地区相连,所以在群蛮百濮的区分上,澧水流域多为巴濮、庸人,沅江流域多为苗蛮、濮僚。澧水流域的巴濮和庸人通过交相融合成为土家族的先民,这也是现今澧水流域中上游地区的少数民族多为土家族的原因。澧水流域地处湖南西北部,其下游澧阳平原与湖北江汉平原连为一体,同为长江中下游平原的一部分,而上游地区与湖北西南部相邻,与重庆东南部近在咫尺,同属武陵山区,自古以来,这里就是湖湘地区北通中原、西抵巴蜀的交通要道。澧水中上游地区与沅江中上游地区同属武陵山区,这里的少数民族都被统称为"武陵蛮",虽然中央王朝及中原文化逐渐进入这一地区,但由于"蛮夷叛服无常",加之此地多崇山峻岭的地形因素,因此,澧水中上游地区形成了以土家族、汉族、白族为主体的多元文化区域。近现代以来,随着社会经济和交通的发展,澧水流域各种文化逐渐相互交融,成为湖湘文化的重要组成部分。

澧水流域除了人文历史文化外,还有一张闻名世界的自然文化名片——世界自然文化遗产。澧水流域中上游地区以张家界境内群山为代表的山体多由石英砂岩构成,特殊地质结构和多雨的气候条件,使石英砂岩在暴雨的冲刷下发育为成景母岩,再通过流水侵蚀、重力崩塌、风化等外力作用,形成以棱角平直的高大石柱林为主,以深切嶂谷、石墙、天生桥、方山、平台等为辅的地貌形态,孕育出"奇峰三千、秀水八百"的独特地貌景观,被誉为"天然水墨,人间仙境"。

五　洞庭浩渺　人文荟萃

洞庭湖位于长江中游南岸,是中国著名的五大淡水湖之一。远古时期,在今洞庭湖平原和江汉平原的长江中游地区有一片水域辽阔的汪洋大湖,古称云梦泽。由于长江在流出三峡进入平原地区后,水势变缓、流速降低,长期的泥沙淤积,使古云梦泽逐渐缩小,从而演变成为现今的洞庭湖。洞庭湖西北和北面通过松滋、太平、藕池、调弦

一湖四水的文化承载（总序）

四口接纳长江来水，南和西有湘、资、沅、澧四水汇注，东有汨罗江、新墙河等小支流汇入，于东北在岳阳市城陵矶注入长江。洞庭湖是长江流域江湖关系最密切和蓄洪调水能力最强的调蓄性湖泊，具有强大的蓄洪能力，是长江中下游地区防洪安全的重要保障。历史上，洞庭湖曾号称"八百里洞庭"，长期位居"五湖之首"，由于位居长江中游荆江南岸，又有四口与长江相通，加之湘、资、沅、澧四水注入，其接纳的入湖水量和覆盖的流域面积是整个长江流域最大的。关于洞庭湖的面积，如今还没有确切一致的说法，据相关专家测算，作为蓄洪和行洪型的调蓄性湖泊，如果将现有湖面面积加上洪道的水域面积，洞庭湖可能仍然是中国第一大淡水湖泊。由于四水汇注、北通长江，因此洞庭湖区既是湘、资、沅、澧四水的地理门户，也是四水流域经济、政治、社会和文化相互交融的联系纽带，其区域文化呈现由水性、大度、包容、抗争和忧乐等多重因素组成的复合型特性，可概称为"洞庭浩渺、文化荟萃"。洞庭湖区地形平坦、土地肥沃、物产丰富，因盛产鱼虾和水稻而成为著名的"鱼米之乡"，其所孕育承载的区域文化既有南来北往、四水汇聚的融合，又有烟波浩渺的大湖激荡，其所呈现的文化特色使湖湘文化更加光芒而耀眼。

洞庭湖区位于湖南北部，地处湘、资、沅、澧四水下游，地势平坦、河网密布、堤垸纵横、港汊交错，尽显平原水乡特色，优越的地形和丰富的水资源为人类的生产生活提供了必要的条件。由于洞庭湖位于湖南省北部，又是湘、资、沅、澧四水注入的下游地域，历史上的任何时期，不管是尧、舜、禹南巡，还是楚人南下、秦汉南征，但凡中原地区的经济、政治、军事、文化等与湖南交流交往都要首先经过洞庭湖地区。洞庭湖地区既是近现代的公路、铁路南北交通干线所必经之地，也是沿洞庭湖东西两侧进入湖南所必经之地，因此这一地域成为湖南文化交融最活跃的地区，四水流域文化的汇注和南北文化的交融形成了洞庭湖区文化的包容性。由于洞庭湖属于调蓄型通江大湖，因此生活在湖区的人们，在长期与湖水为伴、与洪灾水患搏击抗争的过程中既形成了多情柔和的水一般的品格，又养成了同舟共济的团队和抗争精神，这或许就是如今湖南人戏称所谓的"常德帮、岳阳帮、益阳帮"的文化土壤。洞庭湖区所形成的这些文化特性展现出的是水天辽阔、大度坦荡及忧国忧民的大湖文化。

洞庭湖区的城市属平原水乡与河湖结合型临水城市。在农耕和渔猎经济的古代，洞庭湖西岸的澧阳平原就迎来了中国古代早期城市文明的曙光，以城头山古城遗址为代表的古代城市，标志着洞庭湖区的城市起源、发展与水利、地利有着天然的联系。洞庭湖区的城市都属于濒河湖、尽地利的临水型城市，但由于湖区多水患且湖巷河汊众多，沙洲阻隔，城市发展空间有限，只有湖河结合较好的门户型临水城市发展空间更为广阔，其中以岳阳、益阳、常德最具代表性。岳阳古称"巴陵"，地处洞庭湖与长江交汇处，汇纳四水，吞吐长江，是湖南境内水路交通区位最优越的临水型城市。岳阳扼洞庭湖通长江之口，为洞庭湖东岸水路、陆路进出湖南的必经之地，其城市发展在洞庭湖区流域文化中具有极其重要的地位。益阳、常德分别为洞庭湖南岸和西岸湖河结合的临水型城市，二者濒湖临河，既有湖水相托，又有扼守资江、沅江门户及流域广袤腹地的区位地理优势，因而发展成为洞庭湖区的重要城市。岳阳、益阳、常德三座城市既得洞庭湖之利，又得通长江、资江、沅江之便，三者环绕洞庭，对湖区城市的发展具有极强的辐射和引领带动作用。

湖南流域文化是中华文明文脉的重要组成部分。习近平强调，人与水的关系很重要。世界几大文明都发源于大江大河。人离不开水，但水患又是人类的心腹大患。人类在与自然共处、共生和斗争的进程中不断进步。和谐是共处平衡的表现，但达成和谐需要有很多斗争。中华民族正是在同自然灾害做斗争中发展起来的伟大民族。湖湘文化是湖南省境内文化的总称，通过洞庭湖和湘、资、沅、澧四水流域文化的承载而体现，无论是湘、资之气，还是沅、澧之风，都是湖湘文化的重要组成部分。为传承中华优秀传统文化，我们根据湖南省境内湘、资、沅、澧四水流域及洞庭湖区的地理、人文、风俗等文化特点，撰写了这套"湖南流域文化丛书"，其目的就是以水为纲，以流域为单元，以全景式的新视角将湖湘文化呈现给读者，以期为湖南流域文化的挖掘、传承、保护、开发、研究提供有益的探索，为赓续湖湘历史文脉、讲好"湖南故事"、坚定文化自信注入精神动力。

贺培育

2022年6月

目 录

第一章 湘江流域的水文与人文 // 1
 一 湘江源流与水文特征 // 1
 二 "三湘"之说考述 // 12
 三 湘江流域的远古传说与诗画历史 // 23

第二章 湘江流域的书院与湖湘文化的传播及人才群体的兴起 // 43
 一 湘江流域书院概况 // 43
 二 湖湘文化在湘江流域的传播 // 61
 三 湘江流域人才群体的兴起及其历史影响 // 75

第三章 湘江流域的水神信仰 // 89
 一 对神灵的敬畏：湘江流域水神的流传与类型 // 89
 二 湘江流域水神祠庙的地理分布与历史变迁 // 102
 三 祭祀：官方与民间对水神的共同信仰及其社会效应 // 109

第四章 湘江流域的水路交通、商业贸易与城市发展 // 122
 一 湘江流域历代水路交通运输的拓展 // 122
 二 造船业、码头与湘江流域商业贸易的发展 // 133
 三 湘江流域城市的兴起 // 159

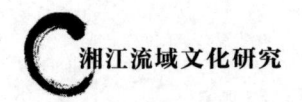

第五章 湘江流域的治理及其交通 // 176

　　一　古代湘江干流治理 // 177

　　二　清末开埠后的湘江治理 // 187

　　三　湘江流域水上救生与水域治安 // 194

　　四　湘江流域的津渡与近现代桥梁建造 // 202

第六章 湘江流域生态保护和文化开发利用 // 216

　　一　做好湘江流域生态保护，打造"东方莱茵河" // 217

　　二　建设多元城乡滨水景观，构建流域文化与旅游融合的精品线路 // 223

　　三　弘扬湘江红色文化精神 // 231

参考文献 // 242

后　记 // 244

第一章
湘江流域的水文与人文

湘江亦称湘水，是湖南省内最大河流，也是洞庭湖水系的最大支流。湘江水系地处长江之南，南岭以北，东以罗霄山脉与赣江水系分界，西隔衡山山脉与资水毗邻。湘江源出广西东北部海洋山西麓海洋河，流至广西兴安县分水塘经灵渠导引后分二支，西支注漓水，东支主流北向，即湘水。"湘水自全州东北流过黄沙河，至柳浦，又东北数里，径斗牛岭东北入湖南东安县东南境之下厂塘。"① 湘江向北流经永州、衡阳、湘潭、株洲、长沙，至湘阴濠河口分左右两支汇入洞庭湖。湘江主要支流潇水、耒水、舂陵水、渌水、洣水和浏阳河由东岸汇入干流，支流祁水、涓水、蒸水、涟水、沩水从西岸汇入，湘江流域径流来源主要集中于以上河中。"湘水干流全长856公里，在省境计660公里，流域面积8.5355万平方公里，落差96米。"② 湘江纵贯整个湖南省，千百年来奔流不息的湘江哺育了湖南人民，湘江名副其实地成为湖南的母亲河。

一 湘江源流与水文特征

湘江流域是湖南省人口最密集，发展水平最高，经济、文化等各

---

① 《〈光绪湖南通志〉点校》（第一卷），湖南省地方志编纂委员会点校，湖南人民出版社，2017，第469页。
② 湖南省地方志编纂委员会编《湖南省志》第十卷，湖南人民出版社，2001，第24页。

方面最发达的区域。湘江之名的由来，见之于古代方志的记载，光绪《善化县志》湘水释义言："故湘水较诸水流为最远。湘者相也，以众水相汇也。"①

（一）湘江之源

对于河流的描述，我们首先想到的是"源远流长"这个词语，认识一条河流，应该从它的源头说起。俗话说"饮水思源"，湘江的源头，人们普遍认为是在广西兴安县海洋山，其上游俗称海洋河。根据经典文献《水经注》记载："湘水出零陵始安县阳海山。"其下注释阳海山，"即阳朔山也"，"湘、漓同源，分为二水。南为漓水，北为湘川，东北流"。并引用罗君章《湘中记》曰："湘水之出于阳朔，则觞为之舟；至洞庭，日月若出于其中也。"②《湘中记》形象地描述了湘江上、下游的巨大差异，湘江源头河床狭小，水流量小，涓涓细流，只能浮起小小的酒杯；而湘江下流，水势浩浩荡荡，奔流直入洞庭湖，一望无垠，吞吐日月，横无际涯。

2000年来，从《汉书·地理志》到《水经注》，以及唐代的《元和郡县图志》、宋代的《太平寰宇记》《舆地广记》《方舆胜览》、明代的《读史方舆纪要》、清代的《大清一统志》等相关古代地理典籍，对湘江发源地的记载基本类同，人们对湘漓同源、湘江源于广西兴安县海洋山的观点深信不疑。但也有文献有不同的记载，从而引发了"湘漓异源"的问题，认为湘江的真正源头不在广西境内，而在湖南蓝山县境内。《山海经》记载："湘水出舜葬东南陬，西环之。"这表明湘江的源头在舜的葬地即九嶷山附近。有的学者认为真正引发湘江发源地产生怀疑的起因是秦代修建灵渠，改变了湘江上游湖南和广

---

① 吴兆熙、张先抡修撰《善化县志》卷四《山川》，光绪三年。
② 郦道元：《水经注校证》，陈桥驿校证，中华书局，2019，第849页。

第一章　湘江流域的水文与人文

州之间的交通布局和自然原貌，这也是《水经注》及其他文献对湘江源头产生错误记载的原因。"秦代修建的灵渠，将以前各自独立的湘江水系和漓江水系联结了起来，从而沟通了这两条分别属于长江水系和珠江水系的河流，成为连接湖南和岭南地区的重要水路交通要道。就这条联系湘、桂地区的重要水路交通线而言，其上游的海洋河，地位极其重要，是保证湘、漓水路通道畅通的关键，为人们格外关注。它不仅沟通了湘江和漓水，而且也从另一方面强化了人们关于湘江发源于海洋山的错误认识。"①

在漫长的历史长河之中，湘江孕育了独特的湖湘文化，被视为湖南的母亲河，数千年来，湘江发源于广西兴安县海洋山的观点广泛流传，历史上人们对此几乎没有提出怀疑。我们赞美一条河流源远流长，这不仅反映了河流的水文特征，而且突出反映了河流形成的独特的流域文化。因此，对河流源头的认定，不仅是一个水文地理问题，同时也是一个人文历史问题。对《水经注》等古代经典文献的记载，不能轻易予以否定，更何况，千百年来湘江流域的变迁巨大，可谓沧海桑田，怎么能用今天的标准来否定历史上对湘江源

---

① 陈义勇、邓辉：《湘江的真正源头在哪里？》，《中国地名》2006 年第 11 期。2011 年，湖南省水利普查办在开展河湖基本情况普查时，首次对湘江干支流关系进行重新核实和调查。南京水利科学研究院受水利部水文局所托，使用数字线画图、高分辨遥感影像等技术工具，对湘江苹岛以上干支流的河长、流域面积等河流相关数据进行精确计算、复核。结果显示：蓝山县至永州苹岛段（潇水）河流长度 346 公里，流域面积 12094 平方公里，多年平均径流量 116.1 亿立方米，平均比降 0.761‰；广西兴安县至永州苹岛河段（原湘江上游）河长 262 公里，流域面积 9208 平方公里，多年平均径流量 97.5 亿立方米，平均比降 0.647‰。无论是河长、流域面积还是径流量、比降，蓝山县至永州苹岛段（潇水）均大于广西兴安县永州苹岛河段（原湘江上游）；从河流交汇处河势看，蓝山县至永州苹岛河段（潇水）也比兴安县至永州苹岛河段（原湘江上游）更宽。据此，国务院水利普查办和水利部认定，蓝山县至永州苹岛河段（潇水）为湘江干流，湘江源头在蓝山县；广西兴安县至永州苹岛河段（原湘江上游）为湘江支流。源头重新确定后，湘江干流全长 948 公里，比原来长了 92 公里；流域面积 94721 平方公里，比原来大了 61 平方公里（钱炜文：《湘江》，现代出版社，2015，第 2~3 页）。通过勘测，确认湘江源头的具体地址在蓝山县紫良瑶族乡国家森林公园的野狗岭，也即潇水的发源地。

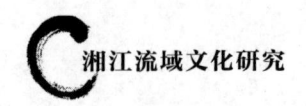

头的认定呢？

自郦道元作《水经注》以来，不断有学者通过文献考证或者实地考察湘江的源头，《水经注》记载的湘江源头阳海山，在之后的文献中又称为海阳山或海洋山。据《湘城访古录·水类》记载，王文清在撰写《湘水记》期间，于甲戌年秋天曾至广西海阳山，在当地人的引导下探源湘水所出之处，"行二十余丈，遇一潭，广可三十余步，深不可测。映以火炬，益然发清光。间以小石投之，良居铿锵有声。火光闪烁，明灭无定，亦未知其中有鱼龙异物否。潭周围无径路有缘，不可以渡。土人告余曰：'此即湘、漓二江之源也。'徘徊久之，寒气不可留，遂出洞口。有清浅小水，吐入一石涧中，涧广才尺许。土人指之曰：'此间涓滴细流，四时不绝，乃湘、漓二水之咽喉也。'沿涧行半里许，有宋时海阳山神惠济侯庙址。又里许，见小涧一线深，渐下渐阔。至兴安之山东村、太平堡诸处，其水遂成一大江。盖小江日夜所注，渟滀既盛，而又别有两大水自东西来助之也。"①魏源在编辑《皇朝经世文编》期间，也曾亲临海洋山探寻湘江之源。其中《皇朝经世文编·湘水记》记载："甲秋，余至粤西，呼土人为前导，探湘水所自出，始知湘水发源于海阳山，海阳山即《志》所谓阳朔，属今桂林郡灵川县。"光绪《湖南通志》卷九《地理志九·水道一》记载："湘水，源出广西灵川县南海阳山，即阳朔山。流径兴安县北大平堡，至漾潭分左、右二江，南流曰漓水，入桂林，北流曰湘水。湘水自全州东北流过黄沙河，至柳浦，又东北数里，径斗牛岭东北入湖南东安县东南境之下厂塘。"②广西兴安县白石乡石柱村近峰岭至今仍然屹立"湘江源"石碑。

---

① 陈运溶：《湘城访古录》，岳麓书社，2009，第226页。
② 《〈光绪湖南通志〉点校》（第一卷），湖南省地方志编纂委员会点校，湖南人民出版社，2017，第469页。

（二）湘江水系

湘江水系处于长江之南，南岭以北，东以罗霄山脉与赣江水系分界，西隔衡山山脉与资水毗邻。湘江向北流经永州、衡阳、株洲、湘潭、长沙，至湘阴濠河口注入洞庭湖后汇入长江。汇集大小支流1300多条，主要支流有潇水、舂陵水、耒水、洣水、涟水、蒸水等。湘江水系各大小河流大多可以通航，是历代湖南联通外省的重要交通运输线路。

湘江流域水系发达，支流众多。主要支流舂陵水、耒水、洣水和渌水都来自南面及东面山地，而西面的支流如祁水、蒸水、涓水、涟水、沩水都比较短小，水量也较少。湘江干流两岸地形呈现不对称的羽毛形状，右岸流域占全流域面积的三分之二，湘江及其支流构成的水系是不对称的。

湘江由南向北流，自广西全州东北流入东安县，自此进入湖南境内。湘江从永州市蓝山县境内的源头大桥河开始，经过江华瑶族自治县（境内段叫东河）、从道县、双牌县境内穿过，到达永州市零陵区和湘江西源汇合，至永州苹岛，属于湘江上游河段。湘江流经永州市冷水滩，从祁阳县流出永州境。湘江上游河段主要有支流清溪江，源出东安县西北舜峰西北舜峰金字岭下玉陛源、杨江源等处，至大江口入湘江。又有重要支流潇水，古曰营水，亦称泥水，源出宁远县九嶷山三分石。其上源出蓝山县，为中、前、后三河。中、后二河亦发源九嶷山，南流经蓝山县，又南，合流。① 潇水零陵西北，绕苹岛，北至湘口汇入湘江，称为潇湘。

湘江从永州市流出，在祁东县归阳镇清塘流入衡阳境内，湘江先

---

① 《〈光绪湖南通志〉点校》（第一卷），湖南省地方志编纂委员会点校，湖南人民出版社，2017，第469页。

向东再转向东北方向，曲曲折折，依次流经祁东县、常宁市、衡南县、衡阳市区、衡阳县、衡山县和衡东县，流域几乎覆盖衡阳市境内除耒阳市、南岳区之外的所有县（市、区），很多县（市、区）之间大多是以湘江为界划分的。湘江在衡阳市境内长226公里，经衡东县和平村出境。永州苹岛至衡阳河段为湘江中游，河长278公里，河床多卵石和礁石，泥滩多而水位较浅，其间有芦洪江、祁水、白水、宜水、栗水、舂陵水等较大支流汇入。芦洪江，旧称源出九龙岩，实出东安县清化下乡之八十四渡山，东南流经竹陂町，至堡口会西江水。又东南至水车，会南江水。又东南，会龙合江水。又东南入零陵县境，至高溪江口入湘。① 祁水又名小东江，源出祁阳县罗山。至双江口，与烟江水合。东过祁山南，出东江桥，至祁阳县治东北入湘。② 白水，古舂陵水四支之一，有二源，一出宁远县粗石洞，流入祁阳县境，为白水之经流；一出宁远县大竹源，与白水经流会为二江口，又西北至大忠桥合黄溪水为三江口，亦曰小三江，又北五里至白水旧司前入湘。③ 宜水，一曰西江，源出常宁县西江山。北经常宁县治西，至双江口，与潭水会，至江口入湘。④ 栗水，源出祁阳县界，东南流经清泉县南，又东南曲折九十里，至河口入湘。⑤ 舂陵水，一名㵲源河，源出新田县西北，与宁远县交界之舂陵山，俗曰乌江源。至㵲源市入湘。⑥

---

① 《〈光绪湖南通志〉点校》（第一卷），湖南省地方志编纂委员会点校，湖南人民出版社，2017，第471页。
② 《〈光绪湖南通志〉点校》（第一卷），湖南省地方志编纂委员会点校，湖南人民出版社，2017，第472页。
③ 《〈光绪湖南通志〉点校》（第一卷），湖南省地方志编纂委员会点校，湖南人民出版社，2017，第472页。
④ 《〈光绪湖南通志〉点校》（第一卷），湖南省地方志编纂委员会点校，湖南人民出版社，2017，第473页。
⑤ 《〈光绪湖南通志〉点校》（第一卷），湖南省地方志编纂委员会点校，湖南人民出版社，2017，第473页。
⑥ 《〈光绪湖南通志〉点校》（第一卷），湖南省地方志编纂委员会点校，湖南人民出版社，2017，第473~474页。

湘江从衡阳出境后,从渌口区进入株洲。在株洲市境内,渌口区、天元区、芦淞区、石峰区均位于湘江之畔,湘江在株洲境内全长89.6公里,从天元区马家河出株洲境。湘江在进入株洲市前,在湘潭县境内环流一段,先从湘潭县东南角入境,沿着湘潭县和衡阳市衡东县的边界而走,然后进入株洲市境内后再次进入湘潭市,沿着湘潭县、岳塘区、雨湖区边界环流一大湾而走。湘江在湘潭市境内全长42.5公里,从岳塘区出湘潭境。湘江由湘潭市岳塘区昭山进入长沙市,在长沙市境内,湘江流经长沙县、天心区、岳麓区、开福区、望城区,在长沙市境内全长74公里,从望城区乔口出长沙境。从长沙市出来,湘江进入岳阳市湘阴县,将湘阴县从中分为两半,到临资口与资水东支汇合,继续向北,流经汨罗市、岳阳县境,最后注入洞庭湖,在岳阳市境内全长约108.8公里。

衡阳至濠河口河段为湘江下游,河长326公里,河面宽广,河道蜿蜒曲折,水流平缓。有蒸水、耒水、洣水、涟水、靳江、浏阳河、捞刀河、沩水等较大支流汇入,水势大增。湘江下游码头众多,水路运输繁忙。蒸水,分东、西二源,西源出邵阳县邪姜山,今名黄竹岭;东源出三阳山,为邵阳、祁阳、衡阳三县界山。东、西源水在下沙坪汇合后,沿途汇合诸水东流至衡阳市城北汇入湘江。耒水,源出桂阳县南耒山,山南水入广东,山北有二源,西北合流。耒水入郴州境,至郴江口,与郴水合。入耒阳境,至耒河口汇入湘江。洣水即茶陵江,源出桂东县大桂山,北流入炎陵县境,流至攸县东南攸水渡,与攸水汇合,西流入衡山县境,永乐江水自南来汇。洣水汇合永乐江水,西北流经灵山,又西北至雷家埠入湘。① 涟水源出邵阳县龙山北阜之界江坳,至界家坳入湘乡市。至乌市觜,合栗公桥水,南岸入湘

---

① 《〈光绪湖南通志〉点校》(第一卷),湖南省地方志编纂委员会点校,湖南人民出版社,2017,第480页。

潭县。又东北，经文家滩，至仁济渡，合两湘桥水，北岸入湘潭县。至湘河口，合刘褚坝水入湘。① 靳江，一名建江，源出湘乡县境两头塘，东流三里，经赵公桥入宁乡县境。经贺家湾西岸入善化县境，合善化涧山水里许，仍入湘潭县境。至九江庙，又东北至瓦官口入湘。② 浏阳河，原名浏渭河，又称浏水，有二源：一曰大溪，一曰小溪。大溪源出浏阳东大围山东峰三湾坳上庄高泉，小溪源出大围山中峰湖岭之南天泉。至八斗湾，西岸入善化县，至眠羊山，西岸入长沙县境，至骆驼觜入湘。③ 捞刀河，原名为涝塘河，源出浏阳石柱峰钟鸣潭，至永安市，为潦浒河。过春华山诸水，为涝塘河。至罗汉庄，白沙河会涝塘河水，合流入湘。④ 沩水，源出宁乡花马仑。至赵家河，分为二支：南支至沱市前，入长沙县境，东流至新康市，为梅树港，与八曲河合流入湘；北支至沱市后长宁围入长沙县境，又东北十余里至挖子口，又东十里至靖港入湘。⑤

（三）湘江干流航道

湘江干流航道在省境内自斗牛岭至濠河口共 660 公里，在古代为"南联海域，北达中原"的水运大动脉，唐、宋、明、清盛时，舳舻相接；近代，祁阳以下开始通行轮船；中华人民共和国成立后，在铁路、公路运输发达的情况下，湘水干流仍是省内重要的运输线。湘江

---

① 《〈光绪湖南通志〉点校》（第一卷），湖南省地方志编纂委员会点校，湖南人民出版社，2017，第 490~491 页。
② 《〈光绪湖南通志〉点校》（第一卷），湖南省地方志编纂委员会点校，湖南人民出版社，2017，第 493 页。
③ 《〈光绪湖南通志〉点校》（第一卷），湖南省地方志编纂委员会点校，湖南人民出版社，2017，第 495 页。
④ 《〈光绪湖南通志〉点校》（第一卷），湖南省地方志编纂委员会点校，湖南人民出版社，2017，第 496 页。
⑤ 《〈光绪湖南通志〉点校》（第一卷），湖南省地方志编纂委员会点校，湖南人民出版社，2017，第 498 页。

第一章　湘江流域的水文与人文

干流航道分六段。

自斗牛岭至苹岛56公里为第一段，两岸多属岩壁，沿河丘陵起伏，河宽200~400米，河床底质多为礁岩、卵石、岩板，共有滩险31处，多为乱礁滩和浅水滩。控制性滩险有兵书滩、白盘寺滩、土地滩三处，水流湍急，航道盘回曲折。湘桂铁路通车前，本河段舟楫过往颇频，东安县属的录埠头、石期市为船货集散要埠；唯因滩险重重，木帆船行驶颇难，事故较多。自铁路、公路与之相平行后，此河段航运效能降低，湘桂间往来船只减少。1975年东安县在石期寺修建湘江电站，1977年9月竣工后，因未建过船设施，处于断航状态。①

自苹岛至祁阳83公里为第二段。此河段于零陵纳潇水后，水量增加，航行较便利。此河段"计有滩险22处，最浅者水深仅0.7米，以岩石险滩为多，因下行不易控制而撞岩者不少；亦有因洪水而生漩涡者，如大花滩及狮子滩"。②据民国二十年《零陵县志·水道》记载，狮子伏滩，"伏石蹲踞，激水成轮，宽广百步，中空为阱，声同雷吼，舟筏稍纵，即旋入阱中无得出，舟人甚惮之"。还有黑狗滩、豹落滩亦为本段控制性滩险，洪水期可通行轮船，最大载重量可达80吨。湘桂铁路通车后，水上运量多为火车代替，上下货物多在冷水滩集散，终年有汽船往来于零陵县城与冷水滩之间。零陵至冷水滩、黄阳司至祁阳可常年通航100吨左右的木帆船和80~100客位的客轮。冷水滩为一弯形河段，水深流缓，极宜船只泊碇。③

自祁阳至衡阳195公里为第三段。两岸皆山，夹河对峙，河中多礁石，有碍行船。此河段分上下两段，由祁阳至松柏为上段，长139

---

① 湖南省地方志编纂委员会编《湖南省志》第十卷《交通志·水运》，湖南人民出版社，2001，第26页。
② 长江水利委员会：《查勘湘桂水道报告书》，1953年8月。
③ 湖南省地方志编纂委员会编《湖南省志》第十卷《交通志·水运》，湖南人民出版社，2001，第27页。

公里，汇纳祁水、白水、吴水、宜水等支流。松柏至衡阳为下段，长56公里，汇合栗江、盖湖水及春陵水。祁阳至衡阳段航道在湘桂铁路通车前，常年有小轮往返，民国年间曾有专线航运公司——"长衡祁轮船公司"。洪水期，轮船最大载重量可达160吨；柏坊至衡阳间常年通行15吨左右的汽船，祁阳至柏水间有木帆船运客。铁路通车后，货物经水运者极少。中华人民共和国成立后，祁（阳）衡（阳）河段上的主要碍航滩险均次第进行整治；1976年炸除衡阳老桥铁墩4个，桥墩碍航问题获解决；祁阳至归阳、大浦至松柏、松柏至衡阳有80~120客位的客轮全年行驶；中洪水期可通100~200吨轮驳船队。由于水口山铅锌矿和柏坊铜矿的开发，柏坊至衡阳为湘水货运密度最大的航段之一。松柏（瓦洲滩）以下自1983年起按五级航道标准进行治理。[1]

自衡阳至株洲182公里为第四段。此河段汇纳蒸水、耒水后，水量大增；雷溪以下，又汇洣水、渌水，遂成大江之势。河宽一般为600米，最宽达1400米，最窄处约300米，河面宽阔，比降平稳。清光绪十五年（1889年）《湘潭县志》载："照灵滩石峰星错，川洪线引，商舟经此，时虞损没，旧设引船，晴旗雾鼓，每日薄虞渊则征舻暂舣，破晓扬舲则雁行鱼贯。""三门滩石峻水险，仅三处可通舟楫，比于砥柱三门之险，因名。""昭陵滩怪石屹立，水势汹涌，舟多覆溺"。中华人民共和国成立后，此段河道整治多次，1966~1972年按五级航道标准进行重点整治，通航条件大有改善。但草鱼石、大源滩、神洲滩、错石滩仍为控制性滩险，最小水深0.6米，最小航道宽度20米，枯水期150吨机动船和驳船须减载三四成；1983~1986年按五级航道标准赓续施治，大多数滩险达到设计尺度，最小水深1.1

---

[1] 湖南省地方志编纂委员会编《湖南省志》第十卷《交通志·水运》，湖南人民出版社，2001，第27~28页。

米，最小航道宽度 30 米，中洪水期可通 300 吨级船队。衡阳至萱洲、大浦至衡山、衡山至湘潭常年有 100～200 客位的客轮通行。1998 年大源渡航电枢纽建成后，上述各滩险均被淹没，一俟湘江千吨级航运开发性建设第二期工程全面告竣，则千吨级船队通行无碍。①

自株洲至长沙 84 公里为第五段。此河段汇纳涓水、涟水、靳江河，水源更丰。两岸山势开展，平原广阔，河道宽 500～1200 米，水流平缓，平均坡降 0.05‰。湘潭以下受洞庭湖洪水顶托影响，河床泥沙冲淤变化较大，航槽不稳定。此河段自古以来，航务繁荣。抗日战争前，在中洪水期曾通行过千吨级轮船和装载 1.2 万多包（约合 800 吨）盐的大舸；20 世纪 50 年代，仍为湖南内河的"黄金水道"，轮船自早至晚往返不停。自铁路新建、公路改建后，航务渐次萎缩。自 1983 年起，交通部和省人民政府对此河段进行开发性整治，1994 年竣工，已可常年通航千吨级船队。②

自长沙至濠河 60 公里为第六段。此段有浏阳河、捞刀河、八曲河、沩水汇集，呈泱泱大观。此段有滩险 14 处，三汊矶、铜官滩最浅；霞凝滩、香炉洲有礁石碍航。中华人民共和国成立后，经过连续十多年整治，使枯水期最小水深达到 1.5～1.8 米，河道宽 30～60 米，最小弯曲半径 200 米，浅滩流速在 1 米/秒以内。本段是长沙通资、沅、澧、洞庭湖的必经航道，客货运输量大，原可常年通过 300～500 吨级船队，1994 年起通行千吨级船队。③

湘江流域属于亚热带季风湿润气候地带，降水充沛，冬冷夏热，

---

① 湖南省地方志编纂委员会编《湖南省志》第十卷《交通志·水运》，湖南人民出版社，2001，第 28～29 页。
② 湖南省地方志编纂委员会编《湖南省志》第十卷《交通志·水运》，湖南人民出版社，2001，第 29～30 页。
③ 湖南省地方志编纂委员会编《湖南省志》第十卷《交通志·水运》，湖南人民出版社，2001，第 30 页。

酷暑期长，具有高温高湿的特点。湘江流域年平均降水量1300~1500mm，降水时间分配不均，基本集中在春夏两季。降水量地域分配也不均匀，南北多、中部少，湘江的暴雨区在上游全州、兴安一带，雨量充沛，中游衡阳盆地降水较少，而下游长沙降水又比中游略高。由于气候暖和湿润，湘江流域的自然植物属于长江暖温带常绿阔叶林植物区，以樟科、山茶科、壳斗科为主。人造林以杉、马尾松及油茶最为普遍。农副产品以稻、薯、烟、茶、大豆为大宗，水稻的面积也很广，散布于河谷两岸地势较低的土地上。湘江流域还密布着许多大大小小的湖泊，像一颗颗珍珠，镶嵌在沿河两岸的土地上，各大湖泊不仅风景优美，成为人们旅游胜地，更重要的是，众多湖泊发挥着蓄水、容水、补水的调节功能，同时还灌溉滋养周围农田，造福三湘大地的百姓，湘江流域拥有如此得天独厚的地理条件，成为名副其实的鱼米之乡。

二 "三湘"之说考述

湘江是湖南的母亲河，在湖南境内湘、资、沅、澧四大水系之中，湘江居于首位。湖南又简称为"湘"，或称为三湘大地。对"三湘"这个概念的解释，历来有不同的见解，令人迷惑。探讨湘江流域文化，必然要考证"三湘"概念产生的前因后果。我们梳理相关经典文献，溯源湘水，结合湘江水系人文特征，是能够对"三湘"名词的由来做出合理解释的。

"三湘"一词最早出现在陶渊明《赠长沙公》诗："遥遥三湘，滔滔九江。山川阻远，行李时通。"[①]该诗作于晋安帝义熙十一年

---

① 陶渊明：《陶渊明集》，岳麓书社，2021，第195页。

(415年)，诗中"三湘"根据意境应该指湘江。"三湘"说法流传至今已逾千多年，远远早于湖南省的成立时间。在漫长的历史过程中，"三湘"词义难免发生变化，在不同的语境或场合有不同的含义，后人对"三湘"所指对象往往众说纷纭，莫衷一是。本节综合前人研究成果，对历史文献中出现的有关"三湘"的说法进行归纳总结，"三湘"含义有如下数种。

(一)"三湘"之一说：湘乡、湘潭、湘阴

以湘乡为下湘，湘潭为中湘，湘阴为上湘，合称三湘。见宋乐史《太平寰宇记》卷一一四"道州"称"湘潭、湘乡、湘阴，谓之三湘"。该说自宋乐史提出后，只在小范围内偶尔使用，湘乡、湘潭、湘阴三地皆县名，既不能代表湘江流域，更不能代表湖南全境。此说并没有被广泛认可，也没有更多的文献印证。明人彭大翼撰《明一统志》卷十五"地理"称："三湘：《寰宇记》：'湖广长沙府：湘潭、湘乡、湘阴三县曰三湘。'"不过，此"三湘"说以湘乡为上湘，湘潭为中湘，湘阴为下湘，合称"三湘"。而此之谓"三湘"，仅仅包括今湖南衡山以北之湘中和湘北之部分地域。此说又因为清代咸同年间，三地曾产生曾国藩(湘乡人)、王闿运(湘潭人)、左宗棠(湘阴人)等众多湘军名将名官之故，在晚清一度盛行，并流传至今。很显然，此"三湘"说不能代表湖南全境的概念。同治年间，曾璋撰《三湘考》说："《寰宇记》云，长沙府湘潭、湘乡、湘阴三县曰三湘，曾俗传之讹之。"这就是说，把湘潭、湘乡、湘阴说成是"三湘"是一种讹传。

《太平寰宇记》卷一一四、清代雍正《广西通志》卷十三以及清代宫梦仁撰《读书纪数略》卷七都把"湘源"与湘潭、湘乡并称"三湘"。其实，这里的"湘源"指的是隋代开皇九年所置之湘源县，县治在今广西全州县西,至五代晋天福年间改名为清湘县,与今湖南相邻,隋、唐时为今永州(零陵)所辖。故史称湘源、湘乡、湘潭之为"三湘",这种说法只是昙花一现,之后很少被提及。

(二)"三湘"之二说:流经湖南境内的长江段、湘江、沅江

宋王应麟《小学绀珠》卷二《地理类·三湘五渚》:"三湘:江、湘、沅。《文选》注'三湘,谓三江也'。"[1] 把长江段纳入三湘范围,也无法合理说明为何以"江"为"湘",明显不妥。此说仅王应麟提出,此后并无人采用,"三湘,谓三江也"之说可以忽略。

然而,郭璞《山海经注》曰:巴陵县有洞庭陂,江、湘、沅水皆共会巴陵,故号三江口也。郦道元在《水经注·湘水》"又北至巴丘山,入于江"中写道:"巴陵西对长洲,其洲南分湘浦,北届大江,故曰三江也。三水所会,亦或谓之三江口矣。夹山列关,谓之射猎,又北对养口,咸湘浦也。"[2] 引起后世学者对"三江"的各种注解。颜延年《始安郡还都与张湘州登巴陵城楼作》诗曰:"三湘沧洞庭,七泽蔼荆牧。"张铣注云:"沧犹会也。江、湘、沅水皆会巴陵,至洞庭陂,号为三江。三湘盖谓三江也。"[3] 李吉甫《元和郡县志》卷二十七即明言:"巴陵城,对三江口,岷江为西江,澧江为中江,湘江为南江。"可知张铣的说法是错误的,"三湘"非"三江"。

(三)"三湘"之三说:漓湘、潇湘、蒸湘

湘江与漓水同发源于广西兴安县海阳山,上源有灵渠与漓江相通,称漓湘;经东北流入湖南后,至永州与潇水汇合,称潇湘;至衡

---

[1] 王应麟:《小学绀珠》,中华书局,1987,第48页。
[2] 郦道元:《水经注校证》,陈桥驿校证,中华书局,2007,第898页。
[3] 日本足利学校藏《宋刊明州本六臣注文选》,人民文学出版社,2008,第414页。

阳与蒸水汇合，称蒸湘。总称三湘。① 此说亦经不起推敲，从湘江源头和地形上讲，湘江从海阳山发源，流到灵渠后三七分水，三分南流为漓，七分北流为湘，"漓湘"显然是从湘江源头演绎而来，因此我们可以说"湘漓同源"，所谓"漓湘"难以成立。而且，漓湘指的是湘江的源头，潇水本是湘江上流的支流，蒸水为湘江中游的支流。"漓湘、潇湘、蒸湘"之说仅指湘江中上游，并不包括湘江下游，此说不能代表完整的湘江流域。

此"三湘"说，从地域来说，至多能指衡阳湘水之上游地段，特别是"潇湘"则仅仅是指永州苹岛之周边地域，根本不能代替湖南全境。且广西桂林位于漓水西南流处，古代曾属零陵郡管辖，人文地理以及风土人情与永州相同，也曾被归入"三湘"属地。由此看来，此"三湘"说是不能代替湖南的。②

（四）"三湘"之四说：潇湘、蒸湘、沅湘

光绪《湖南通志》卷十三《地理·山川》引《明统志》："湘江在府西，环城而下，源出广西兴安县海阳山。西北流，至分水岩分为二派，曰漓水，流而南；曰湘水，流而北。由灵渠与灌水会，湘犹相也，言有所合。至永州与潇水合，曰潇湘；至衡阳，与蒸水合，曰蒸湘。至沅江，与沅水合，曰沅湘。会众流以达洞庭。"③ 又据陶澍考订，此说早在南宋时即已出现，他在《资江耆旧集序》中认为以"湘乡、湘潭、湘阴"为三湘之称不恰当，"此皆后世县名，征之

---

① 参见清《嘉庆一统志》卷四六一，《桂林府一》。
② 文选德：《溯源湖湘（下）——关于"湖南"及其代称考略》，《湖南日报》2011年12月22日。
③ 《〈光绪湖南通志〉点校》（第一卷），湖南省地方志编纂委员会点校，湖南人民出版社，2017，第552页。

不古"。①

此说实际上是湘江流域的三个河段,泛指湘江及整个湘江流域,进而为湖湘地域之代称。唐代张谓有"五岭南指,三湘北流"和"九疑北麓,三湘南潆,帝之遗庙存焉"之说。这里的"三湘"指的都是"湘江"。明代陈士元《江汉丛谈》卷二载:"然湘水又有三湘之名。盖湘水发源广西兴安县界,流至永州与潇水合,曰潇湘;至衡阳与蒸水合,曰蒸湘。至沅州与沅水合,曰沅湘。而岳州城南又有三湘浦。"清雍正《湖广通志》承袭此说,卷十一"山川志"云:"钱邦芑《湘水考》:'湘水自全州而下至永州府城北与潇水合,曰潇湘;历祁阳合桂阳诸水过回雁峰下至衡州城北与烝(烝音蒸)合,是为蒸湘,经湘阴入洞庭与沅水合,又曰沅湘。此三湘也。'"加上岳州府又有三江:"岷江为西,澧江为中,湘江为南皆会于此,清浊中分,一名'三江口'。"正是基于包括了湘江上、中、下游整个流域,且又包括了"湘、资、沅、澧"之"四水",故明《蜀中广记》卷一百一和清雍正《湖广通志》卷八十一都载有时为蜀之尚书令的零陵人刘巴,建武二年出镇荆州,卒葬于岳阳之郭西,时遂号岳阳为巴陵,并为之语曰:"生居三湘头,死葬三湘尾。"由于此"三湘"说,基本上囊括了今湖南全境,故备受推崇和认同。

(五)"三湘"之五说:潇湘、资湘、沅湘

陶澍在为陶渊明《赠长沙公》诗"遥遥三湘"句作注:"湘水发源会潇水,谓之潇湘;及至洞庭陵子口(临资口)会资江,谓之资湘;又北与沅水会于湖中,谓之沅湘。三湘之目,当以此。"陶澍不同意潇湘、蒸湘、沅湘之说,在《资江耆旧集序》中写道:

---

① 陶澍:《资江耆旧集序》,载邓显鹤《资江耆旧集》,道光二十年刻本。

第一章　湘江流域的水文与人文

"三湘之称，俗以湘乡、湘潭、湘阴当之，此皆后世县名，征之不古。朱子以潇湘、蒸湘、沅湘易之，而蒸湘之目亦不的。蒸本细流，湘水所纳，如郴、如渌、如涟、如浏、如沩、如汨，不下数十水，何独言蒸？且古无是说也。窃谓湘水在九江最长且著，必综其首尾核之，而后三湘之名可定也。湘出广西之全州，北至永州城外，而潇水自西北来入之，谓之潇湘，此旧说也。及至长沙，过湘浦，而资水分流东入之，谓之资湘。地在湘阴，一名临资口（即陵子口），古黄陵庙也。又北入湖，与沅水合于湖中，谓之沅湘。此则《水经》之原文也。以潇湘、资湘、沅湘为三湘，当为不易之论。"①

此说是因为漓水南流入注珠江，不属湘江水系；而蒸水短小，还不如耒水、洣水、舂陵水、渌水、涟水，所以去掉漓、蒸二湘，留下潇湘。又因湘水北流至湘阴北之临资口汇合资水，故叫资湘。再湘水北流至岳阳县西中州汇合沅江主洪道而称沅湘。湖南"四水"其中就包括资水和沅水，且沅水则在汉寿以东的目平湖汇合澧水，故潇湘、资湘和沅湘的"三湘"说，真正包括湘、资、沅、澧"四水"的所有流域地区，是完全可以代表湖南全境的，这个"三湘"说才真正是包括了"四水"的湖南代称。②

（六）"三湘"之六说：蒸湘、资湘、沅湘

魏源在《三湘棹歌》诗序中说："楚水入洞庭者三：曰蒸湘，曰资湘，曰沅湘，故有三湘之名。洞庭即湘水之尾，故君山曰湘山也。

---

① 陶澍：《资江耆旧集序》，载邓显鹤《资江耆旧集》，道光二十年刻本。
② 文选德：《溯源湖湘（下）——关于"湖南"及其代称考略》，《湖南日报》2011年12月22日。

资湘亦名潇湘,今资江发源武冈上游之夫夷水,土人尚曰潇溪,其地曰萧地,见《宝庆府志》。《水经注》不言潇水,而柳宗元别指永州一水为潇,遂以蒸湘为潇湘,而三湘仅存其二矣。予生长三湘,溯洄云水,爰为棹歌三章,以正其失,且寄湖山乡国之思。"①

此段自注中,魏源明确地谈到了作诗的缘起:一是提出了自己关于"三湘"的见解,即以蒸湘、资湘、沅湘为"三湘",他认为以往关于"三湘"的解释之所以出现错误乃是因为唐"柳宗元别指永州一水为潇,遂以蒸湘为潇湘,而三湘仅存其二矣",于是"爰为棹歌三章,以正其失",这是首要的或主要的原因;二是"且寄湖山乡国之思",即同时抒发自己对于故乡湖南的眷念之情,这是第二个原因。

魏源提出以蒸湘、资湘、沅湘为"三湘",实际上是在以往关于"三湘"的诸家之说外提出了新说。这种新说与当时著名学者陶澍所持观点相左,两人对于三湘诸水的认识和解释的确有不同,其中最大的不同是魏源以"资湘即潇湘",魏源并未附从老东家陶澍的说法,从中可见魏源的个性和学术上独立思考的精神。道光十九年陶澍为《资江耆旧集》作序的时候,魏源就对"三湘"这一概念的内容进行认真细致的思考并形成了自己的见解。之后,邓显鹤又完成了《沅湘耆旧集》的编纂,于道光二十二年(1842年)仲春开雕,次年秋即刻成本编二百卷,至道光二十四年又竣工前编四十卷。在先,本编二百卷本问世后即送魏源一部。魏源收到后即回书寄邓氏,盛赞之后,又向邓氏阐述自己关于"三湘"的看法:

鄙意"沅湘"何以不名"三湘"。陶文毅序《资江集》,以

---

① 魏源:《古微堂诗集》卷五,《魏源全集》第12册,岳麓书社,2004,第612页。

谓湘在九江；最长且著，必综其首尾核之，而后"三湘"之名可定，其以潇湘、资湘、沅湘定为"三湘"，论虽创，实确入湖之水，其大者止此三，非"三湘"而何？若以沅湘为名，湘只指长沙一水，不能该资水矣。其实，潇水古人亦不能指定。源谓即以朱子"三湘"之说推之，蒸湘、沅湘之外，资水亦可当潇，缘邵水入资，邵、潇二字同音，援蒸水入湘之例，则资湘即潇湘也。如此则"三湘"皆有着落，不知大雅以为何如？若得椽笔于总叙中一发此谊，并改板心为"三湘"，则更为桑梓增色，并为论古者开拓心胸矣。惟教正之。不宣。①

魏源以朱子"三湘"之说推之，认为"资水亦可当潇，缘邵水入资，邵、潇二字同音，援蒸水入湘之例，则资湘即潇湘也"。信末，他又提出建议，希望邓氏能"于总叙中一发此谊，并改板心为'三湘'"。邓显鹤如何回复他的建议，如今已经不得而知，现存道光版的《沅湘耆旧集》中并无相应的改动，究其原因或许是由于经费或技术的原因改动非易，或许是邓氏对于魏源的三湘新说本来就有所保留，《沅湘耆旧集》"自序"中云："湖以南水……实则沅、湘、资、澧四水而已，而资水入湘，澧水入沅，湘长于东，沅雄于西，故举沅湘而湖以南水尽在是，即湖以南郡县尽在是。其曰《沅湘耆旧集》，即《湖南诗征》之变名也。"可见邓氏之"沅湘"与魏源之"沅湘"含义是不同的。尽管如此，邓氏对于魏源"三湘"说中的"资湘即潇湘"却颇为认同，并在后来道光二十五年至二十六年编纂《宝庆府志》时作出了自己的考述，其云：

---

① 邓显鹤编纂：道光《宝庆府志》卷一百二，岳麓书社，2009，第1539~1540页。

按《山海经》每以潇与沅、湘并称而无资水，至《汉书·地理志》有资而无潇，《水经》因之。盖夫夷水者乃古潇水，今土人犹名萧溪……汉时西延地为蛮人所据，寻源者不复寻夫夷之少延而寻都梁之路山，以其上游名资水，而以既合夫夷之后亦统名资水，不复知潇水所在矣。后世求潇水而不可得，柳子厚乃以营道之营水为潇水，不知营水长不过数百里，湖南之水如营者以十数计，何得与沅湘并列？又与"沅澧之风交潇湘之渚，皆在洞庭"不合。①

此外，邓显鹤并将魏源的此封来信完整地收录在《宝庆府志·艺文略》中《沅湘耆旧集续编》目下。《宝庆府志》的另一个主要编纂者邹汉勋则又致书魏源，②对其"资湘即潇湘"的观点表示赞同。对于魏源来说，自己"资湘即潇湘"的观点能够得到邓、邹这样的学者认同，他是很高兴的。由此，更增强了他对于自己三湘新说的自信。但魏源是一位治学严谨的学者，颇为注重实地考察。三湘中的湘江是湖南最大的河流，魏源尽管曾经多次游历、往返湘江中下游各地，但永州以远的湘江上游似乎并未涉足，而且，位处岭南水系与湘江水系分水岭五岭山脉关键部位的湘桂边境、湘粤边境魏源亦没有去过，因而他在筹划南游的行程时，设计了道经湘江全程并可以考察湘桂、湘粤边境地理的路线，冀图通过实地考察更进一步深入全面地了解认识三湘水系，从而证实自己三湘新说的合理、可靠。

（七）"三湘"之七说：湘东、湘南、湘西

《辞海》："三湘：……近代一般用作湘东、湘西、湘南三地区的

---

① 邓显鹤编纂：道光《宝庆府志》卷七十九，岳麓书社，2009，第1223页。
② 邹汉勋撰《邹叔子遗书七种》，蔡梦麒校点，岳麓书社，2011，第596~597页。

第一章 湘江流域的水文与人文

总称，泛指湖南省。"这是近现代出现的一种说法，湘东、湘南、湘西为标示地理方位名词，且为越来越多的人接受和使用。但严格根据地理方位，应该还有湘中、湘北，五个方位为何只选定湘东、湘南、湘西？令人费解。而且以地理方位来命名三湘，与流域文化中的"三湘"概念几乎没有关联了。

对于"三湘"名词的解释，其实早在南宋祝穆《方舆胜览》卷二三"湘漓"条中有说明："湖岭之间，湘水贯之，无出湘之右者。凡水皆会焉，但以潇水合则曰潇湘，以蒸水合则曰蒸湘，以沅水合则曰沅湘耳。"此说基本为后世学者肯定，不过亦有人质疑，认为潇水、蒸水均为湘江的支流，而沅水与湘江是两条独立的水系，"三湘"应该不能包括"沅湘"。尽管各种异议层出不穷，随着时间的推移，人们对"三湘"的认识和使用渐趋统一。

明代万历年间陈耀文撰写的《天中记》，该书取材广泛，征引完备，是一部体例比较完善的古代类书。《天中记》引《地志》云：长沙，湘江环城而下，源出广西兴安县海阳山。西北流至分水岭，分为二派，曰漓水，流而南曰湘水，流而北由灵渠与灌水会。湘犹如也言有所合，漓，犹离也，言违湘南流。湘水至永州，与潇水合，曰潇湘；至衡阳，与蒸水合，曰蒸湘；至沅州，与沅水合，曰沅湘，会众流以达洞庭。这段史料有两点值得注意，一是间接地解释了湘江名称的由来，"言有所合"，意思"言与诸水相合也"，湘江因此得名。二是再次注明了"潇湘""蒸湘""沅湘"这三个专有名词，为后人注释"三湘"提供了史料依据。

清代学者王文清《湘水记》也说："潇湘、蒸湘、沅湘，三水皆纬流，而经之者湘水也。湘源出阳朔，至永州，潇水入焉，曰潇湘；至衡州，蒸水来会，曰蒸湘；卒与沅水合于沅江，曰沅湘。此三湘之所由名也。"

湘江流域文化研究

光绪《湖南通志》的编撰直接取材于《天中记》《湘水记》两书对湘江的有关记载。张伟然在《湘江》书中总结道:"湘江在上游与潇水合流,称'潇湘';中游吸纳蒸水,称'蒸湘';下游与沅水汇聚于洞庭湖中,称'沅湘'。这一说法见于雍正《湖广通志》,时代并不早,但总归比《辞海》中讲的漓湘、潇湘、蒸湘有文献依据,而且见解较为通达。不妨认为是一个比较合理的解释吧。"①

由于湖南建省较迟,清以前古诗文中大量出现的"三湘"一词,一般都是指的湘江流域。如前引晋陶渊明《赠长沙公》诗"遥遥三湘,滔滔九江",至唐代宋之问《晚泊湘江》诗"五岭恓惶客,三湘憔悴颜",熊孺登《湘江夜泛》诗"江流如箭月如弓,行尽三湘数夜中",杜荀鹤《湘江秋夕》诗"三湘月色三湘水,浸骨寒光似练铺",明代童佩《夜渡湘水》诗"水自三湘合,云知七泽连",等等,很明显,所说三湘,则都是指湘江流域。②

将三湘与湖南省联系在一起,始于清初湖南建省以后。其中最早明确使用的当数魏源,他不仅提出了蒸湘、资湘、沅湘之说,首次将纵贯湖南省境的三条主要河流——湘江、资江、沅江概括为三湘,而且宣称:"予生长三湘。"这里所说的三湘,泛指包含湘江、资江、沅江的湖南省。需要指出的是,魏源所说的蒸湘,由于指的是湘江流域,而湘江由于水清且深,久已有"潇湘"的别名,故后人还是习惯地称为潇湘,即把潇湘、资湘、沅湘作为湘江、资江、沅江三河流域的代称,并用这三湘泛指湖南全省。尽管这个说法和当初陶澍的说法已有很大不同,但约定俗成,历来如此。③

综上所述,我们对"三湘"的认识,首先需要明确一个时间节

---

① 张伟然:《湘江》,江苏教育出版社,2010,第22页。
② 刘泱泱:《"三湘"小考》,载《刘泱泱文集》,民主与建设出版社,2020,第17页。
③ 刘泱泱:《"三湘"小考》,载《刘泱泱文集》,民主与建设出版社,2020,第17页。

点，这就是雍正二年（1724年）湖南正式建省。在"湖南省"的名称出现之前，"三湘"已经早有其名，而且自晋朝至清前期这段漫长历史时期，"三湘"指的是湘江流域，这个并无疑义，异议在于"三湘"所指的具体内容。考索湘江源流、梳理相关经典文献，以"潇湘、蒸湘、沅湘"之说最具代表，且为广大学者认可。湖南建省之后，被广泛使用的"三湘"一词含义发生很大变化，不局限于湘江流域。尤其是经过陶澍、魏源对"三湘"的考证、诠释之后，"三湘"从指代湘江流域转化为泛指湖南省，"三湘"具体所指即为"潇湘、资湘、沅湘"。时至今日，我们无须为"三湘是哪三湘"的问题纠缠不休。正如刘泱泱先生所说："'三湘'一词在今天已众所周知地用于泛指湖南省，那么，它原来的含义到底是指潇湘、资湘、沅湘，还是湘东、湘南、湘西，或是别的什么，也就不必深究了。"①

三 湘江流域的远古传说与诗画历史

我们描述湘江流域的水文特征，需要从湘江的源头说起，从上游顺流而下，直到下游，与诸水汇合流入烟波浩渺的洞庭湖之中。若是从历史发展的维度来阐述湘江流域的人文特征，则需要从湘江的下游说起，逆流而上，方能清晰地寻觅湘江流域人文历史发展的踪迹。千里湘江，简直是一幅图文并茂的艺术长卷。湘江流域的人文历史由本土的巫楚文化和外来的流寓文化两大部分组成，体现了湘江流域文化的包容与开放。甚至可以说，流寓文化为湘江增添了无穷的魅力。

流寓湖湘的舜帝、娥皇、女英、屈原、贾谊、杜甫等，皆殒殁于潇湘，无形之中给湘江流域蒙上了一层悲情的印记。由于长期以来湘

---

① 刘泱泱：《"三湘"小考》，载《刘泱泱文集》，民主与建设出版社，2020，第17页。

江流域成为贬谪文人流放或者流寓之地,演绎了众多的政治历史悲剧,人们心目中便自觉地将不得志、政途坎坷等失意情绪贴附于潇湘之上,进一步加重了潇湘地域文化的悲情色彩。这些个人荣辱与家国兴衰的人文因素,恰巧集中融入潇湘这片神秘的土地上,成为迁谪潇湘的文人抒发情思的基本格调。

(一) 湘江流域的远古传说

大禹摄政后,舜帝南巡,一去不返。《史记·五帝本纪》载,舜"践帝位三十九年,南巡狩,崩于苍梧之野。葬于江南九疑,是为零陵"。舜帝南巡之事,最后葬于湘江上游的零陵,在《竹书纪年》《尚书》《史记》等多种史籍中均有记载,民间也留下了许多动人的传说故事,尤其是以湘江流域流传的民间故事为多。有学者研究认为舜帝南巡路线是:"从蒲坂出发,经安邑(山西夏县)南行过黄河,过鸣条(河南封丘东),过宛(今南阳),渡淮河、汉江南行,再经夷陵(今武汉)过江入巴陵(今岳阳)沿湘江南下,至南岳衡山(今衡阳),之后,再南行至零陵。舜帝又从零陵到各地去巡视。"[①]这条线路不论正确与否,舜帝南巡与湘江是密不可分的。而且山川相缪,把湘江流域的君山、韶山、衡山、舜皇山、虞山、九嶷山连成线,都正好在舜帝南巡的路径上。

据传说,舜帝南巡时,途经南岳衡山,衡山留有舜帝的遗迹。衡山有宝露坛,传说舜帝将高辛氏盛甘露的玛瑙瓮"迁于衡山","故南岳有宝露坛。舜于坛下建望月馆以望月。南巡至衡,百辟皆得宝露之赐"[②]。衡山还有舜帝南巡停留休憩处,"安上峰有舜庙、舜溪、舜

[①] 杨东晨:《舜帝家族史迹考辨》,载郑国茂《舜帝之谜》,人民出版社,2007,第78页。
[②] 《光绪衡山县志》(2),载《中国地方志集成·湖南府县志辑(39)》,江苏古籍出版社,2002,第528页。

井、舜洞,传舜巡狩驻跸于此"。① 湘潭有"韶山""韶峰",据传说亦系"舜南巡,奏韶乐于此,故名"。② 相传舜帝南巡抵达县,道县有舜庙。《后汉书·郡国志》引《营阳郡记》曰:"营浦县南三里余,有舜南巡止宿处,今立庙。"《大清一统志》记此庙为唐元结建。营浦县,汉置,今道县地。

马王堆汉墓出土的《地形图》突出标明了九嶷山的位置和山形,在九个山形字符的旁边特别标注"帝舜"二字。西汉初年人们对于舜帝葬于湖南九嶷山的传说,已经成为共识。九嶷山自古有舜庙,《九疑山志》载:"舜庙在大阳溪,盖三代时祭于此",即肯定夏、商、周已有舜庙,地点在大阳溪。《九疑山图记》亦云"舜庙在大阳溪",但同时说明"今不知何处"。这就是说,唐代的人对于先秦以前的舜庙和所谓"大阳溪",实际上已经无法考证。从史料看,汉代曾于九嶷山建有舜庙,地点在三峰石的玉琯岩。据《水经注·湘水》载:"营水出营阳泠道县南山,西流迳九疑山下,蟠基苍梧之野,峰秀数郡之间。罗岩九举,各导一溪,岫壑负阻,异岭同势,游者疑焉,故曰九疑山。大舜窆其阳,商均葬其阴。山南有舜庙,前有石碑,文字缺落,不可复识。自庙仰山极高,直上可百余里。古老相传,言未有登其峰者。山之东北泠道县界,又有舜庙,县南有舜碑,碑是零陵太守徐俭立。"③ 又民国《宁远县志》引《名胜志》云:"汉舜祠在宁远县,去舜峰四十里,汉零陵太守徐俭立碑祠后。"《九疑山志》云:"舜祠在玉琯岩前,秦汉以来祭舜于此。"汉代许慎《说文解字》载"琯"字注释曰:"古者管以玉。舜之时,西王母来献其白琯,前零

---

① 《光绪衡山县志》(2),载《中国地方志集成·湖南府县志辑(39)》,江苏古籍出版社,2002,第528页。
② 王先谦:《湖南全省掌故备考》,岳麓书社,2009,第36页。
③ 郦道元:《水经注校证》,陈桥驿校证,中华书局,2019,第849~850页。

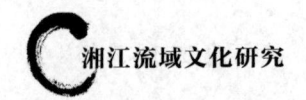

陵文学姓奚，于泠道舜祠下得笙玉琯。"① 玉琯岩因此而得名。附近还有娥皇峰、女英峰、美大峰、梳子峰、舜峰（三分石）、箫韶峰、斑竹岩、舜池、舜溪，皆与舜帝奏九韶之乐及二妃挥泪斑竹的传说有关。

舜帝南巡，还在湘江流域留下了许多美丽的民间故事和传说。其中最为人们所传颂的是二妃寻夫的故事。相传舜帝南巡一段时间后，因路途遥远，二妃不知舜帝音讯，非常思念，于是就结伴而行，沿着舜帝南巡的路线南下。当听说舜帝因为勤民事而野死，二妃非常伤心难过，一路痛哭，泪血洒在路边荆竹上，这些荆竹染上了泪血斑痕，这就是我们所说的斑竹。二妃寻夫的故事成为湘江流域第一个忠贞爱情故事。唐代诗人刘长卿有诗云："苍梧千载后，斑竹对湘沅。欲识湘妃怨，枝枝满泪痕。"杜牧有诗曰："血染斑斑成锦纹，昔年遗恨至今存。分明知是湘妃泣，何忍将身卧泪痕？"诗中吟诵的内容都是舜帝南巡、二妃寻夫的故事。毛泽东的《七律·答友人》："九嶷山上白云飞，帝子乘风下翠微。斑竹一枝千滴泪，红霞万朵百重衣。洞庭波涌连天雪，长岛人歌动地诗。我欲因之梦寥廓，芙蓉国里尽朝晖。"同样引用了舜帝与二妃这一为大众耳熟能详的历史典故。

（二）"令沅湘兮无波"：屈原行吟湘江

有学者说："让湘江流进文明时代的是《楚辞》。最终自沉湘波的屈原不仅在《离骚》《涉江》《怀沙》《惜往日》《远游》等篇章中多次提到湘江及其姊妹河沅江，而且还在《九歌》中写有《湘君》

---

① 许慎撰《说文解字注》（上），段玉裁注，中州古籍出版社，2006，第197页。

《湘夫人》两个专篇。"① 屈原被流放,浪迹于洞庭湖畔,行吟于沅湘之间。湘江流域楚人的民间文化习俗深深影响了屈原的诗歌创作,"昔楚国南郢之邑,沅湘之间,其俗信鬼而好祠,其祠必作歌乐鼓舞以乐诸神。屈原放逐,窜伏其域,怀忧苦毒,愁思沸郁。出见俗人祭祀之礼,歌舞之乐,其词鄙陋,因为作九歌之曲"。②《湘君》与《湘夫人》是其中最优美的篇章,淋漓尽致地表达了屈原心中的湘水情思。"屈原创作的'二湘',取材于沅湘间的民间传说,又不拘泥于原故事。这其中溶进了自己深刻的人生体验,注入了自己炽热的感情。两首诗已完全脱略了原始性崇拜的痕迹,而升华为一种高尚的爱情的追求。"③ "二湘"描写的是神之间的恋曲,却与人有密切的关系,"令沅湘兮无波,使江水兮安流。望夫君兮未来,吹参差兮谁思!"湘水的性情是温和的,江水平缓地流淌,灌溉两岸农田,造福百姓。湘江成为一条孕育生命、演绎爱情的浪漫之江。"令沅湘兮无波,使江水兮安流",是湘江沿岸百姓共同的愿望,于是湘君、湘夫人成为人们心目中护佑湘江平安的神灵。

在《涉江》中屈原感叹"哀南夷之莫吾知兮,旦余济乎江湘"。江,指长江;湘,即为湘江。蒋骥说:"按湘水为洞庭正流,故《水经》以洞庭为湘水。济洞庭,即济湘也。"④

在《怀沙》诗中,屈原披发行吟于沅、湘江畔,"浩浩沅湘,分流汩兮"。他不愿同流合污,也不愿目睹楚国灭亡,屈子以冷静的心态化解了心中的苦痛,以明丽的诗句深情地怀念故土,决意于死。"知死不可让,愿勿爱兮。"遂怀石自沉于汨罗江。"自屈原沉汨罗后

---

① 张伟然:《湘江》,江苏教育出版社,2010,第1~2页。
② 王夫之:《楚辞通释》,中华书局,1959,第25页。
③ 毛庆:《诗祖涅槃——屈原和他的诗》,生活·读书·新知三联书店,1996,第140页。
④ 朱东润主编《中国历代文学作品选》(上编·第一册),上海古籍出版社,2003,第259页。

百有余年,汉有贾生,为长沙王太傅,过湘水,投书以吊屈原。"太史公曰:"余读《离骚》《天问》《招魂》《哀郢》,悲其志。适长沙,观屈原所自沉渊,未尝不垂涕,想见其为人。"①

屈原是我国文学史上第一个伟大的爱国诗人,他的作品是我国浪漫主义诗歌的源头。屈原以高贵的品格、文辞绚丽的诗篇,对中华民族的精神文明和文学传统的形成产生了极大的影响,在我国文学发展史上享有崇高的地位。屈原被流放在沅湘之间,也是《楚辞》诗歌创作的高峰时期,因为屈原的诗歌,湘江弥漫了灵性的气息,为千里湘江抹上一层神秘、浪漫,充满情感的人文色彩。遭受谗言陷害的屈原,被楚怀王疏离,放逐至潇湘,最后自沉于汨罗江,以身殉国。在《渔父》中屈原说道:"宁赴湘流,葬江鱼之腹。安能以皓皓之白,蒙世俗之尘埃。"表达屈原以超脱生命之悲悯的大情怀,将"湘水"塑造成了一个神圣而悲情的大舞台,呈现了一部凄美而悲壮的神话历史剧。

《楚辞》让湘水成为人文之江,但整篇诗歌之中直接描写湘江的毕竟只有几句,湘江在楚国时代的形象仍然过于遥远和模糊。直至东晋,被当时人誉为"湘中之琳琅""江左之秀"的名士罗含,写了一部名著《湘中记》,该书虽然早已散佚,但《水经注·湘水》中引用了《湘中记》描写湘江的文字:"湘川清照五六丈,下见底石如摴蒲矢,五色鲜明,白沙如霜雪,赤崖若朝霞,是纳潇湘之名矣。"② 这段描写湘江栩栩如生的文字常被后世文献引用或改写,《太平御览》卷六十五引《湘中记》:"湘水至清,虽深五六丈,见底了了然,石子如摴蒲矢,五色鲜明,白沙如雪。赤崖如朝霞,绿竹生焉,上叶甚密,下疏辽,常如有风气。"湘江清澈、幽深、秀丽的特征第一次通

---

① 司马迁:《史记》卷八十四《屈原贾生列传》,中华书局,1963。
② 郦道元:《水经注校证》,陈桥驿校证,中华书局,2019,第855页。

过文字表述的形式展现在世人面前，从此如诗如画的湘江成为文人墨客歌咏的绝佳题材。

（三）湘江如诗：不到潇湘岂有诗

自《楚辞》以来，"潇湘"名词频繁出现在诗词歌赋之中，诗人反复吟咏，经久不息，潇湘遂成为古典文学艺术中的主题风格和永恒意象。东汉张衡《四愁诗》之"湘水深"一句可以说是对湘水特征的最早吟诵："我所思兮在桂林，欲往从之湘水深，侧身南望涕沾襟。""湘水深"并非虚言，而是依据文献对湘江特征的典型描写。《说文解字》考证："潇，水名。"又云："潇，深清也。"《水经注》亦记载："潇者，水清深也。"描述的是湘江上游江水清澈、幽深的景象。

时至唐代，文人骚客吟咏潇湘的诗作不计其数。陈子昂《感遇诗》说"箕山有高节，湘水有清源"，湘水的清幽，正如圣人具有的高尚品格一样，湘江在诗人的笔下具有了浓厚的人文色彩。刘禹锡在《海阳湖别浩初师》诗中说，"潇湘间，无土山，无浊水，民乘是气，往往清慧而文"，是对潇湘清澈、幽深特征的人文肯定。

唐代众多流寓湖湘的著名诗人将湘江的美景和幽情吟咏得淋漓尽致。张九龄《湘中作》有诗句"湘流绕南岳，绝目转青青"。宋之问《晚泊湘江》诗云"五岭恓惶客，三湘憔悴颜。况复秋雨霁，表里见衡山"。张九龄《初入湘中有喜》诗云"征鞍穷郢路，归棹入湘流"。刘长卿《晚泊湘江》诗云"惆怅增暮情，潇湘复秋色"。张谓《同王征君湘中有怀》诗云"八月洞庭秋，潇湘水北流。还家万里梦，为客五更愁"。孟浩然《夜渡湘水》诗云"客舟贪利涉，暗里渡湘川"。郎士元《夜泊湘江》诗云"湘山木落洞庭波，湘水连云秋雁多"。杜易简《湘川新曲》诗云"昭潭深无底，橘洲浅而浮"。戎昱《宿湘江》诗云"九月湘江水漫流，沙边唯览月华秋"。李端《送客往湘江》诗云"识君年已老，孤棹向潇湘"。杨凭《湘江泛舟》诗云"湘川洛浦三千里，地角天涯南北遥"。韩愈《湘中酬张十一功曹》诗云"休垂绝徼千行泪，共泛清湘一叶舟"。柳宗元《再上湘江》诗云"好在湘江水，今朝又上来。不知从此去，更遭几年回"。刘禹锡《酬瑞州吴大夫夜泊湘川见寄一绝》诗云"夜泊湘川逐客心，月明猿苦血沾襟。湘妃旧竹痕犹浅，从此因君染更深"。杜荀鹤《湘江秋夕》诗云"三湘月色三湘水，浸骨寒光似练铺。一夜塞鸿来不住，故乡书信半年无"。在古代诗人的眼里，湘江流淌的不仅是乡情和离愁，还有惆怅和寂寞，还有豪情和自由。面对清幽美丽的湘江，诗人的灵魂深处创作的灵感喷涌而出，无数脍炙人口的诗篇在湘江流域千古流传，歌咏不息。

因为安史之乱，大量北方中原文人为躲避战乱，纷纷离乡背井来到湖南，他们逃难的路线，基本沿着陆路来到湖北，乘船过长江、越洞庭湖，进入湘江航道，逆流而上，抵达长沙、衡阳等城市，其中最为著名的就是诗圣杜甫。杜甫的亲朋故友多在湖南，他的好友韦之晋当时正任衡州刺史，舅父崔伟在郴州任录事参军。因此，杜甫决定南下湖南投奔亲友，乘船过洞庭湖到达岳州，亲眼看到洞庭湖边人民的苦难生活情景，结合自己漂泊颠沛中的愁苦，写下了晚年诗作中最具代表性的杰作《岁晏行》："岁云暮矣多北风，潇湘洞庭白雪中。渔父天寒网罟冻，莫徭射雁鸣桑弓。去年米贵阙军食，今年米贱大伤农。高马达官厌酒肉，此辈杼轴茅茨空。楚人重鱼不重鸟，汝休枉杀南飞鸿。况闻处处鬻男女，割慈忍爱还租庸。往日用钱捉私铸，今许铅锡和青铜。刻泥为之最易得，好恶不合长相蒙。万国城头吹画角，此曲哀怨何时终？"

杜甫泊舟岳阳城下，当他登上岳阳楼，俯瞰波澜壮阔的洞庭湖，望着水天一色、烟波浩渺的景色，不禁心胸开阔、心潮激荡，即兴吟道："昔闻洞庭水，今上岳阳楼。吴楚东南坼，乾坤日夜浮。亲朋无一字，老病有孤舟。戎马关山北，凭轩涕泗流。"用洞庭湖的壮阔之景反衬自己的悲苦和孤独人生。

大历四年（769年）早春，杜甫乘船南行，准备投靠衡州刺史韦之晋。过了洞庭湖，进入青草湖，再沿湘江南行五里，便是白沙驿，杜甫在那里停舟夜宿，他写道："水宿仍余照，人烟复此亭。驿边沙旧白，湖外草新青。万象皆春气，孤槎自客星。随波无限月，的的近南溟。"

湘江流域是一个充满神话传说的神奇地域，当杜甫到达湘阴北90里的黄陵庙时，他登岸游览了附近的湘夫人祠。他在《湘夫人祠》一诗中写道："肃肃湘妃庙，空墙碧水春。虫书玉佩藓，燕舞翠帷尘。晚泊登汀树，微馨借渚蘋。苍梧恨不尽，染泪在丛筠。"杜甫漂泊湘江流域所作的诗歌当中，一首《祠南夕望》令人拍案叫绝，诗中写道："百丈牵江色，孤舟泛日斜。兴来犹杖屦，目断更云沙。山鬼迷春竹，湘娥倚暮花。湖南清绝地，万古一长嗟。"面对一江清幽的春水，诗人的心情是非常复杂的，可谓悲悯与欢喜交加、寂寞与愉悦同在。身处清绝之地的湖南，往来湘江的迁客骚人莫不发出"湖南清绝地，万古一长嗟"的感慨。

杜甫乘船一路沿湘江逆流南行，沿途还写下了《上水遣怀》《遣遇》《野望》《入乔口》《铜官渚守风》等诗作。杜甫大约于大历四年（769年）二月末到达潭州（湖南长沙）。不久又继续乘船南行赶往衡州。他在《发潭州》中写道："夜醉长沙酒，晓行湘水春。岸花飞送客，樯燕语留人。贾傅才未有，褚公书绝伦。名高前后事，回首一伤神。"表达了他从潭州出发时的依恋之情。由于湘江北流，乘船南行属逆水，因此，船行不会很快。从潭州杜甫系船停泊的青枫浦（今南湖港一带）起程，农历三月初二才行至湘潭的凿石浦。他一路逆水南行，宿凿石浦，经清溪驿，过津口，次空灵岸，宿花石戍，次晚洲，过衡山，一路感发，以诗纪行，写了近二十首诗。但当杜甫到达衡州时，他的好友韦之晋已于大历四年（769年）二月下旬改任潭州刺史。当杜甫乘船溯湘江南行时，韦之晋已由衡州乘船顺湘江而下往北到潭州赴任，两人在湘江途中失之交臂。杜甫只好又乘船返回潭州。

大历五年（770年）四月的一天夜里，湖南兵马使臧玠煽动士兵发动叛乱，潭州城内火光冲天。混乱之中，杜甫匆忙逃到湘江中的橘子洲上避难，随后杜甫乘船离开潭州，再次溯湘江南行，这是杜甫一生中最后一次逃难，他在《逃难》诗中写道："五十白头翁，南北逃世难。疏布缠枯骨，奔走苦不暖。已衰病方入，四海一涂炭。乾坤万里内，莫见容身畔。妻孥复随我，回首共悲叹。故国莽邱墟，邻里各分散。归路从此迷，涕尽湘江岸。"

杜甫到达衡州时，乘船改溯耒水驶向郴州。当船行至耒阳县境时，耒水暴涨，杜甫为洪水所阻，不得不在一个叫方田驿的地方停泊。此时的杜甫已不想再往南行了，北归故土的想法涌上了他的心头。但是他北归的心愿已经无法实现了，贫穷和疾病使他再也没有精力走出湘江。从大历三年（768年）暮冬来到湖南，杜甫过洞庭，入湘江，往来于潭州、衡州、耒阳之间，其间虽在潭州湘江边的"江阁"有一段小住，但大部分时间是以舟为家，长期在湘江上漂泊，穷困、饥饿和长时间的水居生活摧残了他年老病弱的身体，加剧了病情。大历五年（770年）的冬天，在由潭州到岳州途中的湘江中，杜甫凄惨地写下了《风疾舟中伏枕书怀三十六韵奉呈湖南亲友》一诗，这是杜甫一生中留下的最后一首诗，不久便在伴随他度过人生最后一段日子的湘江岸边的破船上离开了人世。杜甫晚年，颠沛流离于湘江中下游地区，在诗人的眼里，湘水不仅清澈、幽深，更是凄美无比。

杜甫在湘江的小船上享受了风和日丽,也历尽了凄风苦雨。诗人的灵感与浩浩湘江紧密相连,创作了流传千古的诗篇,湘水越发具有了灵性。

在唐代还有一位官员与湘江流域的人文历史结下了不解之缘,此人就是元结。唐代宗广德元年九月,元结出任道州刺史,沿湘江上游舟行祁阳,见两岸景色绝佳,环境幽雅,喜不自胜,遂将所经无名小溪命名为浯溪,并安家于溪畔。"浯溪在祁阳县上游五里潇湘江之南岸,水自三泉岭发源北行五里与湘水合。"① 元结生活休闲于山水之间,镌刻诗文于断崖石壁之上。据《浯溪新志》记载,并且至今保留下来的元结在浯溪石壁上所刻的铭文有"七铭一颂",即《浯溪铭》、《峿台铭》、《唐亭铭》、《东崖铭》、《寒泉铭》、《右堂铭》、《㡯尊铭》与《大唐中兴颂》。其中《浯溪铭》曰:"湘水一曲,渊洄傍山。山开石门,流水潺潺。山开如何,巉巉双石。临渊断崖,夹溪绝壁。水实殊怪,石又尤异。吾欲求退,将老兹地。溪古地荒,芜没盖久。命曰浯溪,旌吾独有。人谁游之?铭在溪口。"② 元结用心良苦,特别邀请颜真卿将《大唐中兴颂》镌刻于浯溪摩崖之上。后人以元颂文奇为一绝,颜碑字奇为一绝,摩崖石奇亦为一绝,共称三绝,是为"摩崖三绝"。浯溪因元结与颜真卿的遗迹而身价倍增,"楚山水之胜首潇湘,潇湘之胜首浯溪,浯溪已唐元结次山名,得鲁公摩崖书而益张之"。③ 唐代以前,秀丽的浯溪流淌在幽静偏僻的山林之中,自元结游览浯溪并留下石刻铭文之后,浯溪的灵秀才昭然于世。

潇湘之景如诗如画,潇湘的人文历史可歌可泣。唐代杜荀鹤《冬末同友人泛潇湘》是歌咏湘江的经典诗篇:"残腊泛舟何处好,最多

---

① 宋溶:《浯溪新志》卷一《原始》,乾隆三十八年刻本。
② 宋溶:《浯溪新志》卷一《原始》,乾隆三十八年刻本。
③ 王士正:《浯溪考原序》,载《浯溪新志》,乾隆三十八年刻本。

吟兴是潇湘。就舟买得鱼偏美，踏雪沽来酒倍香。猿到夜深啼岳麓，雁知春近别衡阳。与君剩采江山景，裁取新诗入帝乡。"在诗人的心目中，湘江是泛舟游玩的绝佳之处，诗中流露出了作者舟行湘水之上的愉悦之情。潇湘同时也是最能萌发诗兴灵感之地。诗中描写的多处景观情境与后来形成"潇湘八景"的意境颇有异曲同工之妙。南宋诗人陆游的一句"不到潇湘岂有诗"，彰显了"潇湘"在历代文人心中的地位，潇湘已经不仅仅是一个地理名词，更是诗人的一种不可替代的情怀和创作的境界，潇湘作为一种文化现象引起历代诗人由衷的热爱和欣赏，诗与潇湘之间存在着密切的渊源关系。

自屈原创作《楚辞》以来，讴歌湘水的诗文不计其数，唐代的李白、杜甫、韩愈、柳宗元、元结等诗人是其中杰出的代表。至于历代文人为何流寓湘江就触景生情，产生创作诗歌的灵感，涌出这么多充满灵性、清新、凄美而又壮丽的诗篇，明代袁中道在为湘中诗人作品写序时似乎道清了其中的原委，他说："湘水澄碧，赤岸若霞，石子若摶蒲，此《骚》材所从出也。其中孕灵育秀，宜有慧人生焉。其人皆能不守故常，而独出新机者。有首为变者出，则不惮世之毁誉是非而褰裳从之矣。"

时至近代，中国面临百年未有之大变局，湘江与中华民族的命运休戚相关，在内忧外患的非常时期，魏源从湘江出发，睁眼看世界，为闭塞落后的中国谋求出路。

道光二十七年（1847年）春，魏源作自己平生未有之南游，他从扬州出发，由南京溯长江而上，经九江、汉口，至于城陵矶，再由城陵矶至于岳阳。在岳阳停留期间，又一次登临岳阳楼，面对洞庭湖的万顷波涛，重新审视湖北、湖南地区的水患问题，作《洞庭吟》，诗中云"地不让水水争地，仰盂受灌建瓴涌。沿湖圩田岁增岁，曲防壑邻占地利。何况老林秦蜀开，下游沙塞洲渚回"，说明他仍然坚持

14年前（道光十三年）在所作《湖广水利论》中提出的观点，认为造成水患的原因主要还是人为：一是滨湖地区无计划的围垦，与水争地，导致蓄洪区逐渐缩小；二是江汉上游秦蜀地区乱砍滥伐山林，造成水土流失。因此，他仍然坚定地主张"以川还川湖还湖"，以保护环境、预防和抵御水灾。不过，此时他对于清朝执政当局的无能、腐朽，已经完全丧失信心，故有"雄谈空谓贾长沙，忧乐江湖复何用"之叹。其后，魏源又继续行程，过洞庭湖，入湘水，溯江而上，其沿途行吟诗《湘江舟行》六首中对其行踪多有描述。其中第一首云"昭潭更无底，空明胜牛渚"，"昭潭"在湘潭城东北昭山下之湘江中，可知魏源此行已经到达湘潭。诗中又云"蒸、湘峙二鼓"，其中的"蒸"指蒸水，"湘"即湘江。"二鼓"指石鼓山和小石鼓山，前者在衡阳城北门外一里许，蒸、湘二水合流于其下；后者则在城西南五十里蒸水与其支流白塘水汇合之处。诗中"奋如当閫貌，怒若守关府"二句则是形容"二鼓"的形势犹如守卫衡阳城的狮子和老虎。从中可知，魏源此行已经到达了衡阳，此地关乎魏源三湘新说中的"蒸湘"之说，他在这里进行了具有针对性的考察，不但考察了蒸、湘二水汇合处的水文、地理形势，而且溯蒸水而上，深入小石鼓山甚至更远的蒸水上游考察。诗中又云"浯湘屹双台"，这是描述浯溪入湘江处的两石崖，在祁阳县城南五里，唐亭所在为东崖，峿台所在为西崖，也就是双台。从中可知，魏源此行又从衡阳到达了祁阳。《湘江舟行》诗第二首云"十载画潇湘，不称潇湘月。今朝船窗底，饱览千崷崒"，其中的"潇湘"当为窄意，指潇、湘二水的汇合之处，在永州府城零陵北十里。从而可知，魏源此行又到达了永州零陵，此地关乎魏源三湘新说中的"潇湘"之说，魏源在这里进行了具有针对性的考察，然后又继续溯江而上，且行且考察。《湘江舟行》诗第六首云"卅六斗既穷，始觉青天隘"，顾祖禹《读史方舆纪要》载："范成大曰：灵渠在桂之兴安县，秦始皇戍岭时，史禄凿此以通运之遗迹……深不数尺，广丈余，六十里间，置斗门三十六。土人但谓之斗。舟入一斗，则复闸斗，俟水积渐进，故能循岩而上，建瓴而下，千斛之舟，亦可往来。治水巧妙，无如灵渠者。"① 据此可以确定，此二句诗描述的系灵渠之景，从中可知，魏源此行已经越过湖南省境到达了广西兴安灵渠。诗中又云"南航五岭背""湘漓听分派"等，则可以说明魏源对灵渠和湘桂水系的分派等都进行了考察。至此，魏源已经完成了对湘江全程和湘桂边境的考察。其后便循灵渠入漓水，通过湘桂走廊地带；又顺桂江而下，经桂林、阳朔至梧州；又从梧州顺西江而下进入广东省境，经肇庆、江门至澳门、香港；再北返大陆，到达广州。这样，魏源就完成了南游的大半行程。

还应该提到的是，魏源《三湘棹歌》诗三首写得非常成功，诗中那种写实的而又是诗意的描写，那种自然的而又是唯美的景观，以及浸润在其中的那种浓郁的而又是缠绵悱恻的对于故乡的眷念，予人以非同寻常的感染。后来读过此诗的人们，或者欣赏，或者陶醉，甚至震撼，以至于对作者作诗最重要的初衷即宣扬自己的三湘新说则往往有所忽视，这可能也是魏源作诗时所未曾料及的。但是，"棹歌一声天地绿"，美丽的三湘已然印入人们的心扉，抹之而不去，并散发着经久不衰的魅力。

当我们梳理历代歌咏湘江的诗人和他们的诗篇，不由地感叹湘江的确充满诗情画意，情不自禁地想起宋代陆游为历代诗人歌咏湘江做了令人叹为观止的总结："挥毫当得江山助，不到潇湘岂有诗。"淋漓尽致地表达了诗与湘江的密切关联。

---

① 顾祖禹：《读史方舆纪要》卷一〇七。

（四）湘江如画：潇湘八景名扬中外

美丽的湘江不仅给诗人以灵感，也是画家眼中创作的绝佳取景素材。自宋代以来，精通绘画的文人依据湘江流域迤逦的自然风光，绘制出八幅一组的极富诗意的山水图画。"山水画江南派的始祖董源流传至今的一幅名作便是《潇湘图》长卷。该图取'洞庭张乐地，潇湘帝子游'的诗镜，现藏北京故宫博物院。明人董其昌曾有跋语云：'余丙申持节长沙，行潇湘道中，兼葭渔网，汀洲丛木，茅庵樵迳，晴峦远堤，一一如此图，令人不动步而重作湘江之客。昔人乃有以画为假山水而以山水为真画者，何颠倒见也！'故宫博物院还藏有北宋名画家米友仁的《潇湘奇观图》，而米氏流传至今的另一幅真迹《潇湘白云图》则藏于上海博物院。"①

潇湘成为画家构思作品的主题，已经远远超出一条河流或者一个地区的界限，而是代表了艺术家毕生追求的艺术效果或者意境。"从这一意义而言，如果讲湘水流域是中国山水画江南派的摇篮，恐怕不是一句很过分的话。"② 特别值得一提的是，将"潇湘"为主题的山水画推到中国绘画史上的全盛时期的是《潇湘八景图》，该八景图出自北宋画家宋迪之手。宋迪，字复古，洛阳人，北宋进士，善画山水。宣和画谱记载宋迪画山水观物而起意，写生构思尤为高妙。嘉祐七年（1062年），宋迪担任了长沙转运副使和通判，在此期间他逆水南下遍游湘江，在湘江上游的永州澹岩留下石刻"嘉祐八年三月初八日，转运判官、尚书都官员外郎宋迪游"。《潇湘八景图》以淡墨为主调，呈现淡泊清幽的自然景象，凝练成飘逸脱俗的美学意境。

沈括《梦溪笔谈》说："度支员外郎宋迪工画，尤善为平远山

---

① 张伟然：《湘江》，江苏教育出版社，2010，第5~6页。
② 张伟然：《湘江》，江苏教育出版社，2010，第7页。

水。其得意者,有《平沙雁落》《远浦归帆》《山市晴岚》《江天暮雪》《洞庭秋月》《潇湘夜雨》《烟寺晚钟》《渔村落照》,谓之'八景',好事者多传之。"[1] 这被认为是最早记载宋迪绘制《潇湘八景图》的文献。

"潇湘"自古以来就蕴含着多重的文化意义,尤其是文人离愁、哀怨、刚直、隐忍的情感或行为常常融合在"潇湘"一词的寓意之中。因此"潇湘"不仅是一个地理概念,还是一个可以寄托情感的文化名词。诗人或艺术家内心的创作灵感都沉浸在潇湘的山水之中,在他们的诗与画之中自然地流露出来。宋迪在《潇湘八景图》中继续发扬了"潇湘"在诗词中表现出来的抒情和寓意的文化因素,米芾、惠洪、玉涧等众多"潇湘八景"的题画诗中同样的艺术手法表现得极为明显。宋迪《潇湘八景图》在流传过程中,艺术作品本身诗歌般的审美观念被后世文人继承和发展。潇湘美景中的山市、远浦、渔村、寺庙处于远离喧嚣的偏僻山野,象征着自由、恬静的梦幻般的情结,这是文人墨客毕生向往的乐土。落雁、秋月、夜雨、暮雪常常出现在诗词歌赋之中,增添了浪漫的忧思之情,达到超凡脱俗的境界。这些都是创作"潇湘八景"不可或缺的绘画元素。

当时苏轼对八景图评价颇高:"宋迪山水长于平远。近好事家收其《潇湘八景》一卷,秀雅清润,冠绝一时。每幅有印,文曰:'云谷寓物雍熙寺僧所藏真迹也。'迪以进士擢第,善画林木,得李成遗法,运思高古笔墨神奇。迪兄道尤精山水闲淡简远,取重一时,但传世不多耳。"[2] 而且苏轼还题写《宋复古画潇湘晚景图》诗三首,其一诗云:"西征忆南国,堂上画潇湘。照眼云山出,浮空野水长。旧

---

[1] 沈括:《梦溪笔谈》,中华书局,2016,第194页。
[2] 孙岳颁:《历代名人画跋·佩文斋书画谱》,同文书局光绪九年石印本。

游心自省，信手笔都忘。会有衡阳客，来看意渺茫。"

　　诗与画是相得益彰的，诗中有画，画中有诗。"'潇湘八景'是绘画、题诗、书法、音乐的交集，是文学、史学、艺术的合成。"①"潇湘八景"成画以来，为其题诗者层出不穷，面对浩浩湘江，诗人与画家是惺惺相惜的，在内心会迸发出共同的情感，绘画与诗歌一样需要艺术的想象力和生命力。从宋元至明清，无数诗集和志书之中辑录了题咏"潇湘八景"的诗。其中以《石门文字禅》中的《潇湘八景》诗流传最为广泛，也最具代表性。其诗云：

山市晴岚

　　朝霞散绮仗天容，无际山岚分外浓。风土萧条人迹静，林蹊花木自鲜秾。

洞庭秋色

　　秋霁湖平彻底清，沧浪隐映曜光轮。寒光炯炯为谁好，倚岸凭栏兴最清。

江天暮雪

　　长空暝色黯阴云，六出飘花堕水滨。万境沉沉天籁息，溪翁忍冻独垂纶。

潇湘夜雨

　　岳麓薏檐苍荞中，萧萧江雨打船篷。一声长笛人何去，箬笠蓑衣宿苇丛。

渔村落照

　　目断青帘在水湄，临风漠漠映斜晖。渔郎笑傲芦花里，乘兴回家何处归。

---

① 奉清清：《潇湘八景　湖南永恒的文化地标——访湖南科技学院国学院院长张京华教授》，《湖南日报》2020年6月25日。

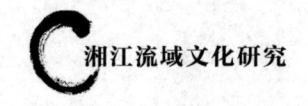

远浦归帆

水国烟光映夕晖,谁家仿佛片帆归。翩翩鸥鹭西风急,凝盼沧洲眼力微。

烟寺晚钟

轻烟罩暮上黄昏,殷殷疏钟度远村。略彴横溪人迹静,幡竿缥缈插山根。

平沙落雁

寂寞蒹葭乱晚风,江波潋滟浸秋空。横斜倦翼归何处,一点渔灯杳霭中。

具有浓厚地方特色的《潇湘八景图》,历来被公认为人文山水画的代表作,在很大程度上促成中国山水绘画主流风格的形成,并以此建立起庞大的南方山水画体系。"八景图"影响远远超出绘画艺术范畴,各地方甚至连乡村都流行提炼"八景",堂而皇之地成为地方风景名胜或者文化地标。"民国时鲁迅曾批评中国人患有'八景病',如果说这确实算一种病的话,病根无疑是在潇湘。"[1] 潇湘是一个充满诗情画意的地方,同时也是一个饱含忧愁、寂寞、失落与自由的清绝之地。自文明开化以来,无数被贬谪的文人流寓潇湘大地,尤其是舜帝、屈原、贾谊、杜甫等历史名人殒身湘江之畔,更是给潇湘大地蒙上了一层悲情的记忆。唐代的柳宗元在《送李渭赴京师序》也提到:"过洞庭,上湘江,非有罪左迁者罕至。"宋代的李纲来到湖湘后也有同感:"湖湘间多古骚人逐客才士之所居,故其景物凄凉,气俗感慨,有古之遗风。"潇湘无形之中竟成为失意落魄的文人绝意仕途、超凡脱俗的归宿地。

---

[1] 张伟然:《湘江》,江苏教育出版社,2010,第11页。

第一章　湘江流域的水文与人文

米芾笔下的"潇湘八景"已经覆盖了湖南全境，也可以说就是"湖南八景"。当然，有人认为"潇湘八景"确为真实的湘江流域的景色，但除"洞庭秋月"外，其他均无明确所指。也有人认为，"这八景是泛指古代楚地在一年中不同季节和物候，一天中不同时间和气象，在湖南潇水湘江和洞庭湖一带的八种自然景观"。而《洞庭湖志》中则说"潇湘八景"主要是洞庭湖及其周边美景，但并无详细之地。另还有人认为"潇湘八景"散落于湖南各地，即"五景"在湘江沿岸，两景在洞庭湖一带，一景在沅江桃源段，如此等等，虽说"潇湘八景"主要包括自然生态景观、人文胜迹景观和风土人情景观，但都认同"潇湘八景"是湖南全境的自然人文生态景观，故用"潇湘"代称湖南是为当然也。①

应该指出的是，古代湖南除有"潇湘八景"流传至今外，还有"潇湘十景"之说。清代湖南衡阳人王夫之不仅撰有咏歌"潇湘八景"的诗词，而且"歌八景后，驱笔猎之"，寄调蝶恋花，写有潇湘十景词。王夫之和古代其他诗家词人歌之的"湘湘十景"，同样说明"潇湘"是指湖南全境，可以代替湖南称谓。"潇湘十景"，一是舜岭云峰。说的是潇水自江华西北流至宁远九嶷山北疑峰，恒有云藏其半岭，飞雨流淙，入潇水中。二是香塘渌水。说的是湘水经东安县东，有沉香塘，石壁罅插一株，云是沉水香，澄潭清泠，绿罗倒影。三是朝阳旭影。说的是在零陵县潇水侧，距离钴鉧潭、愚溪不远，北十里为湘口，是潇湘二水汇合处。四是浯溪苍壁。说的是在祁阳县北，元次山勒颜鲁公《中兴颂》于崖壁，苔光水影，静日愉心。五是石鼓危崖。说的是在衡阳县北，蒸水东流湘水北，一曲沧浪，潭空崖古。六是岳峰远碧。说的是自衡阳北三十里，至湘潭南六十里，岳峰浅碧，

---

① 文选德：《溯源湖湘（下）——关于"湖南"及其代称考略》，《湖南日报》2011年12月22日。

宛转入望。七是昭山孤翠。说的是日落天低湘岸杳,一峰矗立江次,北去湘潭县三十里,下为暮云滩,道是昭王南狩道。八是铜官戍火。说的是长沙北三十里铜官,旧是杜陵漂泊处。芦汀远岸,水香生于始夜,渔灯戍火,依微暮色间,如寒星映水。九是湘湾曲岸。说的是为锁湘流东下缓,湘阴县北三十六湾,云是马殷所开,萦回清澈,出此即渐次入青草湖,李宾之有诗云"三十六湾湾对湾"者是也。十是君山浮黛。说的是湖光极目,至洞庭君山,始见一片青芙蓉浮玻璃影上,自此出洞庭与江水合。泪竹千竿垂紫晕,宾鸿不寄苍梧信,洞庭湘妃与苍梧对应也。咏"潇湘十景",除王夫之而外,还有其他诸多诗家词人。但不论何人,虽词牌诗韵不同,其共同的都是从江华之舜峰说到洞庭君山之青螺,这足以说明"潇湘十景"也是纵贯湖南全景,故"潇湘"也可以替代湖南省之称谓。[1] 湘江流域独有的地方民俗风情,深厚的人文资源和引人入胜的山水景色,为迁谪文人提供了丰富的创作灵感,他们的艺术成就在潇湘大放光芒。

---

[1] 文选德:《溯源湖湘(下)——关于"湖南"及其代称考略》,《湖南日报》2011年12月22日。

第二章

湘江流域的书院与湖湘文化的
传播及人才群体的兴起

自唐宋以来，湘江流域书院兴起，至清代，书院教育进一步发展，达到书院史上前所未有的高峰。湘江流域众多的书院，可谓湘江文脉的标志和湖湘文化的传播中心。湘江流域的书院，培养了一批批济世救民、叱咤风云的湖湘优秀人才，他们走出湘江流域，继承和弘扬了经世致用的湖湘文化，进而推动中国近代化的历史进程。

一 湘江流域书院概况

湘江流域各地兴起的书院，是湘江流域文化发展与传播的主要阵地。书院办学的目的虽然标榜是为了成就人才、传道济民，并不是直接为科举考试服务，但实际上科举培养了知识分子对儒家文化的信仰，为书院兴起提供了文化氛围，因此书院的发展得到官方和民间力量的支持，吸引各地青年学子汇聚书院，承担着研究学术、传承文化与经世济民的时代使命，无形中对湘江流域文化发展与传播产生了巨大的促进作用。

湘江流域的书院在唐代初具规模，当时湖南境内有六大书院，除澧水流域的澧州文山书院之外，其余五所书院如衡州石鼓书院、南岳书院、韦宙书院、卢藩书院、耒阳杜陵书院，均在湘江流域。宋代书院教育空前发展，当时全国闻名的四大书院，位于湘江边上的就占据两大书院，即衡阳的石鼓书院、长沙的岳麓书院。明代湘江沿岸书院经过兵祸战乱之后，重新恢复生机，并且还创建了一批新的书院。清代自康熙、雍正年间始，官府鼓励和支持书院教育，中央朝廷赋予地方著名书院以巨大荣誉，以岳麓书院、石鼓书院为代表的湘江流域书院再次得以复兴。

（一）湘江上游的书院

湘江上游为永州境内。主要有濂溪书院，位于理学家周敦颐故乡道县，始建于宋（1180年），系当地官府和民众为纪念周敦颐而建。有浯溪书院，位于祁阳浯溪，元至元三年（1337年）零陵尉曾圭命其子捐家资修建，书院规制宏伟，祭祀唐代名宦元结、颜真卿。有鳌山书院，原名宗濂书院，在蓝山县城。明代万历元年（1573年）知县郑之韶建于先农坛侧，为"考德问业之地"。有文昌书院，位于祁阳县城天马山南麓，面临湘江。邑人铜仁太守邓球集资倡导建立文昌塔于湘江之滨，并创建书院于塔前，故名文昌书院。有群玉书院，乾隆三十四年（1769年），知县陈三恪带领士绅捐资建立，因面朝群玉山而得名。有蘋洲书院，位于潇水和湘水汇合处的苹岛山，为光绪年间湘军将领席宝田捐资修建。在湘江上游永州境内众多的书院当中，最具代表最有特色的当为濂溪书院和蘋洲书院。

1. 濂溪书院：吾道南来，原是濂溪一脉

湘江上游最著名的书院非濂溪书院莫属，濂溪书院以纪念北宋著名理学家周敦颐而命名。周敦颐（1017~1073年），字茂叔，湖南道县人，宋明理学的创始人，被后世誉为"理学开山""道学宗主""湘学始祖"。周敦颐晚年筑庐山之下，以濂名其溪，故世称为濂溪

第二章　湘江流域的书院与湖湘文化的传播及人才群体的兴起

先生。

道县是周敦颐的家乡，是理学之邦。道县濂溪书院的建立和发展，有一个循序渐进的过程。据度正《周濂溪年谱》记载："先生既没之后，舂陵人祠之学宫，复于里舍塑像。春秋二仲，有职于学宫者，遵故事，宿舍中，夙兴盥荐惟谨。"① 关于濂溪祠的沿革，道州知州龚维蕃在《重建先生祠记》中有简洁明了的记录："绍兴己卯五月，太守向子忞始奉祀于州学至稽古阁，编修胡公铨记之。淳熙己未，郡博士邹勇迁于敷教堂。壬戌，太守赵汝谊以其逼仄，更创堂四楹，并二程先生像，南轩张公为记。庚子，郡士胡元鼎与其乡人何士先、义太初、孟坦之、欧阳硕之，创舍设像，教授章颖为记。"②

张栻在《道州建先生祠记》说："然世之学者，考论师友渊源，以孔孟之遗意复明于千载之下，实自先生发其端。""舂陵之学，旧有先生祠，实绍兴某年向侯子忞所建。至于今淳熙五年，赵侯汝谊以其地之狭也，下车之始即议更度之。为堂四楹，并二程先生之像列于其中。规模周密，称其尊事之实。既成，使来谒记。栻谓先生之祠，凡学皆当有之，岂惟舂陵。特在舂陵，尤所当先者，赵侯之举，知急务矣。"③ 淳熙七年（1180年），教授章颖捐俸与士民重建，其在《道州故居先生祠记》中说："因复祠，益俾后此者知所景仰，以修乎其身，而风乎其邦，则先生之所以望于后学者已得。"④ 因为时间久远，道州濂溪祠在历朝历代屡废屡兴，濂溪祠进而亦由祠堂转化为书院。

嘉定十二年（1219年）知州董与几复于州治城西建濂溪书院，魏了翁有《道州建濂溪书院记》。景定三年（1262年）知州杨允恭奏

---

① 度正：《濂溪先生周元公年表》，载熊治祁编《湖南人物年谱》第一册，湖南人民出版社，2013，第11页。
② 王晚霞：《濂溪志》，湖南大学出版社，2013，第44页。
③ 王晚霞：《濂溪志》，湖南大学出版社，2013，第41页。
④ 王晚霞：《濂溪志》，湖南大学出版社，2013，第42页。

请理宗皇帝赐御书"道州濂溪书院"六字,并刻于石。第二年又邀请李挺祖为"濂溪书院掌御书臣",在原有基础上扩建濂溪书院,祠宇、讲堂、斋舍建设焕然一新,又作记阐述兴学的宗旨:"国家之建书院,宸笔之表道州,岂徒为观美乎?岂使之传习文词为决科利禄计乎?盖欲成就人才,将以传斯道而济斯民也。"①

元至正七年(1347年),欧阳玄《道州路重修濂溪书院记》宣称:"继自今以后,教者以师道自持,学者以善人自期,将见真儒之效施于朝廷四方,未有纪极。如是,则书院之修,岂徒侈专祠示观美而已?"②

明万历二十年(1592年),书院因灾受损,御史大夫李桢倡导重建。李桢在《重建濂溪周先生祠堂记》中表达仰慕濂溪先生高尚品格之情,指明重建濂溪祠的目的:"取先生修政化民者,验其成,此余所为建庙崇祀意乎!故性天之奥,造化终始之微,则在精义入神者,当自得之,非余言所竟。"③在《新置濂溪先生祭田记》中说:"予图周先生春陵业梓地,若故里,若山川形胜,时得目寄而神游焉。复捐赀新祠,建书院,创先生后裔塾,于予心未已也。"④参政吴中传撰《重修濂溪书院碑记》,突出濂溪学的道统地位:"贤圣之道浸微,几不可考见。独先生起而维之,得不传之秘于遗经,而阐图著书,以穷理尽性之昭示学者,使有所遵循以适于正。"⑤

清初永州府宗濂书院因战乱而荒废,到顺治十四年(1657年),"郡守魏绍芳改建北关内,更名'濂溪书院'"。⑥《永州府志》记载

---

① 季啸风:《中国书院辞典》,浙江教育出版社,1996,第228页。
② 王晚霞:《濂溪志》,湖南大学出版社,2013,第45~46页。
③ 王晚霞:《濂溪志》,湖南大学出版社,2013,第57页。
④ 王晚霞:《濂溪志》,湖南大学出版社,2013,第58页。
⑤ 王晚霞:《濂溪志》,湖南大学出版社,2013,第58页。
⑥ 吕恩湛、宗绩辰:道光《永州府志》(一),岳麓书社,2008,第313页。

第二章　湘江流域的书院与湖湘文化的传播及人才群体的兴起

有魏绍芳撰《新建濂溪书院碑》，碑文中说："余自谓与先生异时居，异地安，所必升堂成拜，执弟子礼以事先生者。"① 有郡人蒋云宽撰《重修濂溪书院记》。② 至清代康熙二十五年（1686年），重修濂溪书院，第二年四月，康熙皇帝赐道州濂溪书院"学达性天"匾额。可见在清代，从中央朝廷到地方官府均重视濂溪书院的修建和发展。

不仅在永州地区建有濂溪书院，也不仅局限于湘江流域，大江南北纪念周敦颐、崇敬理学的州县，如雨后春笋般纷纷建立濂溪书院，数量之多不可胜数。这在中国书院史上，是一个值得注意的文化现象。"修建濂溪书院对周敦颐思想的传承、对湖南理学思潮的传播以及湖湘文化的发展有推动作用。几乎在每篇为濂溪书院修建而写的记中，都在感慨周子思想伟大的同时，提出要传承周子的思想，显然各地濂溪书院的修建，有利于扩大濂溪思想的传播范围，在这方面作用重大。而濂溪思想正是理学的渊源，自然也就增加了理学的深度和广度，这对于理学思潮地位的确立打下一定社会基础，也加深了湖湘文化的深度，对湖南人民的思想文化提升也有一定作用。"③ 显然，濂溪书院对于湖南乃至对于中国传统文化的重要性，不在于书院的数量和规模，而在于濂溪书院辐射的文化影响力。濂溪书院以培养和造就人才为目的，明显不同于追求功名利禄、日益僵化的官学体系。濂溪书院弘扬理学以提高学员道德素质，所产生的良好社会效果便迅速传播开来。自宋以来濂溪书院的建立，以及濂溪学以书院为中心在湘江流域得到广泛的传播，在湖湘文脉的赓续方面产生了重要的意义，濂溪学因此成为湘学的重要渊源。

---

① 吕恩湛、宗绩辰：道光《永州府志》（一），岳麓书社，2008，第315页。
② 吕恩湛、宗绩辰：道光《永州府志》（一），岳麓书社，2008，第315页。
③ 王晚霞、陈依妮：《湖南濂溪书院概述》，《湖南科技学院学报》2011年第11期。

2. 蘋洲书院：南国之极致，龙口之含珠①

潇水和湘水在永州城北汇合，在此形成一个小岛，名为蘋洲。这是一片巨大的弓形沙洲，湘水从西边，潇水从南面奔涌而来，蘋洲四面环水，洲上古树参天，青翠幽静，景色秀丽。唐代伟大的文学家柳宗元赞叹蘋洲迤逦的山水景色，作《湘口馆潇湘二水所会》诗云："九疑浚倾奔，临源委萦回。会合属空旷，泓澄停风雷。高馆轩霞表，危楼临山隈。兹辰始澄霁，纤云尽褰开。天秋日正中，水碧无尘埃。"洲上创办了一个非常有特色的书院，名曰"蘋洲书院"，又名"白蘋州书院"或"白蘋书院"。

蘋洲书院始建于乾隆四年（1739年），据光绪《零陵县志》卷五《学校志》："白蘋书院在白蘋洲上，乾隆四年邑绅眭文焕、子日培创建，十九年（1754年）为巨浸所没。后邑令陈三恪培植林木，禁止诛伐，而书院不复修矣。"光绪十三年，湘军名将王德榜、席宝田重建蘋洲书院，周崇傅为山长，在教育、学术方面独具特色，提高了永州地域的文明程度。据《蘋洲书院碑》记：光绪十一年，王德榜衣锦荣归，议在蘋洲创建书院。其时八县学府，只有濂溪书院一所招纳童生，而生员想入学者只好望洋兴叹。王公遂邀其亲家席砚香出巨资买下蘋洲，庀材鸠工，惨淡经营，数年之间，便告成功。越年，商请永州知府，敦聘周翰林子岩作山长，札饬八县考送生员入学讲习。② 光绪十五年（1889年）湖南乡试，即有八人考取贡生，一时称为盛事。

蘋洲书院自创建以来，历经多次重建、整修、扩建，至今完美地屹立在蘋岛上，前去游览需要乘船渡过潇水登岸方能到达。书院山门

---

① 张京华：《南国之极致，龙口之含珠——蘋洲书院品牌定位与文化设计》，《湖南城市学院学报》2014年第4期。
② 湖南省教育史志编纂委员会：《湖南近现代名校史料》卷一，湖南教育出版社，2001，第746页。

第二章 湘江流域的书院与湖湘文化的传播及人才群体的兴起

题额"潇湘"二字，为中国书法家学会会长沈鹏书写，楹联为南朝柳恽《江南曲》中的名句："洞庭有归客，潇湘逢故人。"书院内有箫韶庭，是习琴听曲之所。其左侧为半环形的《永州印象》碑林，右侧即书院，门上悬挂"蘋洲书院"匾额，两侧楹联曰："南风之薰兮草芊芊，妙有之音兮归清弦。"用的是唐人传奇中张生梦舜抚琴歌的版本，彰显着舜文化对蘋洲书院的滋养。书院右前方陈列着光绪二十五年（1899年）永州知府赵宜琛所立的告示碑，内容为筑堤防水，经营公田以资助书院办学，不许居民据为己有。该碑是体现书院发展史的重要文物。①

蘋洲书院自清代创建以后，即成为湘江上游地区的文化中心，由当时德高望重的周崇傅担任第一任书院山长，同时一批学识渊博的先生被聘为书院主讲，附近各州县的学子纷纷前来学习深造。光绪十五年（1889年）湖南乡试，蘋洲书院学生有8人考中举人，自此，书院美名远扬。1905年，清末废除科举制度，蘋洲书院很快顺应时代潮流，成功改制为永州府中学，继续为国家培养人才，中国共产党创始人之一，著名的马克思主义理论家李达少年时曾在蘋洲书院就读。

时至今日，蘋洲书院因修建时间较晚，四周江水环绕，进出需乘船横渡潇水，书院建筑因此得以保全。"书院为两进庭院。大堂正中是一扇满月形的木门，左侧为清淑堂，介绍书院的概况、理念及有关潇湘的诗词。右侧为清慧堂，展示着永州丰厚的历史文化。穿过洞门，即入中庭。庭院中间为步云古道，是整座庭院的中轴线。左右厢房是北渚馆和夷犹馆。步入中门，便是纵贯书院东西的金桂长廊。廊两侧有方池，东池清澈，源自潇水，西池混浊，源自湘水，诉说着

---

① 高平：《春风无限潇湘意——己亥岁末湘江文化考察记》，《湖南科技学院学报》2020年第2期。

'清者自清，浊者自浊'人生哲理。过了中门，再入庭院，正中即为双层魁星阁，气势恢宏，其下层是国学讲坛。"① 蘋洲书院成为晚清以来湘江流域一座具有独特建筑风格的典型书院。

（二）湘江中游的书院

湘江中游主要在衡阳境内，该流域内的书院除著名的石鼓书院之外，还有位于衡山县西北紫盖峰下的文定书堂，是为纪念南宋经学家和湖湘学派创始人胡安国而修建的。胡安国卒于绍兴八年，谥号文定，其子胡宏将其所筑书堂命名为文定书堂。有南轩书院，"在衡山县南岳后，宋张栻与朱子同游，讲学于此"。② 有白沙书院，"在衡山县紫云峰下，明嘉靖中，湛若水建，祀陈献章"。③ 有甘泉书院，"在衡山县紫云峰下，明嘉靖中，湛若水于此讲学处"。④ 湛若水，号甘泉，书院因此得名。有集贤书院，"在衡山县西北集贤峰下，明万历中，知县彭簪建，祀唐李泌、韩愈、宋赵抃、周子、朱子、张栻。嘉靖中，耒阳曾凤仪重建"。⑤ 有双蹲书院，"在常宁县南关外双蹲石前，宋袭梦锡、王习隐二先生讲学地，旧名芹东书院，明成化中，知县谢廷举修。万历四年，知县陶敬图重修，易名集贤"。⑥ 有船山书院，光绪初年，衡阳知县张宪和创建，特为祭祀王船山先生，故命名

---

① 高平：《春风无限潇湘意——己亥岁末湘江文化考察记》，《湖南科技学院学报》2020年第2期。
② 《〈光绪湖南通志〉点校》（第一卷），湖南省地方志编纂委员会点校，湖南人民出版社，2017，第1723页。
③ 《〈光绪湖南通志〉点校》（第二卷），湖南省地方志编纂委员会点校，湖南人民出版社，2017，第1723页。
④ 《〈光绪湖南通志〉点校》（第二卷），湖南省地方志编纂委员会点校，湖南人民出版社，2017，第1723页。
⑤ 《〈光绪湖南通志〉点校》（第二卷），湖南省地方志编纂委员会点校，湖南人民出版社，2017，第1723页。
⑥ 《〈光绪湖南通志〉点校》（第二卷），湖南省地方志编纂委员会点校，湖南人民出版社，2017，第1726页。

第二章　湘江流域的书院与湖湘文化的传播及人才群体的兴起

为船山书院。湘江中游众多的书院中，以石鼓书院和船山书院成就最大，影响深远。

1. 石鼓书院：岳麓湘西石鼓东，前贤遗迹两山同

在衡阳境内的湘水与蒸水的交汇处，有一小山耸立江边，山体岩石壁垒，形状如鼓，因此名为石鼓山。石鼓山之名早见于史册，《水经注》载："县有石鼓，高六尺，湘水所迳，鼓鸣则土有兵革之事。罗君章云：扣之声闻数十里。此鼓今无复声。"[①] 石鼓书院就建立在湘江岸边的石鼓山之上。石鼓山悬崖峭壁，临江屹立，蒸水、湘水环流其左右，前面耒水横流，三面环水，绿荫掩映，环境极其幽美。

石鼓书院是湖南最早的书院，历史悠久。唐朝末年，北方大批文人因为躲避战乱而流寓湖南，促进中原文化与楚文化相互融合。唐宪宗元和年间，名士李宽中在衡州石鼓山寻真观购屋读书，创建石鼓书院。

宋太宗至道三年，经衡州郡守授权，李士真个人出资在书院旧址的基础上加以整修扩建，作为衡州学者讲学授业的场所，自此石鼓书院作为一种教育机构正式形成。历经几十年文化教育的积累，石鼓书院逐步走上正规的教学与文化发展的道路，逐步制定有关讲学、祭祀、藏书、学田等健全书院体系的规章制度。石鼓书院以传道、授业、解惑为讲学主业的同时，还积极发展崇祀先贤、刊刻书籍、收藏典籍、传承文明的社会文化事业，其影响力遍及湘江流域，甚至在全国也享有崇高的美誉度。

太平兴国二年（977年），宋太宗赐"石鼓书院"匾额，石鼓书院声名鹊起。至景祐二年（1035年），因衡州知府刘沆的大力宣传和推荐，宋仁宗欣然赐额"石鼓书院"。石鼓书院由此享受宋代皇帝两次赐额的巨大荣誉，这在中国书院史上是比较罕见的，石鼓书院进入

[①] 郦道元：《水经注校证》，陈桥驿校证，中华书局，2020，第893页。

辉煌发展时期,名列"天下四大书院"之一,成为湖南乃至全国书院教育、学术研究、文化交流的重镇。

石鼓书院举世闻名与当时著名的理学家朱熹息息相关,朱熹应衡州太守宋若水之邀写下了著名的《石鼓书院记》。朱熹在记中赞扬石鼓书院优越的地理环境,"石鼓据蒸湘之会,江流环带,最为一郡佳处,故有书院起"。① 接着朱熹简要叙述了石鼓书院的历史沿革,"唐元和间,州人李宽之所为。至国初时,尝赐敕额。其后乃复稍徙而东,以为州学,则书院之迹于此遂废而不复修矣。淳熙十二年,部使者东阳潘侯時德夫始因旧址列屋数间,榜以故额,将以俟四方之士有志于学而不屑于课试之业者,居之未竟而去。今使者成都宋侯若水子渊又因其故,益广之,别建重屋以奉先圣、先师之像,且摹国子监及本道诸州印书若干卷,而俾郡县择遣修士以充入之"。② 尤其值得注意的是,朱熹在《石鼓书院记》中批判南宋官学偏重科举,学子追求功名利禄,轻德行道艺的弊端,"抑今郡县之学官置博士弟子员,皆未尝考德行道义之素。其所授受又皆世俗之书,进取之业,使人见利而不见义,士之有志为己者盖羞言之,是以尝欲别求晏闲清旷之地"。③ 朱熹撰写《石鼓书院记》用心良苦,他希望通过书院记晓谕从事教育的官员和学者,认识科举的弊端,理解教育的根本目的在于造就人才,以救时弊。"又以风晓在位,使知今日学校科举之教,其害将有不可胜言者,不可以是为适然而莫之救也。"④ 朱熹在记文中特意提及

---

① 《〈光绪湖南通志〉点校》(第二卷),湖南省地方志编纂委员会点校,湖南人民出版社,2017,第1718页。
② 《〈光绪湖南通志〉点校》(第二卷),湖南省地方志编纂委员会点校,湖南人民出版社,2017,第1719页。
③ 《〈光绪湖南通志〉点校》(第二卷),湖南省地方志编纂委员会点校,湖南人民出版社,2017,第1719页。
④ 《〈光绪湖南通志〉点校》(第二卷),湖南省地方志编纂委员会点校,湖南人民出版社,2017,第1719页。

第二章 湘江流域的书院与湖湘文化的传播及人才群体的兴起

好友张栻与岳麓书院，表明朱熹是非常认可张栻的教育方式与岳麓书院"盖欲成就人才，以传道而济斯民"的办学宗旨，他希望石鼓书院与岳麓书院一样，鼓励学子重义轻利，立志为学，修身养性，培养和造就匡世济民的杰出人才。可以说，朱熹撰写的《石鼓书院记》为书院的教育指明了正确的方向。在湖湘文化的形成发展过程中，石鼓和岳麓两书院起到了巨大的促进作用，湖湘人士在歌颂书院的辉煌成就之时，往往将石鼓书院与岳麓书院相提并论，明代陈凤梧在其《石鼓书院》中称赞："岳麓湘西石鼓东，前贤遗迹两山同。"[①] 石鼓、岳麓两大书院均历史悠久，其超前的教育理念突破了日益僵化的官学体制的藩篱，"成就人才、传道济民"成为两大书院共同遵循的教育宗旨。书院之间广泛的学术交流以及高水平的教学培养了一大批德才兼备的有志之士，书院成为湖湘文化传播的重要阵地，湖湘文化的精神因此流传深远、泽被后世。

21世纪之初，衡阳市政府重修了石鼓书院，这是衡阳延续历史文脉、提升城市文化底蕴的盛举，石鼓书院必将成为湘江流域一个重要的文化地标，弘扬石鼓书院文化，铭记历史，为实践文化强省战略做出应有的贡献。

2. 船山书院：通经致用，学在船山

船山书院为纪念王夫之而创立，坐落于湖南省衡阳市的东洲岛。王船山学识渊博，著作等身，船山学说对近代湖南乃至中国的学术和政治均产生重要影响。

光绪四年（1878年），衡阳知县张宪和创立了船山书院，专祀乡贤王夫之，书院地址特意选定王夫之的出生地，即衡阳城南外王衙坪王氏宗祠旧址。光绪八年（1882年），衡阳士绅在船山书院聘请名师

---

① 戴述秋：《石鼓书院诗词选》，湖南地图出版社，2007，第70页。

主讲，为当地学子传道授业，书院尊王夫之为先师，以"期讲明夫之学"为办学宗旨，主要讲授经史诗赋，尤其要求学生学习船山之学。书院不课八股，致力于为国家培养经世之才。书院的学生主要来自衡阳、永州、郴州、桂阳地区，办学经费由当地士绅筹备。书院创立初期，院地狭小，经费有限，局限为州县之学，规格较低，其实际影响力有限。

光绪十年（1884年），两江总督曾国荃将家藏所刻《船山遗书》320卷板片捐置书院，又捐助膏奖银两，嘉惠来学。当时船山书院仍然经费不足、场地狭窄，其在湘江流域的学术影响不大。

光绪十一年（1885年），时任兵部尚书的衡阳人彭玉麟为扩建船山书院上书奏请朝廷："望二三豪杰，景仰乡贤，乘时奋勉，养其正气，储为通才"，认为"院地逼近城市，湫隘嚣尘，殊不足以安弦诵"。① 于是彭玉麟捐白银12000两，在南门外湘江中的东洲岛上重建船山书院。东洲岛风景优美，为衡阳八景之一，王夫之曾在此隐居并著书立说，书院选址于此具有重要的象征意义。彭玉麟与王船山同乡，十分推崇船山学问，"亲读其书，私淑其人"，并不遗余力移建船山书院，认为光大船山学是其义不容辞的责任。船山书院改建告成，规模扩大，由大门、讲堂、纪念堂、会客堂、藏书馆、精舍等建筑构成。书院已经不局限于衡阳一地，改由衡阳、永州、郴州、桂阳诸州联合主办。书院延聘当时颇有学问的杨柏寿、夏彝恂等名士为主讲，书院以"讲明夫之之学"，培养经世济民的人才为办学宗旨。船山书院焕然一新，办学条件大为改善，办学经费也相对充裕，成为湘江流域颇具影响的重要书院。

光绪十七年（1891年），以著名经学家王闿运任船山书院山

---

① 彭玉麟：《改建船山书院片》，载陈谷嘉、邓洪波《中国书院史资料》中册，浙江教育出版社，1998，第1115页。

第二章 湘江流域的书院与湖湘文化的传播及人才群体的兴起

长,为书院培养众多杰出人才。王闿运以书院为平台,以通经致用为办学宗旨,尽职尽责提倡船山之学。王闿运同时还注重以经史、词章等为教学内容,采取"分经授徒"的教学方法,因材施教,经常课试诸生。现存的《船山书院课艺初集》8卷,共收录院生论文89篇,大多属于经学类范畴。其中《礼记》《春秋》是其讲授之重点,"定讲堂课程,先讲《礼记》兼及《春秋》,日讲三时,兼令诸生点书以作日课"。王闿运主讲船山书院期间"经学大明,弟子称盛""湖南耆老皆出其门",世人对此好评如潮,可见王闿运主持船山书院取得丰硕的成果,是非常成功的。"书院纵横千年于晚清已是强弩之末,而船山书院鹤立鸡群,其成就因素很多。首先,船山书院得益于船山盛名、船山精神。船山书院为祭祀王夫之、弘扬船山精神而创立,船山遗著、船山精神奠定了船山书院深厚的文化底蕴、浓郁的人文精神,使其在晚清众书院中脱颖而出、独领风骚。其次,船山书院得益于山长王闿运之才情。晚清书院全盘官学化,官学化了的书院背离了书院传统和精神,沦落为科举制度的附庸。王闿运独树一帜,为书院厘定通经致用、经学经世、匡世济民之宗旨并践行之,书院声名鹊起,冠压群芳。最后,船山书院得益于船山学子经学经世之卓越成就。作为人才培养机构,船山书院成功造就了一批经学经世英才,于近代社会做出了卓越贡献。同时,其弟子的经世经学成就也进一步诠释、证实、彰显了书院底蕴、精神、气度,使其在晚清书院中崭露头角、名声大噪。"① 在近代众多书院当中,船山书院异军突起,跻身当时著名书院之列,并且为船山学在近代湖南的传播和弘扬做出杰出贡献,一时有"学在船山"之美誉。

---

① 凌飞飞:《衡阳船山书院兴废考》,《教育评论》2013年第4期。

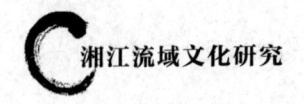

（三）湘江下游的书院

湘江下游流经株洲、湘潭、长沙、岳阳境内，湘江流域的著名书院，无论是数量、规模，还是影响力，多集中于此。比较有名的还有株洲境内的渌江书院；湘潭境内的碧泉书院、龙潭书院、昭潭书院；长沙境内的岳麓书院、文靖书院、城南书院、玉潭书院、南台书院、狮山书院、湘水校经堂、洞溪书院、求忠书院、云山书院、时务学堂；岳阳境内的天岳书院、汨罗书院、仰高书院等书院。其中碧泉书院、岳麓书院、城南书院、时务学堂是湘江流域的典型书院，从书院里走出来的杰出人物直接影响了中国历史的进程。

1. 岳麓书院：惟楚有材，于斯为盛

岳麓书院位于湖南省长沙市湘江西岸的岳麓山东面山下，是中国古代传统书院建筑，属于中国历史上著名的四大书院之一。北宋开宝九年（976年），潭州太守朱洞在僧人办学的基础上，由官府捐资兴建，正式创立岳麓书院。北宋祥符八年（1015年），宋真宗召见山长周式，并赐书"岳麓书院"四字门额。在真宗召见周式以后，岳麓书院声望更高，出现了"鼓笥登堂者相继不绝"的局面，岳麓书院确立了在全国的特殊地位。

北宋大中祥符（1008~1016年）年间，岳麓书院进入了北宋的鼎盛时期。宋真宗召见山长周式，对周式兴学颇为嘉许，亲书"岳麓书院"匾额。在周式执掌下，岳麓书院从学人数和院舍规模都有很大发展，遂成为天下四大书院之一。南宋理学家张栻主教岳麓，加强了岳麓书院在教育和学术上的地位。张栻主教岳麓书院时，旗帜鲜明地反对以应付科举考试为目的，在《岳麓书院记》中申明了新的教育宗旨："但为决科利禄计乎？亦岂使子习为言语文辞之工而已乎？盖欲

第二章 湘江流域的书院与湖湘文化的传播及人才群体的兴起

成就人材,以传道而济斯民也。"① 张栻提出书院教育应培养能"传道济民"的人才。张栻在教育宗旨、教学方法、教学内容等方面焕然一新,以培养传道济民的人才为办学的指导思想,湖湘士子纷纷求学于此。乾道三年(1167 年),朱熹来访,与张栻论学,举行了历史上有名的"朱张会讲",推动了宋代理学和中国古代哲学的发展,这也是中国古代文化史上的一件盛事。

在岳麓书院大门的两旁有一副著名的对联:"惟楚有材,于斯为盛。"湖湘大地人才辈出,在岳麓书院这里尤为兴盛。这是前人对岳麓书院人才辈出的赞誉。书院集中了一批历史上著名的教育家和思想家,如朱熹、张栻、王阳明、罗典、欧阳厚均等。尤其近代以来,岳麓书院培养大批杰出人才,影响中国近代历史的走向。近人有"中兴将相,十九湖湘"之说,这"湖湘"之中,又十九岳麓。其中有以陶澍、贺长龄、贺熙龄、魏源等为典型的经世派群体,他们提倡经世之学,睁眼看世界,进行思想启蒙。有以曾国藩、左宗棠、胡林翼、罗泽南、郭嵩焘等为首的湘军理学群体,他们捍卫儒家正统,发起洋务运动,学习西方科技文化,捍卫国家主权。有以谭嗣同、唐才常、沈荩、熊希龄等为先锋的维新派,他们撬动了历史的车轮,促进了中国近代的转型。可谓千百年楚才导源于此,实不为过。

岳麓书院古建筑群分为教学、藏书、祭祀、园林、纪念五大建筑格局。岳麓书院主体建筑分为书院主体、附属文庙及新建的中国书院博物馆。主体建筑有头门、二门、讲堂、半学斋、教学斋、百泉轩、御书楼、湘水校经堂、文庙等,并先后恢复重建了延宾馆、文昌阁、崇圣祠、明伦堂及包括供祀孔子、周濂溪、二程、朱熹、张栻、王船山、罗典等的六大专祠建筑,清代书院中的园林和书院

---

① 《〈光绪湖南通志〉点校》(第二卷),湖南省地方志编纂委员会点校,湖南人民出版社,2017,第 1696 页。

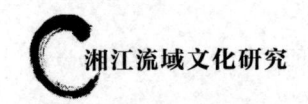

八景也全部得到恢复。岳麓书院为中国现存规模最大、保存最完好的书院建筑群。

教学建筑的核心部分是讲堂。讲堂位于书院的中心位置，是书院的教学重地和举行重大活动的场所，也是书院的核心部分。檐前悬有"实事求是"匾，民国初期湖南工专校长宾步程撰，校长将其作为校训，旨在教育学生崇尚科学，追求真理。习近平总书记在岳麓书院考察调研时特别指出，"我们这个湖湘之地最直接的一个精神就是'经世致用'"。在湖湘文化传统中，实事求是具有深厚的渊源。曾在岳麓书院寄居的毛泽东，更是把"实事求是"与马克思主义有机结合起来，升华成为党的思想路线，岳麓书院也因此被习近平总书记称赞为党的思想路线的策源地。

大厅中央悬挂两块鎏金木匾，一为"学达性天"，由康熙皇帝御赐，以表彰书院传承理学的贡献，勉励书院弘扬理学，严于修身，培养有道德品性的人才。湖湘学派自宋代发轫以来一直倡导"求仁履实"，重视人才的品德操行、性格意志的磨砺塑造。悬挂的第二块匾额题名"道南正脉"，由乾隆皇帝御赐，它是皇帝对岳麓书院传播理学的最高评价，意为岳麓书院坚持传播的湖湘学派是理学南传的正统，岳麓书院在全国的重要地位再次获得肯定。乾隆后期至嘉庆、道光年间，罗典、欧阳厚均各主院27年，创建和恢复书院古迹数十处，培养了大量经世致用的人才。

藏书楼是体现中国古代书院讲学、藏书、祭祀三大功能之一的藏书功能的主要场所，岳麓书院创立始即建有藏书楼，位于讲堂之后。宋真宗皇帝赐书后更名"御书阁"，元明亦称"尊经阁"，位置有所变动。清康熙二十六年（1687年），巡抚丁思孔从朝廷请得十三经、二十一史等书籍，建御书楼于今址。清代中期，岳麓书院御书楼已发展成为一座较大型的图书馆，藏书万余卷。

第二章　湘江流域的书院与湖湘文化的传播及人才群体的兴起

在书院的祭祀建筑群中，文庙是最显著的标志。文庙位于书院左侧，自成院落。由照壁、门楼、大成门、大成殿、两庑、崇圣祠、明伦堂等部分组成，岳麓书院祀孔子始于书院初创时期，北宋时期曾建礼殿于讲堂前，内塑先师十哲像，画七十二贤。南宋乾道元年（1165年）改为宣圣殿。明弘治十八年（1505年），改名大成殿。正德二年（1507年）迁于院左今址。天启四年（1624年）重修，正式称为文庙。

岳麓书院现存建筑大部分为明清遗物，其古建筑在布局上采用中轴对称、纵深多进的院落形式。主体建筑集中于中轴线上，讲堂布置在中轴线的中央，斋舍、祭祀专祠等排列于两旁。中轴对称、层层递进的院落，营造了一种庄严、古朴的幽深感和视觉效应，体现了儒家文化尊卑有序、等级有别、主次鲜明的社会伦理关系。岳麓书院的建筑群体，达到了建筑学理念上的最高境界，实现了人文历史与自然景观的完美结合。

岳麓书院历经宋、元、明、清各代，至清末光绪二十九年（1903年）改为湖南高等学堂。1926年正式定名为湖南大学。岳麓书院历经千年，弦歌不绝，故世称"千年学府"，是中国书院史上最具典型的代表。岳麓书院主体工程在1986年时修缮一新，被列入全国重点文物保护单位向社会开放。同时，岳麓书院又作为湖南大学的下属学院继续办学，赓续千年学脉，结合最新教育理念，在新时代继续为国家培养栋梁之材而做出新的贡献。"惟楚有材，于斯为盛"，这副高悬于书院正门两侧的对联，岳麓书院可谓实至名归。

2. 碧泉书院：湖湘学派的第一个学术基地

碧泉书堂位于湘江西岸的湘潭县西南的隐山。山上有池，名"碧泉"。清嘉庆《湘潭县志》记载："唐天宝间，石岩中泉忽涌出，色如靛蓝，投物水中，皆成碧色。"碧泉之名由此而来。宋高宗建炎三

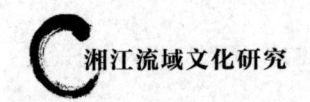

年（1129年）冬天，胡安国携家眷躲避战乱来到湘潭碧泉，创建书堂，著书立说，讲学授徒，创办碧泉书堂。

胡安国（1074~1138年），字康侯，号青山，学者称武夷先生，谥文定，宋建宁崇安（今福建武夷山市）人。宋建炎三年，胡安国由他的两个湘潭籍的学生杨训、黎明引导，渡过洞庭湖南下，溯湘江抵湘潭，再溯涓水至碧泉定居，落籍湘潭。绍兴元年（1131年），高宗任命胡安国为中书舍人兼侍讲。胡安国写就了《时政论》21篇奏稿，先向皇帝献上。次年七月，在胡寅、胡宁陪同下直接来到临安入对。高宗转任命胡安国为侍读，专讲《春秋》。同年十一月，再回碧泉。胡安国在这里营建住宅，筑碧泉书堂，传布理学，湖湘学派由此发源；在此潜心研究、撰写理学巨著《春秋传》30卷。绍兴七年（1137年），《春秋传》书成，年底上呈朝廷。八年（1138年）正月，高宗皇帝阅后称"深得圣人之旨"，授宝文阁直学士，赐银绢三百匹两，辞不允。四月十三日逝世，谥号文定，令湖南路转运司负责葬事，九月一日葬于湘潭县隐山。胡安国去世后，其子胡宏继承家学渊源，将书堂修缮，讲学授徒，传道解惑。书堂规模扩大，改名为碧泉书院，并作《碧泉书院上梁文》以纪念其事。

碧泉书院成立后，许多青年学子慕名而来。胡安国、胡宏父子潜心讲学，书院的讲学与当时官学从形式到内容都有很大区别。书院鼓励学子养成独立的治学习惯和学术思想；提倡登台授课、交流学习心得；允许学生自由择师、问道，发表个人的学术观点，形成了包容开放的教学风格。胡宏认为："道学须用博学、审问、慎思、明辨，然后力行，则不差耳！"碧泉书院重视思考和身体力行的教学模式培养了一批真才实学的青年学子，为以后湖南地区书院的发展提供了一个可以参照的范式。

胡安国在书院期间，以圣人为偶像，宣扬先秦儒家学说，他坚持

第二章　湘江流域的书院与湖湘文化的传播及人才群体的兴起

认为"圣门之学，则以致知为始，穷理为要，知至理得，不昧本心，如日方中，万象毕见，则不疑其所行而内外合也。故自修身至于天下国家无所处而不当矣"。明确办学宗旨，强调认为儒家应以良知为起点，良知是人之本心，需要加以修养，由内圣而外王，最终实现"内外合也"的圣门之学。其治学理念极具现实价值，深得当时学者的认可。胡安国在书院教学的同时，还著有《春秋传》，该书作为教学讲义，以孔孟学问为根基，结合当时社会现实所需，可谓治世通典，影响深远，成为元明两朝科举考试的经文定本。

胡宏在教学思路上，坚守胡安国"春秋大义"的教学思想，要求学生在提高心性修养的同时，还要重视经世致用之学。胡宏在碧泉书院期间著《知言》，该书为课堂语录，《知言》中提出："圣人之道，得其体，必得其用。"胡宏认为治学就是为了通过对理学的思考和对心性的探寻，来为"治国平天下"的经世目的获取理论武器。这种强调做"有用"之学的治学态度自胡安国起，通过胡宏传到了张栻，并发扬光大成为湖湘学的一个重要特征。

碧泉书院被定义为湖湘学派的第一个学术基地。① 在湖南书院的发展史中，碧泉书院的特殊历史地位和作用需要得到重新认可，这里是湖湘学派理论的创新之所，是湖湘文化的兴盛之源。碧泉书院奠定的文化基础直接促进了岳麓书院的学术发展，成为湘学和湖湘文化长盛不衰的源头活水。

二　湖湘文化在湘江流域的传播

宋代以前，湖湘文化的表现形态是本土的湘楚文化，以巫风楚

---

① 陈代湘：《湖湘文化兴盛之源——碧泉书院的文化史地位》，《求索》2020年第4期。

俗、重鬼神好祭祀为主要特征,其本质属于楚文化系统,与儒家文化存在显著的区别。自宋以后,理学与湘楚文化融合,至此形成了独具特色的湖湘文化。其中濂溪学、湖湘学派、王阳明心学、船山学、近代湘学相继在湘江流域兴起,并以湘江流域的书院为中心,在湖湘大地传播开来。

(一) 濂溪学在湘江流域的传播

濂溪学实质是周敦颐创立的理学,从学者众多,因而形成"濂溪学派",成为湖湘学的源头,亦是湖湘文化的重要范畴。周敦颐出生于湘江上游的道县,濂溪学发源于湘江流域,所谓"吾道南来,原是濂溪一脉;大江东去,无非湘水余波"。濂溪学以湘江流域的书院为中心,促进了宋明理学的形成和发展,并迅速传播到海外,形成东亚儒家文化圈,影响深远。

濂溪书院从湘江流域推广到资江、沅江、澧水各大流域,可谓遍地开花。从传世的相关文献中,我们都可以读出书院成立的宗旨是为了宣扬周敦颐的理学思想,理学思想也随着书院的扩张而惠及湖湘大地。濂溪书院不仅在湖南传播理学思潮,更是提升了湖湘文化的品质和深度。因为在此之前,湖湘文化本质上只能说是荆楚文化,仍是以原始的本土文化为主,自从周子的理学思想在湖南得以继承和发扬,与本土的荆楚文化融合之后,才称得上是真正意义上的湖湘文化。自此,湖湘文化剥离楚文化圈,融入儒家文化系统之中。

同时,修建濂溪书院对周敦颐思想的传承、对湖南理学思潮的传播以及对湖湘文化的发展有推动作用。几乎在每篇为濂溪书院修建而写的记中,都阐述周敦颐思想的伟大之处,主张传承和发扬濂溪学,对于传道济民、造就人才具有重要的积极意义。显然湘江流域各地濂溪书院的修建,更有利于扩大濂溪学的传播范围。而濂溪学正是理学

第二章 湘江流域的书院与湖湘文化的传播及人才群体的兴起

的渊源，自然也就增加了理学的深度和广度，为理学正统地位的确立建构了理论体系，同时促进了湖湘文化在历史上的重要转型。

对于濂溪学的传播并不局限于各地的濂溪书院，事实上，对濂溪学的发展、研究和传播做出杰出贡献的是主讲碧泉书院的胡安国、胡宏父子，以及主讲岳麓书院的张栻，湖湘学派的理学家素来重视周敦颐与濂溪学研究。南宋初年，胡安国就有意识地搜集周敦颐的事迹和文献，如宋高宗绍兴二年（1132年），胡安国在丰城僧舍遇见被罢官的道州知州向子忞，即询问向子忞是否在濂溪故里搜寻到有关周敦颐的"遗事"。"自胡安国以来，胡氏父子门人对濂溪的表彰最有倡导之功。"[1] 胡宏在《周子通书序》中高度评价濂溪先生："今周子启程氏兄弟以不传之学，一回万古之光明，如日丽天，将为百世之丽泽，如水行地，其功盖在孔、孟之间矣。"《横渠正蒙序》中说："是以我宋受命，贤哲仍生，舂陵有周子敦颐，洛阳有邵子雍、大程子颢、小程子颐，而秦中有横渠张先生。"[2] 胡宏极力赞美周敦颐的成就，将周子推到"其功盖在孔、孟之间"的崇高地位。同时周敦颐还与程颢、程颐、邵雍、张载并称，胡宏的说法直接启发了"北宋五子"概念的初步形成。对周敦颐的代表作《通书》，胡宏同样推崇备至，认为这部经典"直与《易》《诗》《书》《春秋》《语》《孟》同流行乎天下"。[3] 自胡宏以来，湖湘学派极为重视周敦颐的道统地位，张栻在他的老师胡宏的影响下，逐渐认可并继承了湖湘学派的观点，从而奠定了周敦颐作为理学开创者的地位，并将濂溪学发扬光大。乾道三年（1167年）八月，朱熹与张栻论学于长沙，在这场学术史上的盛会中，周敦颐的《太极图说》是其中心论旨之一。自此之后，张栻对周

---

[1] 陈来：《论周敦颐影响之建立——序杨柱才〈周敦颐哲学思想研究〉》，《孔子研究》2004年第5期。
[2] 胡宏：《胡宏集》，中华书局，1987，第162页。
[3] 胡宏：《胡宏集》，中华书局，1987，第162页。

敦颐的认识更加深刻，评价更加崇高。淳熙元年（1174年），张栻作《邵州复旧学记》中说："惟侯唱明绝学于千载之下，学者宗之，所谓濂溪先生者。"①指明周敦颐的伟大学术成就在于"唱明绝学"。淳熙二年（1175年），张栻为韶州濂溪祠作祠堂记，记中说："某尝考先生之学，渊源精粹，实自得于其心，而其妙乃在《太极》一图，穷二气之所根，极万化之所行，而明主静之为本，以见圣人之所以立人极，而君子之所当修为者，由秦汉以来，盖未有臻于斯也。"②在这篇祠堂记中，张栻认为周敦颐的经典著作《太极图说》为其学术精粹所在，并且将周敦颐推举到儒学上的崇高地位，认为周子直接上承孔孟之道，是正宗的"道统"传人。淳熙五年（1178年），张栻又作《道州重建濂溪周先生祠堂记》，直接指明："惟先生仕不大显于时，其泽不得究施。然世之学者考论师友渊源，以孔孟之遗意复明于千载之下，实自先生发其端。"③张栻向世人赞美周敦颐的功绩，突出了周子对于儒学晦而复明的首倡之功，为理学的兴起奠定了根基。"周敦颐之学是自得于心，而二程兄弟师事周敦颐以后，又进一步'推而及之'，在周敦颐思想的基础上拓展其范围，建立起了北宋理学的整个规模。至此，南宋理学的'道统论'形成了以周敦颐为首的完整谱系。"④

对濂溪学的研究和推广始于历代学者收集与整理有关周敦颐著作等文献史料。从南宋起编纂周敦颐史料的思路基本有四种，少部分刊本接近文人别集式，大部分刊本虽名称各异，实际内容上突破了传统别集体例，涵盖了图、表、谱、传、志等地方志体例，还有一种是有关周子后裔的史料，可通称为"濂溪志"。"濂溪志"不只是保存周

---

① 张栻：《张栻集》（三），中华书局，2015，第884页。
② 张栻：《张栻集》（三），中华书局，2015，第914页。
③ 张栻：《张栻集》（三），中华书局，2015，第906页。
④ 周建刚：《周敦颐与宋明理学》，中国社会科学出版社，2018，第161页。

第二章 湘江流域的书院与湖湘文化的传播及人才群体的兴起

子著述的载体,更是记录周子思想历代传播轨迹、展示历代诸儒对周子思想的接受、勾画濂溪学对后代的影响谱系的重要文献,是宋以后道学绕不过去的理论原点,对濂溪学在历代的传播、道学的发展都有不可或缺的价值。①

周敦颐的重要著作《太极图说》《通书》在中国理学史上占有重要地位,其蕴含的思想为宋明理学的发展奠定了理论根基。周敦颐的思想是经过湖湘学者、朱熹及其门人的极力宣传之后,才在社会上产生了深远的影响。濂溪学的重要学术价值在南宋得到了充分体现,表明理学的兴起已经是学术发展的必然趋势,为陷入僵局的儒学注入了新的生命力。张栻之后,湖湘学人通过建祠、著述、祭祀、创建书院等形式很快将周敦颐提升到几乎与孔子并列的地位,同时也确认了周敦颐在道学谱系中的地位,"道学宗主""理学源头"等美誉彰显周敦颐在理学发展史上的崇高地位。周敦颐吸收了佛道的精华,给儒学装上了哲学的车轮,让孔孟之道古老的价值和秩序体系有了宇宙论、人生论的基础,儒学看起来不再是道德伦理观念的集合,而是丰富坚实的哲学体系,由于回应了中华文明的基本问题和重大问题,儒学主导地位得以建立,儒学不仅可以在行为上遵循,而且可以在意义上信仰,从此中国士大夫的生命和精神有了皈依和安顿。濂溪的"破暗",二程的"吾道南来","湖湘学派"的兴起,一直到张载、张栻、朱熹,理学风云际会于湖南。"湘学"也开始了自己文脉的整理和学术的传承。②

(二) 湖湘学派在湘江流域的传播

湖湘学派是指南宋时期在湖南地区形成,以胡安国、胡宏、张栻

---

① 王晚霞:《历代〈濂溪志〉编纂与濂溪学的传播》,《船山学刊》2019 年第 5 期。
② 郑佳明:《湖湘文化对中华文化的三次重大影响》,《新湘评论》2020 年第 3 期。

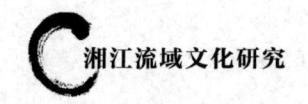

等人为代表的理学学派。朱熹在当时称这一派为"湖南一派"、"湖南学者"或"湘中学者"。后来黄宗羲在论述胡氏父子和张栻等人所代表的学派时,亦沿用朱熹"湖南一派"的称谓,并且明确提出了"湖湘学派"这一概念,沿用至今。

位于湘江中游地段的碧泉书院是湖湘学派形成的第一个学术基地,其标志是胡安国在碧泉书院著《春秋传》,这部经典著作是湖湘学派的开山之作。《春秋》本来是一部出自鲁国历代史官记事的编年体史书,经孔子整理删定之后,被当作儒家经典流传下来。历代儒家学者重视《春秋》的现实指导作用,正如程颐对《春秋》的评价:"五经,载道之文;《春秋》,圣人之用。五经之有《春秋》,犹法律之有断例也。"《春秋》具有经世致用的现实指导意义,尤其是在社会动荡、民族危亡之时,有着强烈民族精神的学者,总会挖掘春秋大义,以赴国难。胡安国所处的时代,金人大举入侵中原,家园沦陷,宋王朝岌岌可危,儒家文化面临被毁灭的危险。胡安国对华夏文化有着强烈的自豪感,同时敏锐地关注现实政治的动向,深刻痛心华夏受制于夷狄的局面,希望发挥春秋大义的现实指导价值,"用《春秋》来引导君主把儒家崇奉的内圣和外王结合起来,使内圣的高远原则在切近的社会和政治现实中得到落实"。① 于是胡安国专心研治《春秋》,耗费巨大精力和时间,反复斟酌修改,撰写《春秋传》,该书付梓之后,即刻受到学界高度关注和评价,宋高宗赞扬《春秋传》"深得圣人之旨"。胡安国著《春秋传》在学术和政治领域都获得成功,在深陷外族入侵的危机之中继承与弘扬儒家文化。"胡安国在'斯文将丧'的民族文化危机时刻而研治《春秋》,创办书院,聚徒讲学,以期唤起人们对自己优越的民族文化的认同感和自豪感,使

---

① 陈代湘:《湖湘文化兴盛之源——碧泉书院的文化史地位》,《求索》2020年第4期。

第二章　湘江流域的书院与湖湘文化的传播及人才群体的兴起

'斯文'后继有人，不至丧灭于'夷狄'之手。正是胡安国的这种由激烈的文化冲突而导致的强烈的文化担当意识，促使他带领他的子弟和学生们创立了湖湘学派。"① 可见，湖湘学派是在中华传统文化遭受巨大危机和破坏的时候形成的，湖湘学派开创之机，就承担了赓续华夏文化的重任，从而凝聚了经世致用的精神品质。

胡安国作为湖湘学派的创始者，所著《春秋传》有相当的分量和特色，但毕竟在哲学理论体系上贡献尚显不足。幸运的是，胡宏完美地继承了父亲胡安国的学术传统，从而奠定湖湘学派的理论基础，真正构建了完备的哲学体系。其标志就是胡宏著《知言》，这部著作同样是在碧泉书院完成的，这是湖湘学派的学术定鼎之作，同时也是最具创新价值的著作。全祖望评价胡宏说："绍兴诸儒，所造莫出五峰之上。其所作《知言》，东莱以为过于《正蒙》，卒开湖湘之学统。"全氏认为胡宏"卒开湖湘之学统"，即奠定湖湘学派的理论基础，而这个理论基础就是胡宏在碧泉书院这一空间场域中奠定的。②

胡宏思想创新性极强，在本体论、心性论、工夫论等哲学主要论域都提出了创造性的理论观点。他提出的"性，天下之大本"的本体论，使他成为既不同于程朱"理本论"，又有别于陆王"心本论"的"性本论"的代表人物，亦成为湖湘学派最大的理论特色。除此之外，胡宏提出的善恶不足以言性、心以成性、天理人欲同体异用以及先察识后持养的工夫论，都是颇具创造性的哲学思想，也是南宋湖湘学者坚守而具有鲜明学派特色的理论。③

另外，湖湘学派还有一个不可忽视的奠基人，他就是胡寅，胡安国弟胡淳之子。胡寅（1098~1156年），字明仲，学者称致堂先生，

---

① 陈代湘：《湖湘文化兴盛之源——碧泉书院的文化史地位》，《求索》2020年第4期。
② 陈代湘：《湖湘文化兴盛之源——碧泉书院的文化史地位》，《求索》2020年第4期。
③ 陈代湘：《湖湘学案》第1卷，湖南人民出版社，2013，第164~184页。

宋建州崇安（今福建武夷山市）人，后迁居衡阳，著有《论语详说》《读史管见》《注叙古千文》《斐然集》等。胡寅是湖湘学派相对被边缘化之重要人物，其代表著作《论语详说》亦早已散佚。朱子甚为推崇胡寅《论语》之学，《论语详说》对《论语》的诠释，兼顾义理阐发、工夫指点、文献考辨三个向度，它以二程理学为主旨，透彻阐发了仁、理、体用等核心概念，驳斥了佛老异端之说；突出敬为主宰的为学功夫，着力针砭矫正为学弊病；显示了渊博精密的文献知识、洞幽烛微的考辨能力；其诠释立足字义而切合大旨；理据结合而新颖不群，锐于批判而阙疑审慎。该书不仅代表了胡寅的经学造诣，亦可堪称湖湘学派经学之巨擘。有关《论语详说》的佚文发现整理，对于重新判定胡寅历史地位、推动湖湘学派研究、认识朱子《论语》学构成、探究宋代《论语》学皆不无裨益。[①] 胡寅坚守儒家传统学说，论事皆以儒家经典为据，其言行皆以礼为守则。胡寅反对激烈的社会变革，主张用儒家传统的治世之道来拯救南宋王朝衰亡的命运。湖湘学派务实的思想、儒家身体力行的实践观念在胡寅的学术思想中有明显体现。

在胡安国、胡宏父子两代人的努力之下，碧泉书院成为湖湘学派的第一个学术基地，同时也是湖湘学派最重要的学术创新之所。胡氏父子深明民族大义，推崇春秋大一统思想，注重培养学生的浩然正气，从而能在国家民族危亡之时抵抗侵略，发扬强烈的爱国主义精神。碧泉书院通过传授经世致用之学，吸引了一大批有志气的湖湘学子前来碧泉书院深造，一时间"远邦朋至，近地风从"。培养了谭知礼、彪虎臣、乐洪、向语、张栻和彪居正等著名学者。这些为浩荡湖湘文化做出贡献的前贤们的精心耕耘，为千年湖湘文化的兴盛点燃了

---

① 许家星：《"潜鲁语之大训，明孔门之心梓"——胡寅〈论语详说〉发微》，《中共宁波市委党校学报》2019年第3期。

第二章　湘江流域的书院与湖湘文化的传播及人才群体的兴起

文脉火种。碧泉书院培养出来的优秀学者，诸如张栻、彪居正等人，又前往岳麓书院，继续将湖湘学发扬光大，培养湖湘学子胸怀天下的治学精神，倡导经世致用的学术研究。岳麓书院将湖湘学传播至整个湘江流域，继而影响到湖北、四川、广西、福建等广大地区。南宋理学家真德秀就高度赞扬湖湘学："窃惟方今学术源流之盛，未有出湖湘之右者。"

从碧泉书院发祥的"湖湘学"，由朱熹及其弟子最早为它命名。《朱子语类》中常称胡氏父子、张栻学派为"湖湘学""湖南学"。黄宗羲、全祖望在《宋元学案》中沿袭了这一称谓，正式称之为"湖湘学派"。历经时代变迁，碧泉书院逐渐消失在历史的滚滚潮流之中，而湖湘学则在前贤的艰苦奋斗下薪火相传。碧泉书院是湖湘学派的学术之源，在碧泉书院逐渐衰落之后，湖湘学派的第二个学术基地岳麓书院在湘江流域迅速崛起，并将湖湘学派推向一个历史的高峰。

绍兴三十一年（1161年），张栻于衡山拜胡宏为师。张栻的学行深得胡宏的赞许，胡宏说："圣门有人，吾道幸矣！"后来张栻受邀主教岳麓书院，将书院开辟成一个闻名全国的理学基地。这个时期寓居湘江流域的以朱熹为代表的著名理学家以岳麓书院为基地，就学术问题展开了广泛的讲学或辩论，湖湘学派由此发展壮大，岳麓书院在理学繁荣的学术背景里迎来了发展的鼎盛期。

张栻作为岳麓书院山长，首先将"传道济民"树立为书院的办学宗旨。经张栻苦心教学，改造书院学风，岳麓书院由注重科举功名之学转变为弘扬道德学术，教学方法多种多样，既注重教学质量，又提倡高水平的学术研究。岳麓书院焕然一新，转变为一个真正独立于官学之外的闻名全国的学术基地。湖湘士子纷纷慕名而来，研习理学蔚然成风，从而"岳麓诸儒"成为一个学术思想相近的学者群体，发端于衡山、形成于湘潭碧泉书院的湖湘学派最终在长沙岳麓书院发展

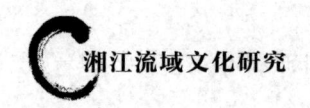

壮大。

　　岳麓书院在南宋成为著名学府，湖湘学派以书院为传播中心得以进一步发展，在很大程度上归功于张栻、朱熹在此讲学论道。乾道三年（1167年）九月，朱熹一行抵达长沙，受到张栻的热情接待，拉开了书院史上著名的"朱张会讲"的序幕。会讲是古代书院的一种独具特色的制度，在这种相对开放的学术氛围中，允许不同学派或持不同见解的学者就一些学术问题展开讨论。依据现有史料，南宋书院史上最早的会讲，当属朱熹、张栻会讲于岳麓书院，这是一种类似于"百家争鸣"的学术盛宴。

　　朱熹在长沙停留两月有余，就双方共同关切的学术问题展开了讨论，场面十分热烈。据侍行的学生范伯崇所说："二先生论《中庸》之义，三日夜而不能合。"朱熹、张栻之间真诚坦率的学术交流彰显了他们高深的学术道德，为南宋书院会讲树立了一个良好的典范。当时湖湘弟子远道来听课者甚多，"学徒千余，舆马之众至饮池水立竭，一时有潇湘洙泗之目焉"。岳麓书院自由讲学之风盛况空前。

　　淳熙元年（1174年），张栻改知静江府而离开长沙，淳熙七年（1180年），张栻病逝于江陵。张栻去世后，湖湘弟子又多从学于朱熹。绍熙五年（1194年），朱熹任湖南安抚使再至潭州，朱子念念不忘岳麓书院，立即采取系列措施重新振兴岳麓书院，并在岳麓书院培养了一批很有学问的弟子，他们在南宋的政治、学术和教育领域都产生了一定的影响。之后朱熹、张栻的弟子及再传弟子在岳麓书院弘扬理学，进一步壮大独具特色的湖湘学派，这种学术传统影响了以后数百年。

　　直至清代，湘江流域纷纷创建一批书院，历史上的书院教育又发展到一个高峰，各大书院以岳麓书院为标杆，继承并弘扬湖湘学风为己任。例如，清代乾隆年间，湖南宁乡士人积极筹备重建玉潭书院，

第二章 湘江流域的书院与湖湘文化的传播及人才群体的兴起

通过编纂书院志的方式，自主选择构建与地方传统理学相融合的胡张学统，并且在书院教学中也时时浸润着湖湘义理之学的因素，不完全受江浙考据学风的干扰。玉潭书院的发展历程才 200 余年，却在理学学统构建的过程当中，不仅移植了本县五峰书堂的理学渊源，还将湘潭县文定公书堂之事挪入五峰，遂而在书院学统谱系中纳入胡宏、张栻，将学统上溯至 600 余年前的南宋年间，最后通过编纂书院志的方式，正式确立了以这一尊胡宏、张栻为宗主的理学学统。这种学统谱系的建构不能仅仅理解为书院前贤的"发思古之幽情"，更非其有意向壁虚造的自我神话，而是反映了当时的湖湘地方学术风气下理学学统不可或缺的必要性，其与所谓乾嘉主流话语或许有别，然而同样不可忽视。[①]

（三）船山学在湘江流域的传播

王夫之（1619~1692 年），字而农，号姜斋，湖南衡阳人。晚年定居在衡阳曲兰乡的石船山下，学者尊之为"船山先生"。他是我国明末清初的著名哲学家，其哲学思想在中国哲学史上占有崇高地位。王船山一生著作丰富，有 100 多种，400 余卷，其著作在生前基本没有出版。船山逝世之后，他的著作由其子王敔在康熙年间刊刻了 10 余种。清代早期船山的著作出版面世不多，"船山学"也尚未形成。到了近代，船山的著作被系统地整理和刊刻，船山思想的影响越来越大，其学术地位也不断地得到提高。作为一种专门研究船山生平思想及其影响的"船山学"，顺应时代的需求而发展壮大起来。

在湖湘文化发展史上，船山学历来被公认为起着承前启后的作用，并形成一个博大精深的学术思想体系。从历史地理的角度出发，

[①] 邓洪波、肖啸：《"话语"之外：乾嘉时期的湖湘理学与地方书院——基于玉潭书院的考察》，《湖南大学学报》2019 年第 3 期。

湘江流域文化研究

湘江流域正是船山学形成、发展与传播的区域，而且分布在湘江沿岸的长沙、衡阳等地区的书院正是船山学传播的重要阵地。

船山学在湘江流域的传播，首先离不开邓显鹤、曾国藩等人对王船山著作的全面搜集、整理与资助出版做出的巨大贡献，正是船山著作的面世，船山学才得以在湖湘大地产生深远影响。邓显鹤热衷于收集整理乡邦文献，尤其对《船山遗书》的整理刊刻倾注心血最多，为传承湖湘文化而完成一项伟大的出版工程。早在道光九年，邓显鹤增辑、考订《楚宝》之时，便关注船山遗著，他说："船山先生于胜国为遗老，于本朝为大儒，志行之超洁，学问之正大，体用之明备，著述之精卓宏富，当与顾亭林、黄梨洲、李二曲诸老先相颉颃，而世之鲜知者。"① 至道光十九年，邓显鹤在长沙编辑《沅湘耆旧集》，四处搜求王夫之的遗诗，当于欧阳兆熊处得知湘潭王世全家中藏有祖传船山遗著时，邓显鹤极力劝说王世全捐资刊刻。第二年春天，《船山遗书》在长沙开始雕版，并邀请邹汉勋负责编校任务。邓显鹤、邹汉勋二人通力合作，两年之内即刻印船山遗书十八种，一百五十卷，题名《船山遗书》，这就是湘潭王氏守遗经书屋刻本，简称王刻本，又因邓显鹤总其事，故又称邓刻本。邓显鹤对此颇感欣慰："久晦不显之书，一旦炳焉呈露，岂非衡岳湘江之灵有以默牖而阴相之哉！非偶然也。"②

曾国藩同样推崇王船山，他说："船山先生注《正蒙》数万言，注《礼记》数十万言，幽以究民物之同原，显以纲维万事，与世乱于未形，其于古者明体达用，盈科后进之旨，往往近之，以求所谓育物之仁，经邦之礼，穷操极论，千变而不离其宗，旷百世不见知而无所

---

① 邓显鹤：《王夫之》，载《船山全书》第16册，岳麓书社，1996，第105页。
② 邓显鹤：《船山先生王夫之》，载《沅湘耆旧集》卷三十三，岳麓书社，2008，第687页。

第二章 湘江流域的书院与湖湘文化的传播及人才群体的兴起

于悔。"① 曾国藩大力支持船山著作的出版,他首先派出多人在全国各地搜寻船山著作,特别是在王船山的故乡衡阳,曾国藩拜托好友莫友芝搜集船山遗著,收获颇多。刘毓格在《王船山遗书校勘记自序》中提到:"衡阳王氏船山丛书其目录可考者七十五种,稿本访得者六十一种。"② 在曾国藩及友人的积极搜寻之下,金陵本《船山遗书》"凡三百二十二卷",比邓显鹤主编之守遗本已"增益百七十二卷"。其篇目数量和实际内容,金陵本较守遗本增加了一半以上。可见,曾氏兄弟在《船山遗书》的刊刻与传播上居功至伟。

王船山生前并非显赫人物,去世后在很长一段时间内默默无闻,似乎消失在历史的尘埃之中。当时船山学也并非显学,没有进入主流学术界的视野。但是晚清以来,中国面临千百年未有之大变局,尤其是随着湘军理学群体的崛起,湘军人物联袂而起,开始构建地方文化体系,寻求湖湘地区共同的精神领袖,于是船山学趁此时机在湖湘大地传播开来。"湘军中曾国藩、郭嵩焘尤重船山之学。认为湖湘学统七百年来,周敦颐创其始,王船山总其成,两人'揽道学之始终'。其后,湘儒刘毓嵩、王之春编《船山年谱》,罗正钧撰《船山师友记》,郭嵩焘立船山祠、思贤讲舍,彭玉麟创船山书院,船山学自此宏扬宇内。王船山的知行论和实学思想、历史观与政治伦理思想、经世变革思想、兵论思想,以及宏阔的儒学学术视野和深刻的文化反思精神,都对晚清湘军经世活动产生了深远影响。可以说,没有王船山等先贤大儒对传统政治文化的全面反思和对政治实践的理性探索,就不会有湘军集团创制改革的强大文化动力。从某种意义上说,王船山为湘军集团提供了经世活动的文化参照系,湘军集团则一定程度上执

---

① 曾国藩:《曾国藩全集》,岳麓书社,1987,第278页。
② 刘毓格:《王船山遗书校勘记自序》,载《船山全书》第16册,岳麓书社,1996,第429页。

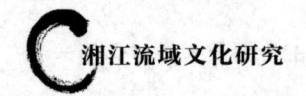

行了王船山等经世大儒的政治遗训。"①

　　湘江流域传播船山之学,是从建立船山祠开始的。同治九年（1870年）,郭嵩焘任城南书院山长,建船山祠于院中南轩祠旁,其目的在于使"吾楚之士知有先生之学,求其书读之,以推知诸儒得失,而于斯道盛衰之由、国家治乱之故,皆能默契于心。又将有人焉光大先生之业,以上溯五子之传,确然有以知先生之学非元、明以后诸儒所能及也"。②郭嵩焘鼓励书院的士子熟读船山的书,领悟船山的学术成就,以此传播船山之学,造就经世济民的人才。郭嵩焘提倡船山学的愿望是持之以恒的,同治十二年（1873年）,郭嵩焘计划在长沙创建思贤讲舍,以崇祀王船山,后因出使英国而被搁置。光绪五年（1879年）,郭嵩焘回到长沙,立刻开始筹集资金创办思贤讲舍,两年之后大功告成,长沙思贤讲舍内有船山祠,立有船山木主,专门祭祀船山。郭嵩焘亲自为船山祠撰写楹联：

　　　　笺疏训诂,六经于易尤尊,阐羲文周孔之道,汉宋诸儒齐退听；
　　　　节义词章,终身以道为准,继廉洛关闽而起,元明二代一先生。

　　郭嵩焘撰联表达了对船山先生学术道德的崇敬之情,王船山被视为传承湖湘学脉的大儒,船山先生亦成为湖湘人士景仰与推崇的精神偶像。

　　湖湘书院崇祀王船山对船山学说的传播起了重要作用,而船山书

---

① 汤浩：《船山学行对湘军经世的影响》,《船山学刊》2019年第2期。
② 郭嵩焘：《船山祠碑记》,载《船山全书》第16册,岳麓书社,1996,第585页。

院的建立则成为船山学进一步传播的中心。"船山学之所以具有跨越时空的独特神韵和魅力，既在于她对中华学术文化或国学特别是中国哲学思想所作出的全面系统的总结，从而显示出一种集大成的学术特质，也在于她在总结中华学术文化的基础上试图促使其别开生面，向前发展，提出了一系列启蒙的新命题、新观点和新思想，体现出一种'新故相资而新其故'或革故鼎新的学术品质。"① 王船山作为晚明理学集大成者，在近 200 年后，对湖湘文化影响至深。"湘军将领通过强调船山承继宋儒学说，延续地方学脉，有意无意间对湘学学统进行重构与完善。书院作为学术及文化的传播场域，无论是对船山学说的传播，还是湘学学统的完善，都起到了重要作用。一方面，书院通过讲求船山之学、刊刻船山著述，将船山及其学说传向四方，为船山及其学说扬名、入祀孔庙奠定了基础。另一方面，湘学学统的完善，在某种程度上是由湖湘地区的书院祭祀船山展开的。书院通过对祭祀对象的选择，表明自己所追求崇尚的学派与学术倾向，并通过一系列仪式将祭祀人物及其所代表的儒家精神、学术思想内化为一种深刻的认同，在此过程中，船山之学同朱张之学、濂溪之学联结了起来，被纳入同一系统，成了一脉相承的整体。同时，书院祭祀船山的过程，也是湘学学统在地方逐渐强化的过程。"② 在湖湘学者的大力提倡与宣传下，船山学说逐渐成为一门"显学"，对中国近代社会产生了深远的影响。

三 湘江流域人才群体的兴起及其历史影响

湘江流域历来人才辈出，从宋代理学鼻祖周敦颐，再到明末清

---

① 王泽应：《船山学的博大精深与别开生面——纪念船山诞辰 400 周年》，《船山学刊》2019 年第 5 期。
② 邓洪波、刘艳伟：《继起斯文：清末书院对船山之学的传播及湘学学统的完善》，《船山学刊》2019 年第 2 期。

初思想大家王船山等人,无不彰显出湖湘文化的博大精深。近代以来,湘江流域更是人才群体崛起,对近代中国的政治、军事、文化、经济等方面的变迁都产生了深远的影响,深刻地影响了中国的历史进程。

(一)鸦片战争前后湘江流域经世派人才群体兴起,倡导经世致用

鸦片战争至洋务运动时期,从湘江流域走出去的名臣贺长龄、贺熙龄、唐鉴、李星沅、劳崇光、曾国藩、左宗棠、郭嵩焘等人,论学应以"经世致用"为宗旨,提出"变古愈尽,便民愈甚"的变法主张,倡导学习西方先进科学技术。他们反对脱离实际和崇尚空疏的学风,敢于正视社会现实生活中的矛盾,要求抵抗外国侵略,反对投降卖国;主张向西方学习,把中国建设成富强民主的国家。

近代中国继魏源之后另一位放眼世界的经世学派人才是中国首位驻外大使、中国外交近代化的先驱者郭嵩焘。郭嵩焘(1818~1891年),号筠仙,湖南湘阴县人。郭嵩焘1866年罢官回籍,在长沙城南书院及思贤讲舍讲学。1875年经军机大臣文祥举荐进入总理衙门,旋出任驻英公使,1878年兼任驻法使臣,次年迫于压力称病辞归。其时,清政府筹议兴办洋务方略,郭嵩焘慨然命笔,将自己的洋务主张和观点写成《条议海防事宜》上奏。他认为将西方强盛归结于船坚炮利是非常错误的,中国如果单纯学习西方兵学"末技","如是以求自强,恐适足以自敝"。只有学习西方的政治和经济,"先通商贾之气,以立循用西方之基",即发展中国的工商业才是出路。光绪二年(1876年)冬,郭嵩焘率副使刘锡鸿等随员30余人启程赴英,在伦敦设立了使馆。郭嵩焘在蔑洋、耻洋、畏洋日炽的境况下负重致远,义不容辞地走出国门,成为中国第一位出使西方的公使。在陌生的异国他乡,这位孤独的赤子以深邃的目光洞

第二章 湘江流域的书院与湖湘文化的传播及人才群体的兴起

察世界，冷静而热切地诠释祖国的过去、现在和未来。赴英途中，郭嵩焘将沿途见闻记入日记《使西纪程》，盛赞西方的民主政治制度，主张中国应研究、学习。郭嵩焘到达英国后，非常留意英国的政治体制、教育和科学状况，访问了学校、博物馆、图书馆、报社等，结识了众多专家学者，并以六十高龄潜心学习外语。他还将考察心得不断寄回国内，提出很多中肯的建议。在郭嵩焘看来，发展商业，固然是富强之本，但如果没有相应的政治制度保障，要发展商业也是不可能的，所以郭嵩焘在谈及洋务时，更强调要以政教为本。郭嵩焘出使英国之后，特别留心考察了英国富强的原因，指出其根本在其政治民主制度，特别是议会制和市长民选制。他说："计英国之强，始自国朝……其初国政亦甚乖乱。推原其立国本末，所以持久而国势益张者，则在巴力门议政院有维持国是之议，设买阿尔（市长）治民有顺从民意之情，二者相持，是以君与民交相维系，迭盛迭衰，而立国千余年终以不敝，人才学问相承以起，而皆有以自效。此其立国之本也。"[①] 归国后，郭嵩焘不顾各方反对，强烈要求清政府发展民族资本主义，甚至一再呼吁学习西方的民主制度，即便受到"未能事人，焉能事鬼"的指责谩骂亦在所不惜，希望仿效西方政治民主制度，由此而推动国家的发展。李鸿章评他："当世所识英豪，与洋务相近而知政体者，以筠仙为最。"以曾国藩、郭嵩焘等为代表的一大批湖湘士人面对内忧外患的局势，在继承传统文化的同时，又超越传统、积极向西方学习，寻求实现国家近代化的良方。他们学习西方的思想主张，产生了巨大的影响，对清末朝野逐步改变抱残守缺的思想观念起到了重要的推动作用，近代中国由此迈开了学习西方和变革图强的步伐。

[①] 《郭嵩焘日记》第3卷，湖南人民出版社，1980，第373页。

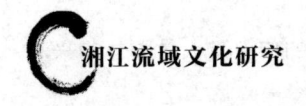

(二) 咸同年间的湘军人才和洋务派，开启中国近代化的进程

第一次鸦片战争后，清政府内忧外患日益严重，太平天国运动席卷南北，清政府的统治朝不保夕，以曾国藩、左宗棠、胡林翼、郭嵩焘、彭玉麟为首的湘军人才群体力挽狂澜，拯救清王朝于风雨飘摇中。曾国藩等人组建湘军，广大湘人或投笔从戎，或弃耕从军，涤荡太平军，保卫圣道。湘军造就了清代"中兴将相，什九湖湘""无湘不成军""无湘人不成衙门"的历史奇迹。梁启超曾说："湘军之声誉，东至东海，南逾岭南，西辟回部，西南震苗疆，至今尚炙手可热，三湘民族之大有影响于全国。"这些湘军将领不仅驰骋沙场，还响应魏源"师夷长技以制夷"的倡议，践行洋务，为推动中国的近代化做出了重要的贡献。如果说，魏源是开眼看世界的第一人，那么，曾国藩、左宗棠、郭嵩焘等人则深化了学习西方的思想境界。平定太平天国运动之后，魏源学习西方的思想进一步为曾国藩等人传承并付诸实践，他们率先迈出学习西方的步伐，开启了中国国防、科技、外交的近代化大门。

19世纪60年代至90年代的洋务运动作为清王朝发起的自强求富运动，是中国早期的近代化运动。洋务运动发生在中国近代社会新旧交替的特殊历史阶段中，是一次失败的封建统治者的自救运动，它虽然没有使中国富强起来，但引进了西方先进的科学技术，使中国出现了第一批近代军事工业企业，培养了技术力量，在客观上为中国民族资本主义的产生和发展起到了促进作用，为中国近代化开辟了道路。在洋务运动中，曾国藩、左宗棠等人发挥了重要的作用。

曾国藩在洋务方面是积极地兴办造船厂与机械厂等。咸丰十年三月初七（1860年12月19日），第二次鸦片战争刚结束，曾国藩就在给清政府的奏折中说："此次款议虽成，中国岂可一日而忘备……无

第二章 湘江流域的书院与湖湘文化的传播及人才群体的兴起

论目前资夷力以助剿济运，得纾一日之忧，将来师夷智以造炮制船，尤可期永远之利。"① 次年，奕䜣奏请购买外洋船炮，曾国藩极力赞成，认为此举为"今日救时之第一要务"。咸丰十一年（1861年）九月，湘军攻陷安庆。次年，曾国藩在安庆设立"安庆内军械所"，仿造西洋船炮。当时汇集于安庆大营的科技人才，"凡法律、算学、天文、机器等专门家，无不毕集"。② 比较著名的有李善兰、华蘅芳、徐寿等。安庆内军械所曾造成小轮船一只，但不甚得制造之法，行驶速度远不及外国轮船。曾国藩从这里看到以旧式技术设备生产新式工业产品所存在的问题，进而提出了购买"制器之器"的主张，要求引进成套机械设备，于是派容闳赴美国采办机器，采购回来后再加以研究利用。曾国藩还领衔与李鸿章奏请创办江南机器局，进一步探索发展科技的有效之道。

曾国藩在军事工业上引进西方科技的主张和实践，打破了闭关自守的传统，促进了中国近代学习西方思潮的抬头和近代工业的兴起。在他的指导下，建造了中国第一艘轮船，开启近代制造业的先河；建立了第一所兵工学堂，肇始中国近代高等教育；第一次翻译印刷西方书籍，不仅奠定了近代中国科技基础，而且极大地开阔了中国人的眼界；安排第一批赴美留学生，为国家培养了大批栋梁之材，其中民国第一任总理唐绍仪、中国"铁路之父"詹天佑、清末外交部尚书梁敦彦、清华大学第一任校长唐国安等就是此中佼佼者。中国现代史上两位著名人物毛泽东和蒋介石都高度评价过曾国藩。毛泽东青年时期，潜心研究曾氏文集，得出了"愚于近人，独服曾文正"的结论，他晚年还曾说：曾国藩是地主阶级最厉害的人物。蒋介石对曾氏更是顶礼膜拜，认为曾国藩为人之道，"足为吾人之师资"。

---

① 《曾文正公全集》奏稿，卷十二，第58页。
② 容闳：《西学东渐记》，岳麓书社，1985，第86页。

列强通过两次鸦片战争，强迫清政府签订了一系列不平等条约，打开了中国从沿海到内地的大门，中国的海防与航运，都遭到严重的威胁。一片空白的中国海防建设迫在眉睫。左宗棠身为闽浙总督，渴求中国"由贫弱而富强"的办法，他特别注重海防力量的建设和边防军事防守，也非常注重发展国家各方面的科技实力。1865年，左宗棠上书总理衙门，指出："中国自强之策，除修明政事，精练兵勇外，必应仿造轮船。"①他认为只要中国有了造船业，精益求精，就能夺夷人之所恃，不仅可以与列强争战海上，巩固海防，亦可与各国争海上之利，从而达到"去海之害，收海之利"的目的。制造轮船除可以解决海防和海运的需要之外，还可能"兴别项之利"，以造船为起点，可"以机器制造机器，积微成巨，化一为百"，由此"触类旁通，凡制造枪炮、炸弹、铸钱、治水，有适民生日用者，均可次第为之"，②因此，左宗棠认为造轮船是"时务最要之件"。1866年，左宗棠奏准创办了我国第一个轮船制造厂——福州船政局。福州船政局所造轮船，有一定数量的商船，而且制造的兵船也试图"多仿半兵半商"的格式，既可出海充作作战兵船，又可用作交通运输商船，可以供"漕运"使用，"亦可装运淮盐土货"，"并听商雇"。福州船政局制造各种船只，是中国海防军事力量近代化的重要起步。在筹办洋务期间，左宗棠还创办了船政学堂，培养技术人才；在陕甘总督任内，又创办民用企业兰州织呢局，开发西北资源；为抵制外国侵略，左宗棠还提出了发展民族工业的经济主张。左宗棠深得经世致用学派的精髓，在推广传统的社会改革措施方面也有一些成就，例如，在边疆实行屯田制度、改善农业生产技术、改良品种、兴修水利、减灾防灾方面，将传统生产方式方法加以改良，进行实践。左宗棠丰富而又行之有效的

---

① 《左文襄公全集》书牍，卷七，台北文海出版社，1979，第25页。
② 《左宗棠全集》奏稿三，岳麓书社，1989，第61页。

第二章　湘江流域的书院与湖湘文化的传播及人才群体的兴起

社会生产思想，对近代中国社会发展经济、军事和科技都产生了重要的启发和推动作用。

曾国藩、左宗棠等人，在中国率先引进了西方先进的机器和工艺，无论是军事工业还是民用工业，在生产技术方面发生了空前的大变革，使中国破天荒出现了现代工业文明的曙光，使中国迈出了由"传统社会"向"现代社会"转变的第一步，是中国社会现代化进程的开拓者。

（三）甲午至戊戌年间湘江流域的维新志士群体，变法图强

戊戌变法时期，以谭嗣同、唐才常、皮锡瑞等为代表的资产阶级维新派人才群体再次使湖湘大地成为备受世人瞩目之地。

中日甲午战争中，湘军战无不胜的神圣光环在辽东半岛的血雨腥风中黯然失色，湖南人由此产生更强烈的"救中国当从湖南始"的责任感，湖南以"救亡""变法"为己任的士风民气高昂到了极点。谭嗣同、唐才常、欧阳中鹄、皮锡瑞、杨毓麟等新生代湖湘子弟倡导在前，王先谦、张祖同等资深望重的旧派绅士呼应于后，陈宝箴、黄遵宪、江标等在湘地方大员积极支持，湖南出现了官绅共奏维新之曲的势头。他们提倡学习西方自然科学知识、兴办实业，积极开办工厂、企业，投资矿山，改革书院制度，设立新式学校。湖南由最保守的省份一跃而成为全国最富朝气的省份。梁启超由此断言："可以强天下而保中国者，莫湘人若也。"

湘学人士积极推动变法维新运动的开展，使中国在社会思潮和政策制度上，在社会演变道路上向着近代化迈出了更大的步伐。变法图强，是当时国家和民族的唯一出路，也成为有志之士的政治选择。他们主张学习西方，提倡科学文化，改革政治、教育制度，发展农、工商业等。在政治上，维新派深刻地批判了封建制度，主张设立议会，

希望通过改良的道路逐步变封建专制制度为资本主义的君主立宪制度。湖南人谭嗣同、唐才常等人在维新运动中起到了重要的作用,他们还以各种实践活动推动维新运动的开展。

谭嗣同(1865~1898年),字复生,号壮飞,又号华相众生、东海褰冥氏、廖天一阁主等,湖南浏阳人,近代资产阶级维新派政治家、思想家。1898年变法失败后被杀,年仅33岁,为世称"戊戌六君子"之一。谭嗣同学习西方资产阶级的政治制度,公开提出废科举、兴学校、开矿藏、修铁路、办工厂、改官制等主张。1897年夏秋间,写成重要著作《仁学》,它是维新派的第一部哲学著作。在这部著作中,谭嗣同愤怒地抨击了封建君主专制所造成的"惨祸烈毒"和三纲五常对人性的摧残压抑。他指出,封建纲常礼义完全是那些独夫民贼用作统治的工具,特别是君臣一伦,更是"黑暗否塞、无复人理"。因此,对于那些昏暴的专制君主,不仅可以不为其尽忠死节,而且可以"人人得而戮之"。1897年,谭嗣同协助湖南巡抚陈宝箴等人设立时务学堂,筹办内河轮船、开矿、修筑铁路等新政。1898年初,在湖南举办新政中,积极创建讲求爱国之理和救亡之法为宗旨的南学会,主办宣扬变法理论的《湘报》,积极宣传变法,成为维新运动的激进派。谭嗣同在教学中大力宣传变法革新理论,"所言皆当时一派之民权论,又多言清代故实,胪举失败",使时务学堂真正成了培养维新志士的机构,对传播新知识和先进技艺起到了重要作用。

唐才常(1867~1900年),字伯平,号佛尘,湖南浏阳人,维新派的积极参与者,中国近代史上著名的政治活动家。与谭嗣同时称长沙时务学堂教习中的"浏阳二杰"。甲午战后,民族危机深重,他以救中国为职志,专力研究各国政治外交情事,积极参与维新活动。唐才常曾任《湘学报》《湘报》主笔、湖南时务学堂教习。1899年,唐才常与康有为、梁启超商定在长江两岸各省起兵"勤王",试图推翻

第二章　湘江流域的书院与湖湘文化的传播及人才群体的兴起

慈禧太后政权，拥戴光绪帝重新当权。1900 年，上海组织"正气会"成立，后易名"自立会"，组成自立军七军，唐才常任督办。自立军在汉口谋划发动起义，因消息泄露，唐才常被捕就义。虽然唐才常的变法和起义行动都失败了，但他发愤"树大节，倡大难，行大改革"的宏大气势对当时社会思想观念产生了重要的影响。

谭嗣同、唐才常等人，进行了一场以变更封建主义国家为资本主义国家的政治尝试，他们提倡学习西方自然科学知识、兴办实业，积极开办工厂、企业，投资矿山，改革书院制度，设立新式学校；他们要求发展资本主义经济和扩大资产阶级政治权力，符合近代中国发展的历史趋势，进行了一次进步的政治改良运动；他们传播了资产阶级新文化、新思想，批判封建主义旧文化、旧思想，进行了一次思想启蒙运动。他们以自己的思想言行不断拓展思想文化开放性的广度和深度，为其后清政府的新政改革起了筚路蓝缕之功。在近代先驱的榜样昭示下，在先进人士的带动下，后人或接受了进化变法思想，或接受了资产阶级民主主义思想，或产生了排满革命意识，为资产阶级革命奠定了思想文化基础。

（四）清末民初辛亥革命志士群体推翻帝制，谱写民主革命壮歌

戊戌变法失败后，历史的车轮驶入辛亥革命的一页。湘江流域涌现出了一大批热血激进、叱咤风云的革命志士，计有长沙人黄兴、杨毓麟、秦力山、毕永年、章士钊、左学谦、易白沙、徐佛苏、文经纬；醴陵人宁调元、杨卓霖、李发群、傅熊湘、程潜；湘潭人刘揆一、刘道一；湘乡人禹之谟、杨王鹏、张昭汉、陈荆、陈方度；浏阳人焦达峰、陈作新；宁乡人黄睿、周震麟、陈家鼎；衡山人陈范、陈撷芬、唐群英；湘阴人范源濂、陈嘉佑；平江人凌盛仪。其中，尤以黄兴影响最大、成就最著。他们大多曾经留学海外，深受

西方政治学说的影响,感受中华民族危难的刺激,逐渐形成资产阶级革命派,投身于推翻清朝的革命运动之中,在中国近代史上留下了光辉灿烂的篇章。这一时期,以黄兴等为代表的大批湘学人才叱咤风云,以建立资产阶级民主国家为己任,为民主革命做出了重要的贡献。1904年华人留日学生为2395人,湖南籍学生为373人;参加同盟会筹备的79人中,有20位湖南人;1907年,在东京本部同盟会登记入册的960名会员中,有156名湖南人。他们大部分来自湘江流域。

这些热血沸腾的湖湘爱国志士或在国内外创办报刊,传播民主革命思想;或成立革命团体,在华兴会、兴中会、光复会、同盟会的成立和活动中发挥重要的作用;或组织、武装暴动,为革命抛头颅洒热血。1900年,唐才常组织自立军起义;此后,黄兴领导钦廉防城起义,谋划长沙起义,组织广州黄花岗起义,血染战袍;焦达峰、陈作新在长沙首先响应武昌起义,等等。湘江流域革命志士劳苦功高,为辛亥革命谱写了一曲曲悲壮之歌。湘籍革命志士不但极力宣传资产阶级革命思想,成立组织对抗清政府,而且发动或参加一次次武装起义,以身家性命为代价,推动中国社会的进步。

华兴会是以湖南革命志士为核心的国内第一个反清革命团体,成立之初,即以制定发动武装起义的战略方针。1904年初春,黄兴、刘揆一来到湘潭与哥老会首领马福益密谋发动长沙起义,议定"以十月十日清西太后七十生辰,全省官吏在皇殿行礼时,预埋弹药其下,以炸毙之,而乘机起义"。① 虽然这次起义由于事机不密而归于流产,却是国内革命团体领导反清武装起义的先声。

---

① 刘揆一:《黄兴传记》,上海人民出版社,1957,第277页。

第二章　湘江流域的书院与湖湘文化的传播及人才群体的兴起

同盟会成立后,策划武装起义即被提上主要日程,而在这风起云涌的反清起义中,几乎处处都可见到湖南革命志士的身影,其中,尤以黄兴为甚。从同盟会成立到1911年武昌起义爆发的六年里,在华南、长江流域策动的十多次起义,多是由黄兴策动或指挥,几乎都有湖南革命志士的足迹。如1906年,同盟会成立后领导的第一次武装起义——萍浏醴起义,这次起义也是黄兴派遣刘道一等人前往策动,并有面嘱"革命军发难,以军队与会党同时并举为上策……今欲规取省城,宜集合会党于省城附近之萍浏醴各县,与运动成熟军队联合,方可举事"。刘道一、杨卓林、禹之谟等人按照黄兴指示成功策动起义,聚众高达3万多人,起义遍及萍乡、浏阳、醴陵等10多个县,在清政府调动湘、鄂、赣、苏四省兵力的镇压之下,大量革命志士和无辜群众惨遭杀害,其中绝大多数为湖南人。1911年,黄兴领导了震惊全国的黄花岗起义,黄兴出任统筹部部长,统筹起义一切事宜,又派其子黄一欧自日本运来军火,更是留下绝笔书,亲率敢死队浴血战斗。起义虽然终归失败,意义却是极其重大,"是役也。碧血横飞,浩气四塞,草木为之含悲,风云因而变色,全国久蛰之人心,乃大兴奋,怨愤所积,如怒涛排空,不可遏抑,不半载而武昌之大革命以成,则斯役之价值,直可惊天地,泣鬼神,与武昌革命之役并寿"。①

(五) 新民主主义革命家群体,铸就建国伟业

在近代湖南所有人才群体中,人数最多、成就最高、影响最大的还属以毛泽东为领袖的新民主主义革命家群体。五四运动前后,以新民学会为中心,形成了以毛泽东、蔡和森、李维汉、何叔衡、李立三、李富春、罗学瓒、蔡畅、邓中夏等为代表的第一批新民主主义革

---

① 孙中山:《孙中山文萃》,广州人民出版社,1996,第617页。

命志士。中国共产党成立以后,刘少奇、任弼时、萧劲光、罗亦农、夏明翰、郭亮等新民主主义革命志士登上了政治舞台。南昌起义前后,彭德怀、贺龙、罗荣桓、粟裕、黄克诚、徐特立、陶铸、黄公略、谭震林等新民主主义志士拿起武器,走上了由农村包围城市的革命道路。在以后的土地革命战争和抗日战争时期,湖南的新民主主义革命志士更是不断涌现。他们在毛泽东的领导之下,探索拯救民族之道、寻找富强中国之路,在中国近代史上留下了不朽的传奇。在毛泽东等人的影响下和带领下,湖南大批青年走上了革命道路,催生了一批无产阶级革命家,为中国共产党的创建发挥了巨大作用。此后,数不胜数的湘籍人士在毛泽东等人的带领下加入革命的洪流中,为新民主主义革命进行艰苦卓绝的斗争,贡献出自己的热血和生命。

以毛泽东为代表的湖湘人士为新民主主义革命运筹帷幄、浴血奋斗,写下了宏伟的历史篇章。在整个新民主主义革命时期,历届党中央的领导机关都离不开湖南志士的身影。1921年7月中国共产党召开第一次全国代表大会,出席会议的13名代表中,有毛泽东等4位湖南人;全国50多名党员中有近20名湖南人。1921年中共一大,3名中央局成员中,有李达当选。1922年中共二大,5名中央执行委员中,有蔡和森、邓中夏当选。1923年中共三大,5名中央局成员中,有蔡和森、毛泽东、罗章龙3人当选,9名中央执行委员中,湖南志士又占4人。1925年中共四大,5名中央局成员中,有蔡和森、彭述之当选,9名中央执行委员中,湖南志士又占3人。1927年中共五大,3名政治局常委中,蔡和森名列其中,8名政治局委员中,蔡和森、李维汉、李立三当选。1928年中共六大,5名政治局常委和3名候补常委中,蔡和森当选为常委、李立三当选为候补常委。遵义会议之后,中共中央逐步形成了以毛泽东为核心的成熟的中央领导集体,此后,更多的湖南革命家进入党中央的领导机构。1943年中央书记处

第二章 湘江流域的书院与湖湘文化的传播及人才群体的兴起

改组，3名书记处成员毛泽东、刘少奇、任弼时均为湖南人。1945年中共七大，五大书记中，就有毛泽东、刘少奇、任弼时3位；13名政治局委员中，就有5位湖南人；44名中央委员中，就有13名湖南人，占据总数的29.5%；33名中央候补委员中，也有10名湖南人，占据总数的30.3%。到1949年中华人民共和国成立，在第一届中央人民政府的63名领导人中，湖南人也有11人之多，即毛泽东、刘少奇、贺龙、李立三、林伯渠、彭德怀、罗荣桓、徐特立、蔡畅、李烛尘、程潜，占据总数的17.5%。这一串串生动鲜活的数字，展现的是湖南人对新民主主义革命的卓越贡献，湖南革命志士在新民主主义革命中发挥了重要作用。

此外，新民主主义革命时期的湖南文化名人也推动了近代中国文化的发展。近代湖南人才，满天星斗，群星璀璨，以黄兴为代表的辛亥革命志士群体对于近代中国已有振聋发聩之效，以毛泽东为核心的新民主主义革命志士群体更有开天辟地之功，除此之外，还有众多湖南文化名人在教育、文学、史学、艺术和科学等方面对近代中国产生巨大影响，计有长沙人杨昌济、徐特立、章士钊、田汉、周光召；湘潭人齐白石、萧三、曾昭抡等。近代湖南人才对近代中国社会演变产生了重要的影响，推动近代社会思想政治观念的转变，推动社会变革与革命，推动近代军事科技文化发展，推动近代文化教育改革。

近代以来，中国社会一个翻天覆地的大演变，是1949年中华人民共和国的成立。中国新民主主义革命的胜利和新中国的成立，标志着100多年来，占世界人口总数五分之一的人民摆脱了受西方强国欺凌的枷锁，结束了帝国主义、封建主义和官僚资本主义在中国的统治，走上了复兴民族的道路，开辟了崭新的历史篇章。在这一重大的历史转变过程中，无数湖湘子弟贡献了自己的智慧、生命和热血。新民主主义革命的胜利，彻底改变了近代中国社会的性质，扭转了中国的命运。来自湘江流域的老一辈无产阶级革命家对传播和发展马克思列宁主义，建设新民主主义政治、经济、文化等做出了不可磨灭的贡献，为新中国的成立及其后的社会主义建设事业奠定了坚实的基础。

第三章
湘江流域的水神信仰

在独特的山川河流环境和楚风巫俗的湘楚文化之中，湘江流域自古就形成了多姿多彩的水神信仰习俗。水是生命之源，滋润大地，尤其对于古老的农业文明，水是不可缺少的重要元素，对水神的信仰，首先源于对江河的感恩。水性虽为至柔，但一旦洪水泛滥，水的灾害又是极其致命的。历代湘江流域的居民出行饱受风浪之险，日常生产生活之中常遭洪水之灾，对水的敬畏之情深深地植根于他们的脑海当中，从而形成了一种根深蒂固的水神崇拜。

一 对神灵的敬畏：湘江流域水神的流传与类型

湘江流域的民众对水神的信仰讲究实用和多元化，水神的形成过程也比较复杂，而且类型多种多样。最早出现在湘江的水神是来自神话传说时代的湘水神，其次是为大众普遍接受的龙王信仰，接着登场的是出自唐代传奇故事中的柳毅，他成为洞庭湖神，其影响力逐渐辐射到湘江流域。之后屈原、伏波将军马援、杨泗将军，这些本是真实的历史人物，在巫风淫祀盛行的楚地，他们在独特的流域文化背景里转化为民间崇拜的水神，或者兼职了部分水神的功能。综观水神演化过程，可以清晰地探索湘江流域的水神经历了从神话传说类型向真实历史人物类型转化的历史脉络。

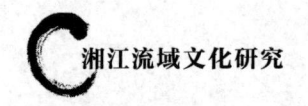

(一) 远古传说人物演化为水神：湘君、湘夫人

湘君、湘夫人是远古的传说人物，最初并非以水神形象走进历史的舞台，在每个时期的文献中，对湘君、湘夫人扮演的角色有不同的考证或诠释，她们成为湘江流域的水神有一个漫长的演化过程。

《山海经·中山经》最早记载湘君、湘夫人事迹："洞庭之山……帝之二女居之，是常游于江渊。澧沅之风，交潇湘之渊，是在九江之间，出入必以飘风暴雨。"① 郭璞云："天帝之二女而处江为神也。"② 汪绂云："帝之二女，谓尧之二女以妻舜者娥皇女英也。相传谓舜南巡狩，崩于苍梧，二妃奔赴哭之，陨于湘江，遂为湘水之神，屈原《九歌》所称湘君、湘夫人是也。"③ 郭璞认为《山海经》中"天帝之二女"应该是楚国本土的湘水水神，并非传说中的娥皇、女英。汪绂的观点与多数人的观点相同，认为"天帝之二女"即为尧的女儿娥皇、女英，沉于湘水，遂为湘水之神，"湘水神"为舜之二妃，这一传说自古以来就在湘江流域广为人知。

《楚辞》以绚丽的文学形式塑造了湘君、湘夫人的水神形象："令沅湘兮无波，使江水兮安流。"但并没有明确二人为舜之二妃，导致后世学者研究《楚辞》，对湘君、湘夫人的身份认同产生歧义，不过多数观点将二者与尧女、舜妻联系起来。

《史记》最早整合了之前的观点，既把湘君、湘夫人当作水神，又认为二人为尧的女儿、舜的妃子。秦始皇南巡，"浮江，至湘山祠。逢大风，几不得渡。上问博士云：'湘君何神？'博士对曰：'闻之，尧女，舜之妻，而葬此。'于是始皇大怒，使刑徒三千人皆伐湘山树，

---

① 袁珂：《山海经校注》，上海古籍出版社，1980，第176页。
② 袁珂：《山海经校注》，上海古籍出版社，1980，第176页。
③ 袁珂：《山海经校注》，上海古籍出版社，1980，第176页。

赭其山。"① 从秦始皇与博士的对答可知，秦时有关湘君、湘夫人为尧女、舜妃，且二妃死而为湘水之神的传说已经形成，并在洞庭湖、湘江流域得到广泛传播，是当时人们熟知的故事。

东汉刘向在《列女传》记载："舜陟方，死于苍梧，号曰重华。二妃死于江湘之间，俗谓之湘君。"② 刘向的解释来源于《史记》中秦始皇与博士的对话，后人亦从其说，以二妃为湘君，即湘水神。

东汉王逸以湘君为洞庭湖或湘江的水神，以湘夫人为帝尧之二女。王逸在《楚辞章句》卷二《九歌章句》"湘君"条注云："湘君所在，左沅、湘，右大江，包洞庭之波，方数百里，群鸟所集，鱼鳖所聚，土地肥饶，又有险阻，故神常安，不肯游荡，既设祭祀，使巫请呼之，尚复犹豫也。"③ 注释"帝子降兮北渚"句中的"帝子"为"尧二女娥皇、女英随舜不反，堕于湘水之渚，因为湘夫人"。④ 西晋张华《博物志·史补》沿袭此说："尧之二女，舜之二妃，曰湘夫人。舜崩，二妃啼，以涕挥竹，竹尽斑。"⑤ 可见，汉晋时人已多认为湘夫人是尧之二女，舜之二妃娥皇、女英。即以二妃为湘夫人，为湘水神。

唐代韩愈综合前人的研究成果，认为湘君是娥皇、湘夫人是女英，作《黄陵庙记》考证湘君、湘夫人的真实身份："秦博士对始皇帝云：'湘君者，尧之二女舜妃者也。'刘向、郑玄亦皆以二妃为湘君，而《离骚》《九歌》既有《湘君》，又有《湘夫人》者，王逸之解，以为湘君者自其水神，而谓湘夫人者乃二妃也，从舜南征三苗，不及，道死沅湘之间。《山海经》：'洞庭之山，帝之二女居之。'郭

---

① 司马迁：《史记》卷六《秦始皇本纪》，中华书局，1963，第248页。
② 刘向：《古列女传》卷一，中华书局，1985，第2页。
③ 王逸：《楚辞章句》，上海古籍出版社，2017，第47页。
④ 王逸：《楚辞章句》，上海古籍出版社，2017，第50页。
⑤ 张华撰《博物志校证》，范宁校证，中华书局，2014，第93页。

璞疑二女者,帝舜之后,不当降小君为夫人,因以二女为天帝之女。以予考之,璞与王逸俱失矣。尧之长女娥皇,舜之后,故曰'君';其二女女英,自宜降曰'夫人'也。故《九歌》辞谓娥皇为君,谓女英为帝子,各以其盛者推言之也。"① 韩愈明确了湘君、湘夫人与娥皇、女英二妃的一一对应关系,并且运用现行的嫡庶等级制度来解释这种关系的合理性。韩愈的观点得到后世注释楚辞的学者的普遍认同,宋代洪兴祖《楚辞补注》、朱熹《楚辞集注》,明代陈策《屈宋古音义》,清代戴震《屈原赋注》均持此说。不过仍有学者提出疑问,明清之际的王船山在《楚辞通释》中说:"盖湘君者,湘水之神,而夫人其配也。"② 不局限于舜与二妃的传说,认为王逸对"湘君、湘夫人"的注解始于"秦博士对始皇之妄说",湘君为湘水之神,湘夫人是其配偶,是湘江流域的土著神,该说法其实是重新认可了郭璞的观点。但是湘君、湘夫人为娥皇、女英的观念早已在湘江流域流传甚久、根深蒂固,人们普遍认为湘君、湘夫人即尧之二女、舜之二妃。她们沉于湘江之后,遂成为湘水神。

(二)传奇故事人物演化为水神:柳毅

柳毅是唐代传奇《柳毅传》中虚拟的人物。柳毅传书的故事,在民间广泛流传,其中的故事情节主要以柳毅与龙女的姻缘为线索展开。该爱情故事情节跌宕起伏,充满了魔幻的想象,引人入胜,成为一个经典的传奇。本节所要重点考索的是柳毅如何从一个志怪小说中的人物蜕变为一个受凡人顶礼膜拜的民间神灵,这要从该故事的源流、民间传说与习俗以及故事发生的地理环境与历史背景等方面

---

① 《〈光绪湖南通志〉点校》(第二卷),湖南省地方志编纂委员会点校,湖南人民出版社,2017,第 1811 页。
② 王夫之:《楚辞通释》,上海古籍出版社,2018,第 48 页。

第三章 湘江流域的水神信仰

展开。

《柳毅传》原名《洞庭灵姻传》，故事主题为龙女报恩，此母题是随佛经传入中国的。印度与中国一样有对龙的信仰崇拜，龙梵文音译为那伽，龙的首领为龙王，龙王的女儿即龙女，也被称作"那伽女"。汉译佛经的龙女报恩故事，最早一篇见于东晋跋陀罗、法显合译的《摩诃僧祇律》。季羡林在论述唐代传奇文的来源时，认为受到印度的影响随处可见，"其中最突出的就是龙王和龙女的故事"。[1]《柳毅传》是中国龙女报恩故事成熟的标志，"它已完全脱离佛教，而发展成一个中国类型的神异故事"。[2]

龙是掌管水域的神灵，柳毅传书接触的洞庭湖君即为龙神，如武夫向柳毅介绍洞庭君："吾君，龙也。龙以水为神，举一滴可包陵谷。"[3] 柳毅本是落第儒士，在与龙女的相遇到婚恋，最后居住洞庭湖龙宫的过程中，柳毅已经从一个凡夫俗子变身为洞庭王爷，具有了神灵的属性。柳毅作为洞庭湖水神主要源自《柳毅传》这篇志怪小说，这只是故事的开始，一个虚拟的形象还不足以让湖区乃至整个湘江流域的民众奉他为守护一方的水神。后世人们在《柳毅传》的基础上又展开丰富的想象，以艺术的手法继续演绎柳毅的传说，这类情节曲折、离奇、浪漫的传说迅速在民间被神乎其神地传播开来：柳毅与龙女结婚生子后定居龙宫，龙君担心柳毅这个白面书生镇不住水妖鬼怪，便命钱塘君做了个怪面具，让柳毅白天戴着巡察湖岸，晚上脱下面具再回家。一次，柳毅巡湖忙到深夜，回家时忘记取下怪面具，后来再也取不下来了。这样柳毅由白面书生变成了黑脸大王。柳毅在洞庭湖畔做了很多好事，人们为了纪念他，在君山修建洞庭庙。凡过往

---

[1] 季羡林：《比较文学与民间文学》，北京大学出版社，1991，第106页。
[2] 白化文：《龙女报恩故事的来龙去脉》，《文学遗产》1992年第3期。
[3] 李朝威：《柳毅传》，载鲁迅编《唐宋传奇集》，岳麓书社，2019，第23页。

洞庭湖的人都要进庙烧香,祈求平安。

柳毅变成黑脸大王的故事内容并不记载于《柳毅传》,显然是后世的文学作品或民间故事演绎附会而成。正如顾颉刚所言:"时代愈后,传说中的中心人物愈放愈大。"① 我们从《聊斋志异》之"织成"篇中找到了该故事的文本来源:"相传唐柳毅遇龙女,洞庭君以为婿。后逊位于毅。又以毅貌文,不能慑服水怪,付以鬼面,昼戴夜除;久之渐习忘除,遂与面合而为一。毅揽镜自惭。故行人泛湖,或以手指物,则疑为指己也;以手覆额,则疑其窥己也;风波辄起,舟多覆。故初登舟,舟人必以此告诫之。不则设牲牢祭享,乃得渡。"② 清代东轩主人增补的《述异记》卷上"洞庭神君"条亦云:"洞庭君,相传为柳毅。其神立像,赤面,獠牙,朱发,狞如夜叉,以一手遮额覆目而视,一手指湖旁,从神亦然。舟往来者必致祭,舟中之人不敢一字妄语,尤不可以手指物及遮额,不意犯之,则有风涛之险。"③

通过小说的叙述、民间故事的流传,以迎合民众的观念和信仰心理,柳毅被人们塑造成一位神通广大的水神形象,这个形象当然不能是偶遇龙女之前的白面书生,而应该是能够镇压一切水中妖魔鬼怪、让人不敢直视的黑脸威武的洞庭王爷。至今,在君山上还有相传为柳毅去龙宫传书入水的古井,名柳毅井;君山秋月岭山麓建有洞庭王爷庙,庙为二进庭院式,青瓦红墙,雕龙画凤,气象宏大。正殿内坐洞庭王爷(柳毅)塑像,为一手加额、一手托明珠的黑脸大王形象。洞庭湖一带船家中流传着"大难不离洞庭王爷,小难不离杨泗将军"的俗语,柳毅成为洞庭湖最大的水神,其影响力辐射到湘江流域的中下游地区。

---

① 顾颉刚:《古史辨自序》(上),商务印书馆,2017,第 2 页。
② 蒲松龄:《聊斋志异》,汪江点校,民族出版社,2004,第 580 页。
③ 转引自向柏松《中国水崇拜》,上海三联书店,1999,第 61~62 页。

(三) 普通大众型专职水神：龙王

湖南信仰龙王文化的出现晚于北方，到了商代的"双鸟钮"铜鼓中，龙才以配角的形式在湖南地区出现。秦汉以后，龙成为最高统治者的象征，庄严威武，充满着超人的神秘力量。湘江流域与洞庭湖区为湖南境内面积最大的水域，人们的生产、生活以及社会习俗的形成与江水密不可分。

湘江流域雨量充沛，历史上洪涝灾害频发，沿岸山区或丘陵地区亦时常遭受干旱，因此湘江流域民间逐渐形成了广泛的崇拜龙王的习俗。每年的正月十五以前几天，湘江流域各地都有丰富多彩的龙灯节目，湘北地区叫"玩龙""耍龙"，湘中一带叫"玩龙灯花鼓"。[①] 农历五月初五，自湘江上游至下游地区普遍流行过端午节，端午节最初是祭祀龙神的节日，各地都保留赛龙舟的习俗。

民间信仰的龙神，既有神圣的一面，同时又具有人格化的特征，显然，神即为人的观念的产物。就性别区分而言，龙王属于男性，龙母、龙女属于女性。湘江上游的永州府营道县在唐代建有龙母庙，"灵济夫人庙，旧曰'龙母'庙，去县四十五里，在穿岩之西。旧志云：'李唐时，岁大旱，黄冠李惟静祷于岩，有老妪应祈而出，旋致雷电云雨之异，因号龙母。'宋朝崇宁初元（1102年），太守柳公平告旱于庙，膏雨随车，遂奏立额。二年，赐庙曰'灵济'。绍兴封'顺应'，又加'显祐'。开禧加'昭惠'"。[②]

此外，在湘江流域信仰龙王的习俗中，各地区还存在不同的特色。在湘江中游的湘潭地区，流行一种特殊的龙王信仰。这种龙王信

[①] 湖南省地方志编纂委员会编《湖南省志》第二十六卷《民俗志》，五洲传播出版社，2005，第694页。

[②] 赖中霖编著《洪武永州府志注释》，湖南人民出版社，2013，第228页。

仰与宗族的家神信仰以及宗族建构融为一体,其发展变化的背后具有深刻的地域社会文化渊源。明清以来,湘潭阳塘周边村落的居民以周姓为主,当地流传着龙王信仰和祭祀老龙神案的习俗。湘江沿岸向家塘到联合钵子窑,北边到了板塘铺,南边到湘江,属于阳塘周氏生活生产范围。据周氏族人回忆,龙王又称遛子老爷,关于其由来有两种传说,一种称龙王是周姓从江西带来的菩萨,另一种称龙王是从大水里面来的老龙神。可见,在周氏族人的历史记忆中,龙王信仰除了与水有关外,还与明初周氏先祖自江西迁居湘潭有关。这种说法在周氏族谱中得到证实。《阳塘周氏八修族谱》明确地称老龙神案"我族祖遗神案也"。阳塘老龙神案在光绪年间建庙奉祀之前由周氏族人家户"轮流供奉",每年新春出案,"众姓欢迎,祈祷者不一而足"。老龙神案由周氏从江西带来,之后成为阳塘周氏奉祀的神明,这种说法应该在清代以前就已流传,轮流供奉的老龙神案很可能是周氏初迁阳塘至建立祠堂制度之间的一段时期,用以联系宗族成员的主要方式,成为周氏宗族早期宗族建构的文化符号。老龙信仰亦在文献传统中依附上祖先崇拜的叙述框架,成为地域社会中合法的神明信仰形式。①

从湘江上游至下游沿岸,均匀且广泛地分布了龙王庙,可见龙王信仰在湘江流域是非常普遍的。

(四)真实的历史人物演化为水神:屈原、伏波将军马援、杨泗将军

在湘江流域的水神体系中,有一类比较典型的水神,由真实的历史人物演化而来,具有独特而又显著的区域特色。一是他们原为历史上存在的真实的著名人物,其历史事迹在该流域范围内产生了深远的影响。二是他们的死亡与水存在密切的联系,或者殁于水中,或者病

---

① 陈瑶:《"各族皆有家神"——以湘潭阳塘龙王信仰与周氏宗族建构为中心》,《安徽史学》2016年第1期。

死江边，他们转化为水神体现了浓厚的流域文化特征。这类水神以屈原、伏波将军马援、杨泗将军为典型代表。

1. 屈原：从三闾大夫到水中仙

屈原本是对湖湘文化影响深远的历史人物，因其被流放湖湘，行吟于沅湘之间，悲愤于楚国的灭亡，遂投汨罗江以身殉国。农历五月初五端午节这天，湘江沿岸都会主办赛龙舟的习俗，以纪念屈原。信奉鬼神的楚国百姓在水边建立祠庙，把屈原当作水神来祭祀。

历来研究屈原水神身份的成果并不多见，文献典籍中零星记载了屈原作为水神被民众崇祀的习俗，最早见于晋代王嘉《拾遗记》卷十的记载：屈原"被王逼逐，乃赴清泠之水。楚人思慕，谓之水仙。其神游于天河，精灵时降湘浦。楚人为之立祠，汉末犹在"。[1]《拾遗记》成书于魏晋时期，东汉末年屈原祠就已经存在，自东汉末年开始，人们的观念里已将屈原神灵化，把他当作水神立祠祭祀，屈原以忠臣的形象转化为水神身份。后梁肖振撰《楚三闾大夫昭灵侯庙记》文曰："灵官与鬼将争趋，海若共波神并侍。阴风冥起，应昭泽国之灵；落月春深，但哭巴山之鸟。"[2] 文中的海若即为传说中的海神[3]；波神即为川后[4]，传说中的河神。在庙记文中屈原与海神、河神一起被侍奉，又被称为"泽国之灵"，明显与水神同类。湘江流域人们的日常生活和河流有着密切的关系，与外界的交往主要靠水路。屈原因为投水而死，崇拜鬼神、喜好祭祀的楚人在纪念屈原时，就把他神灵化，显然屈原已被楚人当作水神进行祭祀。

《纂异记·蒋琛》叙述了一场水神在太湖相聚的盛会，其中湘王（即湘水神）出场时说："适辄与汨罗屈副使俱来。"这里明确了屈原

---

[1] 王嘉：《拾遗记》，中华书局，1991，第204~205页。
[2] 刘石林：《汨罗江畔屈子祠》，湖南人民出版社，2003，第127页。
[3] 海神，"即海若是也"。参见《三教源流搜神大全》卷七《海神》，宣统元年刻本。
[4] 波神，"谓川后"。参见《三教源流搜神大全》卷七《波神》，宣统元年刻本。

是汨罗江的水神身份，担任湘水神的副使，并描述了屈原失意的形象，"乃有服饰与容貌惨悴者，伛偻而进"。接着记述屈原与范相的对话，"范相笑谓屈原曰：'被放逐之臣，负波涛之困，谗痕谤迹，骨销未灭，何惨面目，便猎其杯盘？'屈原曰：'湘岸之孤魂，鱼腹之余肉，焉敢将喉舌酬对相国乎？……'于是湘神动色，命酒罚范君"。①这场水神的盛会虽是文学作品的虚构情节，但是在人们的观念和日常生活中，乃至在神圣的祭祀活动中，屈原作为水神在世俗社会中产生的影响越来越大了。

在许多江边的水神庙中，同时供奉屈原神位。康熙《湖广通志》卷七十八："江渎观在江陵县城，又有宫在沙津，宋嘉定中建，内祀屈原。"又清代黄叔敬《台海使槎录·祠庙》记载："水仙宫并祀禹王、伍员、屈原。"②江渎观、水仙宫都是专门祭祀水神的场所，将屈原神位摆设其中，说明屈原已经具有了水神的身份。湘阴杨际晓《竞渡谣》诗中有"罗州人吊水中仙，往古遗风今尚传。踏青斗草俱不事，年年端午竞龙船"③之句，"水中仙"即为水神。清代郁永河《裨海纪游》指出："水仙王者，洋中之神，莫详姓氏，或曰：'帝禹、伍相、三闾大夫，又逸其二。帝禹平成水土，功在万世；伍相浮鸱夷；屈子怀石自沉，宜为水神，灵爽不泯。'划水仙者，洋中危急不得近岸之所为也。"④屈原因怀石自沉而被奉为水神。诗人余光中在传统端午节作《汨罗江神》祭祀屈原："你已成江神，不再是水鬼。"⑤这些古今文献史料都可以说明屈原为水神的神格，已经深入人

---

① 李玫：《纂异记》，上海古籍出版社，1991，第15页。
② 黄叔敬：《台海使槎录》（一），台湾艺文印书馆，1966，第41页。
③ 杨罗生：《历代龙舟竞渡文学作品评注》，中国文联出版社，2003，第261页。
④ 郁永河：《裨海纪游》，载黄哲永、吴福助主编《全台文》（51），文听阁图书有限公司，2007，第86页。
⑤ 余光中：《藕神》，金城出版社，2017，第143页。

心。屈原成为水神在民间社会产生的影响力，已经远远超出湘江流域的范围，得到广大华人世界的认同和祭拜。

2. 马援：从伏波将军到护波安澜之神

马援，字文渊，扶风茂陵（今陕西省兴平市）人。马援一生东征西讨，军功卓著。西破陇羌，南征交趾，北击乌桓，累迁伏波将军，世称"马伏波"。建武二十四年（48年），马援率军征伐五溪蛮，沿沅江进军壶头山，"贼乘高守隘，水疾，船不得上。会暑甚，士卒多疫死"，①马援亦不幸染病身亡。在马援文治武功的生涯中，他的一句励志名言流传千古："男儿要当死于边野，以马革裹尸还葬耳。"② 马援以实际行动实现了自己的夙愿，结果却遭奸臣诬告陷害，被剥夺侯位。悲剧英雄的结局常常激起善良民众的同情，马援史诗般的英雄形象受到世人的崇拜，在沅水流域以及其他马援征战的故地，普遍建有纪念马援的伏波祠庙。

最初，人们祭祀马援，是为了表彰他的丰功伟绩与护国爱民的忠义精神，然而伏波庙的祭祀主题随着时代的变迁而发生变化。明清时期，沅水流域民间主要将马援当作安波护航的水神予以祭祀，伏波庙成为水神性质的祠庙，马援以原先的忠义偶像演化为地方水神。明代薛瑄在《新息侯庙记》中歌颂马援："维公忠精，厥德不爽，疫疠旱涝，应求如响。"③ 显然，伏波将军马援成为庇护一方的神灵，当地人行船经过伏波庙，必前往祭祀祈福，而且有求必应，十分灵验。清人唐效尧《清浪滩》诗云："伏波有高祠，门前两黄蘘。舟子匍拜诚，割鸡进双烛。忠节人岂知，坐飨亦因俗。遥望壶头山，莽莽云断续。

---

① 范晔：《后汉书》卷二十四《马援列传》，中华书局，1973，第843页。
② 范晔：《后汉书》卷二十四《马援列传》，中华书局，1973，第841页。
③ 《〈光绪湖南通志〉点校》（第二卷），湖南省地方志编纂委员会点校，湖南人民出版社，2017，第1888页。

须臾北风驶，百丈免蔺足。踊跃舟子欢，明神祝所欲。"① 伏波将军成为水神，与当地民间的风俗信仰和民众日常生活的心理需求密切相关，生活在沅水两岸的人们大多靠水为生，出行有舟楫之便，经商的主要靠水运贩卖木材、桐油等大宗商品，但是沅水滩高凶险，舟船时有倾覆的危险，祈求神灵保佑水路出行平安、消弭灾难成为人们共同的愿望。久而久之，伏波将军马援就成为沅水流域的水神，甚至本地商人的会所也称为伏波宫，以求伏波将军保佑出航平安。

伏波将军马援演变为水神的发生地在沅江流域。自汉唐时期沅江岸边建立伏波祠庙以纪念马援，至明清时期祭祀的主题发生变化，伏波庙转化为水神性质的祠庙。沅水、湘江自古并称为"沅湘"，两大水系相通，两大流域之间经济文化交流密切，沅水流域的水神也逐渐移植到湘江流域，于是伏波将军马援成为沅湘之间民众共同信奉的水神。

3. 杨泗将军：从起义领袖到水神

关于杨泗将军，首先他应该是一位真实的历史人物，由于后世赋予他牵强附会的因素太多，加上各种民间故事的流传和演绎，从黄河流域到长江流域，普遍存在杨泗将军的信仰习俗，而在洞庭湖区和湘江流域，杨泗将军即被认为是湖区农民起义领袖杨幺。杨幺如何成为杨泗将军，如何成为庇护洞庭湖区及湘江流域的水神？需要考证"实""虚"的相关史料，亦即结合"作为历史事件的杨幺起义"与"民间流行并神化的杨幺故事"两个方面来探索杨幺成为水神的演变过程。

南宋初年，洞庭湖区连年水灾，官府横征暴敛，再加上流寇劫匪趁火打劫，湖区穷苦百姓苦不堪言，终于爆发了以钟相、杨幺为首的

---

① 席绍葆、谢鸣谦：乾隆《辰州府志》（二），岳麓书社，2010，第763页。

农民起义。起义军提出了"等贵贱,均贫富"的战斗口号,并建立了"大楚"政权。后来钟相在战争中牺牲,杨幺立钟相幼子钟义为"太子",自称"大圣天王"。杨幺起义,从南宋建炎三年(1129 年)到绍兴五年(1135 年),坚持七年之久,起义军势力鼎盛时"北达公安,西及鼎、澧,东至岳阳,南抵长沙之界"①,洞庭湖区及湘江流域大部分地区被杨幺军队控制。

关于杨幺起义的最后结局,《宋史》记载极其简单:"幺投水,牛皋擒斩之。"②但是有关杨幺的传奇并没有因为他起义失败壮烈牺牲而结束。杨幺的故事在他死后反而愈演愈烈地在民间传播开来,湖区的民众对他顶礼膜拜,敬他为水神。杨幺从出生开始至成年期间相关重大活动的传奇事迹,以及他的结局,都与水存在密切关联。而且杨幺的故事在民间流传过程中,不断累积各种神秘因素,一个农民起义失败的领袖就这样被塑造成拥有超自然力量的神灵。在湘江流域的长沙地区,至今流传杨泗斩孽龙的传说。③由于杨泗将军打败孽龙,为民造福,长沙民众就为他建庙塑像。在沿江一带,杨泗将军塑像金盔销甲,手握"定海神珠",威风凛凛,很得船民们拥戴。湖南湘江边有一块杨三石,传说就是杨泗斩杀孽龙的地方。

有关杨幺传说中的各种预兆、天书、真龙、风水等奇幻因素更加吸引人们的关注,经过长年累月的口耳相传,一个真实的历史人物在民间逐渐被神话化,同时也反映了百姓对杨幺的缅怀和崇敬之情。湖区民众在水边建立水神庙奉祀杨幺,按照杨幺在首领中排行第四,加上他因叛徒出卖投湖未死遂被视为水神,为了避免朝廷的查禁和迫害,当地百姓将其祠庙命名为"杨泗庙"。"杨泗庙"遍及洞庭湖滨

---

① 李心传编撰《建炎以来系年要录》卷七十三,胡坤点校,中华书局,2013,第 1395 页。
② 脱脱:《宋史》卷 365《岳飞传》,中华书局,1977,第 11384 页。
③ 关于杨泗将军斩孽龙的传说,最早起源于长沙,至今还在长沙一带广泛流传。参见黄芝岗《中国的水神》,三联书店,2013。

各县,并上溯至湘江流域,许多临水的地方,都修有杨泗庙,湘潭涟水边的杨泗庙,还由庙而形成了一个集镇。[1]

二 湘江流域水神祠庙的地理分布与历史变迁

水神形象形成于人们的观念之中,水神祠庙同样是劳动人民殷勤建造的产物。作为人们崇拜和信仰水神的物质载体,水神祠庙与普通建筑一样存在于世俗社会之中,是神圣空间在世俗社会的延伸。湘江流域存在为数众多颇具地方特色的水神祠庙,它们大多位于河岸、井旁、泉边、湖畔等处,有的位于府州县治所附近,甚至在村头山野,也常见水神祠庙的遗迹。已有学者依据丰富的明清湖南地方志书,对湘江流域的水神祠庙作了细致且卓有成效的统计。[2] 本书在光绪《湖南通志》相关记载史料的基础上,对湘江流域水神祠庙进行分类梳理介绍,从而展现湘江流域历代水神祠庙的沿革与地理分布概况(见表3-1)。

表3-1 湘江流域水神祠庙分布情况

地域分布	龙王庙	洞庭湖神庙	湘水神祠庙	屈原祠庙	伏波庙
长沙府					
长沙县	龙王庙在县东南乡榔梨对河潭阳洲后,唐同光中建。今称战白龙王				
善化县	龙王庙在湘滨,宋建,后废。青龙庙在县南湖港	水府庙在小西门外		屈子祠在县西岳麓书院左	

---

[1] 李琳:《洞庭湖水神信仰研究》,华中师范大学博士学位论文,2012,第44页。
[2] 王元林、李娟:《历史上湖南湘江流域水神信仰初探》,《求索》2009年第1期。

第三章 湘江流域的水神信仰

续表

地域分布	龙王庙	洞庭湖神庙	湘水神祠庙	屈原祠庙	伏波庙
湘阴县		洞庭神庙一在磊石山,汉建,唐天祐二年封昭灵侯。晋天福二年封威显公。另一在县西门,唐太和三年建,国朝康熙、乾隆、嘉庆中重修	黄陵庙在县北四十里。庙在县北,祀虞舜二妃。大湖水西流径二妃庙南,世谓之黄陵庙,言大舜之陟方也,二妃从征,溺于湘江,故民为立祠于水侧焉。荆州牧刘表刊石立碑,树之于庙。唐天祐二年封懿节庙。晋天福二年封昭烈庙。庙常以六月十四日祭,至今因之	屈子行祠在县城内	伏波庙在县西笙竹驿东,祀汉马援
浏阳县	龙王宫在南市街	洞庭庙在南城外。乾隆二十四年,知县张宏燧以浏人运漕至岳州苦湖险,乃立庙以祀湖神。水府庙在南市街			马伏波庙在黄基塘,祀汉马援
醴陵县		水神庙在县南渌江桥左			马伏波祠在县西九十里昭灵滩,祀汉马援
湘潭县	龙王庙在九总正街	水府庙在十四总河街			
宁乡县	龙王庙在东门外				
湘乡县	龙王庙在云门寺左				
攸县	龙神庙在西城外	水府庙在西郊外			

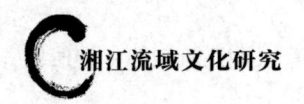

续表

地域分布	龙王庙	洞庭湖神庙	湘水神祠庙	屈原祠庙	伏波庙
茶陵州	龙王庙在关庙左				
衡州府	龙神祠在府城南回雁峰前,乾隆四十年,知府王德建				
衡阳县	龙神庙在南门外雁峰右冈			屈左徒祠在县西,祀楚屈原,一名娑罗庙	
清泉县		水神庙在阅江门内			
衡山县					
安仁县	龙王祠在县西门外				
耒阳县					
常宁县	龙神庙在南城外	水神庙在西城外			
酃县	龙王庙在县东五里回龙山。山谷有水,四时不涸,云气常覆其上。相传有神物潜此。雍正十年,知县张浚因祷雨有应,建祠祀焉				
永州府	龙王庙在府南门内				
零陵县			潇湘庙在县潇湘门内,祀潇湘二川之神		
祁阳县	龙王庙在县东南江岸		潇湘庙在县东门内,祀帝舜及湘君、湘夫人		
东安县					

第三章 湘江流域的水神信仰

续表

地域分布	龙王庙	洞庭湖神庙	湘水神祠庙	屈原祠庙	伏波庙
道州	崇应庙在州西北五里五龙山下，唐阳城出守道州，至襄阳，有五老人来迓，自云春陵人。城劳之，问其所居，曰城西北五里，至则访焉，惟有五龙，井帛犹存，因为立庙。宋大观四年，赐额曰"崇应"。政和中，封侯	水府庙在大家滩			
宁远县	龙王庙在县西门内		湘妃祠在九疑		
永明县	龙母庙在县东一里				
江华县	龙神庙在武庙、王公庙左				
新田县					
岳州府	龙王庙在府东二十里				
巴陵县		"洞庭庙在鹿角镇，旧在县南金沙洲上。寻圮，土人因迁建今所。洞庭湖神过客祈祷必验，分风送船。巴陵鹿角西岸有沙聚，起十余丈，名曰龙堆，即洞庭庙也。""青草湖神，唐天祐二年封安流侯。晋天福二年封广利公。""水府庙在县南龙回嘴。"	湘妃庙在县西南君山，祀尧二女，楚辞《湘夫人》"帝子降兮北渚"王逸注，言尧二女娥皇、女英随帝不返，堕于湘水之渚，因为湘夫人	屈左徒庙在县南六十里新墙市，祀楚屈原	

105

续表

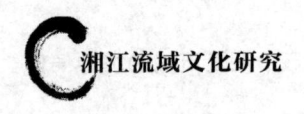

地域分布	龙王庙	洞庭湖神庙	湘水神祠庙	屈原祠庙	伏波庙
平江县		水府庙在县南门，祀洞庭湖神		屈子祠在天岳书院左，旧名三闾庙，在县南，明正德间建，祀楚屈原，久圮。同治八年，创建今所	
临湘县		水府庙在县西，祀洞庭湖神			

资料来源：据光绪《湖南通志》整理。

　　从表3-1中可知，湘江流域普遍存在龙王信仰的习俗，龙王庙在湘江沿岸的分布亦比较均匀。龙王作为一般专职的水神，湘江沿岸各大城市几乎都建立龙王庙，有的名龙王宫，有的名龙神祠或龙神庙，母性龙神的祠庙则称为龙母庙。湘江流域出现的龙王信仰虽然在时间上较北方地区为晚，但至少在宋代，湘江沿岸已经修建了龙王庙。龙王信仰与江水联系在一起，有水就有龙，有龙必有水，龙即为专职水神，所谓"水不在深，有龙则灵"。在湘江流域广大民众的心目中，龙王具有超自然的神通，能够兴云布雨，干旱时祈龙降雨，洪涝时祈龙止雨，风调雨顺对于农业生产是极其重要的；江河上行船亦要祈福龙神风平浪静，保佑平安归来。

　　洞庭湖区的水神信仰已经深入人心，并辐射至整个湘江流域，洞庭湖区历史上有许多洞庭神庙。洞庭湖神具有鲜明的地域特色，就其性质而言，洞庭湖神仍属于龙神一族。湘江为汇入洞庭湖的正流，湖区的水神信仰亦逐渐扩展到整个湘江流域，尤其是在湘江中下游两岸，建立有许多水神庙，其祭祀对象正是以柳毅为原型的洞庭湖神。人们把柳毅塑造成为司职巡察洞庭湖的水神形象，广为立庙祭祀，以

第三章　湘江流域的水神信仰

保佑湖区至湘江流域航行平安。

湘水神是湘江流域最古老的本土水神，在屈原《楚辞》中以湘君、湘夫人的形象出现，汉唐以来，主流观点认为湘君、湘夫人即为传说中的舜的二妃，并在湘江的上游和邻近洞庭湖区的下游建立祭祀湘妃的祠庙。因为年代久远，以及扑朔迷离的故事情节，无论是传世文献的记载，还是历代学者的研究，对湘水神的身份认定确实难以达成共识。湘水神的形成，本来就是一个历经漫长岁月积累而成的文化现象，各种虚虚实实的因素附会在一起，因此各种异议层出不穷。事实上，远古时代水神的产生源于人类对自然界的敬畏。湘江是湖南的母亲河，世世代代生活在这里的百姓依赖湘江的滋润和养育，祈求风调雨顺、水上出行平安归来，面对滔滔江水，人类的力量毕竟是渺小的，无法按照自己的意愿控制客观的自然环境，只能虚构一类拥有超自然能力的水神，冥冥之中寻求神灵的护佑。湘君、湘夫人实为生活在湘江流域楚人心目中的土著水神，而将传说中的舜之二妃依附于湘水神，各种有利因素的机缘巧合与整合，实在能够满足楚人对水神的一切幻想和美好期望。

真实的历史人物演变为水神，这种现象在社会风俗形成过程中并不罕见。不过，湘江流域将屈原作为水神崇拜是一个特殊的现象，官方祭祀屈原与民间崇拜屈原在观念上是彼此对立的，但并不冲突。官方出资建立屈子祠是为了表彰屈原忠贞爱国的精神及其在文学上取得的伟大成就，长沙的屈子祠建立在岳麓书院与府学旁边，平江的屈子祠建立在天岳书院旁边，并没有刻意地选址江边，官方或者士大夫阶层并没有视屈原为水神。而广大普通民众拜祭屈原则是祈求保佑自身平安，拜祭者多为江上渔民、经常水上乘船出行的商人或旅客。于是在民间宗教和长期形成的习俗之中，屈原"兼职"了水神的功能，屈子祠也就附加具有水神庙的性质。

在湘江流域众多的水神之中，伏波将军马援成为湘江流域的水神受到大众普遍崇拜，是一个有趣的社会现象。伏波将军主要是从沅江流域流传过来的水神，但湘江流域亦有马援的踪迹。据《大清一统志》记载：在湘江上游的桂阳州临武县伏波祠在县四十里马侯岭，祀汉马援，以援征南时曾经其地故也。在郴州地区，"马伏波庙，在兴宁县泷头，祀马援"。① 据嘉靖《衡州府志》记载，马援在南征交趾时曾经过衡阳，故在湘江流域的蒸水边建有伏波庙，"伏波将军祠，在蒸水北。按《后汉书》，马援为伏波将军。南讨交趾，道出衡阳，故立祠祀之"。② 马援演化为水神的原因主要有三，一是因为马援病死于沅水边上，在巫风淫祀盛行的楚地，死于水中或水边的名人，习惯上被视为水神予以崇拜，如湘妃、屈原被视为湘水神。二是马援被封为伏波将军，这本是一个将军封号，民间人士望文生义，认为"伏波"即降服水波之意义，拥有水神的超自然能力。三是沅江流域人们乘船出行之前，有前往伏波庙祭祀祈福的传统，长期以来就形成普遍信仰伏波将军的社会习俗，伏波将军作为水神在沅湘之间的影响越来越广泛。沅水与湘水在下游汇合流入洞庭湖，自古并称为"沅湘"，两大流域之间水上贸易往来频繁，在沅江流域普遍信仰的伏波将军，也就自然而然地传播到湘江流域，成为沅、湘二水共同的水神。因此在湘江中下游的岳阳、衡阳、长沙地区建立伏波庙，视伏波将军为水神予以崇拜早已是司空见惯的社会现象。

信仰杨泗将军的习俗主要流行于洞庭湖区和湘江下游地区，在湖区和湘江下游尤其是长沙一带，应该存在杨泗庙的，光绪《善化县志》记载，"杨泗将军庙，县东六十里平荡山，众姓新建"；还有将

---

① 穆彰阿、潘锡恩等纂修《大清一统志》（8），上海古籍出版社，2008，第776页。
② 杨珮修、刘齮纂《嘉靖衡州府志》（二），陈有期校注，云南人民出版社，2010，第304页。

军庙，内祀杨泗将军，"至今香烟辐辏，蝗旱螟灾祈祷，辄应祀"。①但在光绪《湖南通志》中并没有杨泗庙的记载，主要原因在于湘江流域信奉的杨泗将军的原型是洞庭湖区农民起义领袖杨幺，官方主持编纂的光绪《湖南通志》可能因为忌讳而不愿记录杨泗庙。作为水神的杨泗信仰只存在于洞庭湖区和湘江中下游地区的民间社会，并没有得到官方的肯定和认可。而且湘江沿岸的杨泗庙为民间集资修建，规模小且年久失修，大部分早已坍圮，不足以录入光绪《湖南通志》之中。

此外，湘江又属于长江水系，长江的江神自然影响到湘江流域，位于湘江中的橘子洲上的江神庙，"它成为神俗两界重要的连接点，在长沙社会中扮演了重要角色。同时，江神庙也是长沙城西与橘子洲这片以湘江水神信仰为主的神圣空间中的一环，是当时长沙部分民众的精神信仰的寄托所在"。② 随着对外商业贸易的频繁，外来商人亦在湘江码头附近建立他们自己的水神庙，外来水神也就"落户"湘江两岸，譬如衡阳、长沙就有福建、江西客商建造的祭祀海神天妃的天后宫。"为数不多的天后宫为明清时期福建、江西会馆建造，分布也与福建、江西客商的活动区域关联。"③ 因此，在水神信仰习俗的背后，还反映了各地区之间通过湘江水运进行商业贸易和文化交流活动的悠久历史，促进了湘江流域文化的多样性发展。

三 祭祀：官方与民间对水神的共同信仰及其社会效应

官与民是两个不同的阶层，长期以来官与民形成一种治理与被治

---

① 吴兆熙、张先抡等修纂：光绪《善化县志》卷三十《祠庙》，岳麓书社，2010，第582~583页。
② 庞毅：《长沙江神庙的历史地理考察——兼及湘江流域水神信仰》，《天中学刊》2012年第6期。
③ 王元林、李娟：《历史上湖南湘江流域水神信仰初探》，《求索》2009年第1期。

理的对立关系，但在神灵面前，官与民似乎更容易沟通与合作，甚至双方又回到了平等的地位。以神灵为媒介，无形中拉近了官与民之间的距离。在湘江流域，无论是官方管理职能的发挥，还是民众日常生活，都与水发生密切的联系，水神在民众的信仰体系中无疑扮演了重要的角色，水神的地位也随之上升。官与民遵循约定俗成的程序，举行系列隆重祭祀水神的仪式。官方与民间积极互动，形成共同的水神信仰习俗，满足人们日常生活中的精神需求，产生了良好的社会效应。

（一）官方与民间的互动

水神崇拜是湘江流域民间宗教活动中的重要内容，官方通过建立各类水神庙、赐予封号、举行祭祀等系列具有导向作用的行为，在很大程度上促进了社会民众对水神的信仰。尤其是官方组织的祭祀行为，无论是从视觉冲击还是心灵洗礼上都容易引起广大民众的共鸣。

1. 官民共建

"湘人笃信神道，故各城乡市镇无不庙宇如林。"[1] 湘江沿岸各大水神庙大多是官府主导，官民共同修建、维护而保存下来的。长沙府西门外橘洲上江神庙的修建，首先源于官方的倡导。雍正七年（1729年）下诏："江海为百川之长，而湖广境内西南数省之水汇入大江，又为川泽之总汇，凡属土地民人及舟楫行旅借仗江神默佑，保护安宁，允宜建修庙宇。著湖广总督会同湖北湖南巡抚确查妥议，南北两省应于何处各建庙宇，或旧有祠庙敬加兴修。"[2] 雍正八年，长沙府奉旨建立江神庙，"岁由地方官诹吉致祭"，规定祭祀仪节："祭日地方官着公服将事，行二跪六叩首礼。"[3] "乾隆十七年、四十二年修。嘉

---

[1] 刘泱泱：《近代湖南社会变迁》，湖南人民出版社，1998，第455页。
[2] 刘采邦：同治《长沙县志》卷十四《秩祀二》，岳麓书社，2010，第248页。
[3] 《〈光绪湖南通志〉点校》（第二卷），湖南省地方志编纂委员会点校，湖南人民出版社，2017，第1772页。

庆二十五年，巡抚李世杰重修。咸丰二年，毁于兵。同治中修复。"①李世杰在《江神庙碑记》中对官民共建有详细记录："今大司空刘公驻节长沙，时政通民和，有愿输金百，呈请劝众捐修者，公度不可禁，即严饬有司无废无侈无扰。众欢趋之，不期而集，醵金若干，遂辇材遴匠，作庙重三殿门其前，作楼级二层捍其后，周遭啮岸颓栏以次凿，嵌石坚致玲珑。"②官府在支持修建江神庙的同时特意强调杜绝浪费、奢侈、扰民的行为，民众乐意捐献钱财，官民同心协力，江神庙很快建立起来了。善化县湘江岸边的龙王庙，建于宋代，真德秀《新建龙王祠记》中说："是役也，经营规度一出于张侯，侯去，张研代之，董督维谨，糜金钱百一十万有奇，廪粟六十有一石，而取材于场，民不与焉。"③为了不增加民众负担，官府承担了修建龙王庙的一切开支。浏阳县南城外的洞庭庙，"乾隆二十四年，知县张宏燧以浏人运漕至岳州苦湖险，乃立庙以祀湖神"。④鄘县回龙山龙王庙，"雍正十年，知县张浚因祷雨有应，建祠祀焉"⑤。在经济条件较好的善化县，民众更是积极参与水神祠庙建设，如杨泗将军庙，"众姓新建"⑥；洞庭宫，"众姓捐建"⑦；龙王庙，"咸丰二年龚荣和捐出地基，众姓修建"。⑧水神祠庙的建设，在本地区是一项神圣的工程，民众踊

---

① 《〈光绪湖南通志〉点校》（第二卷），湖南省地方志编纂委员会点校，湖南人民出版社，2017，第1787页。
② 《〈光绪湖南通志〉点校》（第二卷），湖南省地方志编纂委员会点校，湖南人民出版社，2017，第1788页。
③ 《〈光绪湖南通志〉点校》（第二卷），湖南省地方志编纂委员会点校，湖南人民出版社，2017，第1800页。
④ 《〈光绪湖南通志〉点校》（第二卷），湖南省地方志编纂委员会点校，湖南人民出版社，2017，第1817页。
⑤ 《〈光绪湖南通志〉点校》（第二卷），湖南省地方志编纂委员会点校，湖南人民出版社，2017，第1840页。
⑥ 吴兆熙、张先抡等修纂：光绪《善化县志》卷三十《祠庙》，岳麓书社，2010，第582页。
⑦ 吴兆熙、张先抡等修纂：光绪《善化县志》卷三十《祠庙》，岳麓书社，2010，第583页。
⑧ 吴兆熙、张先抡等修纂：光绪《善化县志》卷三十《祠庙》，岳麓书社，2010，第589页。

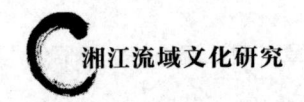

跃参加,或捐资,或捐地基,或出工;地方官员则在水神祠庙的建立中发挥了主导作用。

2. 官民同祭

官方或者民间对水神的祭祀,与朝廷敕封水神的行为是密切相关的。中央朝廷敕封水神的传统由来已久,官方对世俗社会信仰水神的肯定与支持态度是举办重大祭祀活动的导向。

湘江流域庞大的水神体系中,作为湘水神的湘妃地位独一无二,湘妃庙早在汉代已屹立于湘江之滨,官民对湘妃的祭祀以及朝廷敕封的历史也很悠久。湘江下游的湘阴县,有黄陵庙,祀虞舜二妃。"荆州牧刘表刊石立碑,树之于庙。唐天祐二年封懿节庙。晋天福二年封昭烈庙。庙常以六月十四日祭,至今因之。"① 湘江上游的零陵县,有潇湘庙,祀二妃。"唐贞元九年(793年)三月,水至城下,文武官民祷而有感,至于水落。漕运艰涩,未有祷而不应。自是,凡旱干水溢,民则叩焉。"② 在水旱灾面前,官民共同赴潇湘庙祈祷,因其灵验而受到民众的普遍信仰,使笼罩在湘水神上的光环更加神圣。洪武四年(1371年),明朝赐封为"潇湘二川之神",每岁正月十五日,官为致祭。③

在所有的祭祀水神的活动中,其中规模最大、影响深远的是官方举行的祈雨仪式,"凡遇亢旱,祈求雨泽,先一日斋戒,禁止屠宰。至期,各官朝服致祭山川坛,次日致祭社稷坛。祭品仪节俱照春秋祭礼行,另用祝文,不饮福受胙。凡祭坛两日,委官雨缨素服诣城隍庙、龙王庙,读祝文,行香。两坛祭毕后,各官每日同诣城隍庙、龙王庙行香,第七日为止。龙王庙、城隍庙皆行

---

① 《〈光绪湖南通志〉点校》(第二卷),湖南省地方志编纂委员会点校,湖南人民出版社,2017,第1811页。
② 赖中霖编著《洪武永州府志注释》,湖南人民出版社,2013,第195页。
③ 赖中霖编著《洪武永州府志注释》,湖南人民出版社,2013,第195页。

二跪六叩首礼"。① 祈雨仪式的过程是非常隆重的，且严格遵循制度化的程序。"凡遇祈祷，斋戒致祭。行香之日，遵部文，令僧道讽经，委员查看。应自斋戒日为始，道纪司督率众道僧，纲司督率众僧于龙王庙讽经，长沙府委官查看。如亢旱太甚，各官步祷行香。凡祭坛俱穿朝服行礼，祭后仍雨缨素服，余日各庙行香，俱雨缨素服，惟报祭日则各庙俱补服。凡祈雨，禁止屠宰，惟祭坛用牲，各衙门照常办事，不理刑名，不宴会，不声炮，不鼓吹，不鸣金，不张盖，官衙相见，待纬帽、穿素服。迎接钦使仍用礼服。凡外府州县祈雨务遵部议，以次致祭两坛，其旧例祈祷之庙仍赴行香，得雨一体报祭行礼，次序服色悉照省会遵行。"② 参加祈雨仪式的官员从言行举止到服饰穿戴都有明文规定，其中还有许多不能违反的禁忌，这个隆重的仪式是公开进行的，吸引大量围观的民众。长官宣读的《祭龙神祝文》很明显表达了官府关心民瘼、重视农业生产的思想："雨泽之及时动关民瘼，农夫之望岁端赖神功。兹当秋夏之交，直浃两旬而不雨，眷彼中迟之稻，难期四野之丰收。屡设斋坛，未邀灵应，炎歊日甚，盼望弥殷。"祝文最后向龙神呼吁："伏翼垂育物之仁，立驱旱魃，显回天之力，大沛甘霖。万姓蒙庥，三湘志庆。"③

祭祀水神在湘江流域长期以来具有广泛的群众基础，民间对水神的祭祀虽然不及官方那样程序复杂而严肃，场面却是热闹非凡。湘江流域的民众，下江入湖敬拜水神是日常生活习俗中的首要事情，所谓

---

① 《〈光绪湖南通志〉点校》（第二卷），湖南省地方志编纂委员会点校，湖南人民出版社，2017，第1759页。
② 《〈光绪湖南通志〉点校》（第二卷），湖南省地方志编纂委员会点校，湖南人民出版社，2017，第1759~1760页。
③ 《〈光绪湖南通志〉点校》（第二卷），湖南省地方志编纂委员会点校，湖南人民出版社，2017，第1760页。

"湘省无论贫富,迷信神权者什居八九"。① 农历四月初八又传为"龙王节",船民及农民赶至杨泗庙、江神庙及各处的龙王庙举行祭祀。迷信者认为龙王是管水之神,可保风调雨顺。每逢严重干旱危及农业生产,官府必定举行隆重的祈雨仪式,在农业社会的诸神信仰体系中,作为专职水神的龙王无可替代。官方向龙王祈雨在农业社会成为一种政治传统,突出官员在抗旱救灾中的表率作用。祈雨的直接目的就是为了祈求风调雨顺促进农业生产,表明官府对民间疾苦的同情和关注。

(二) 水神信仰的社会效应

湘江流域自古以来是传统的农业社会,水是农业生产的命脉。在民众朴素的观念中,水具有神秘的力量,由此产生的各种类型的水神也具有凡人难以想象的种种超自然能力。水神信仰来源于农业文明的自然崇拜,是善良的人们追求平安、幸福生活的精神寄托。在漫长的历史过程中,基于水神信仰所形成的本土独特的文学艺术、民俗文化、宗教文化均为独特的湘江流域文化增添了无穷的魅力。

1. 满足人们追求平安生活的精神需求

从国家到地方,从官方到民间,对水神的崇拜是湘江流域广大人民群众日常精神生活以及社会习俗中不可或缺的一部分。

湘江流域在端午前后常发生水灾,水灾过后又伴随着瘟疫,端午节举行的龙舟赛实质上具有消灾送瘟的意义,"龙舟竞渡,相传为拯屈原,不竞即有疫"。② 不举行龙舟竞渡即有瘟疫,这在民众的心理上是无法承受的。人们把屈原当作水神予以祭祀,举办龙舟赛纪念屈

---

① 刘泱泱:《近代湖南社会变迁》,湖南人民出版社,1998,第455页。
② 王闿运等修、张修府等纂:同治《清泉县志》卷三《祠祀》,同治八年刊本。

第三章 湘江流域的水神信仰

原,通过这种仪式防止瘟疫发生,祈求平安健康,人们从精神上得到最大限度的慰藉。

在民间屈原作为水神显灵的传说很多,汨罗屈子祠内有一尊屈原石雕像,据说是明朝嘉靖年间的一位船主所捐赠,这在国内现存的所有屈原雕像中是最早的。像座旁的铭文说明了捐赠的时间及捐赠人:"荆州府归州桐油沱信人曹端福,善同妻朱氏四(子),发心舍造屈原相公一尊,入于白狗峡庙中。永镇四方,保安家犬。明嘉靖十六年丁酉三月吉旦。"捐赠人由于经常驾船在水上航行,有一次木船遇难,全家人齐齐向屈大夫祈祷,后来果然转危为安。为感谢屈大夫的水上显灵护佑之恩,家人商议为屈原捐赠石像,并长年祭祀。这个故事表明了在以水上交通方式为主的当地百姓心中,屈原能保佑他们在水上的生命财产安全。①

古代商贸运输及旅行,水路比陆路要便捷很多,但水上风险更大,乘船出行祭祀水神是重要的环节,久而久之形成繁多庞杂的行船风俗与禁忌。如新船下水称为"试水",下水之前烧香点烛,鸣放鞭炮,安放神龙,恭请鲁班先师、洞庭王爷、杨泗将军等诸位水神上船护佑;船只、竹牌启航之日,举行隆重的祭祀仪式,称为"开江";船过险要处要做"过滩神福",祭祀以伏波将军为代表的诸位水神,以保障水上平安。在浩浩江水面前,人的力量毕竟渺小,更何况当时人们能够依靠的科技水平十分低下,只能祈祷水上神灵,以保佑航运过程中人身与货物的安全,这是靠水为生的个人乃至整个家族追求平安幸福生活的保障。在日常生活中,湘江沿岸民众热衷出资修建祠庙、祭祀水神,在认为得到水神庇护保全身家性命之后积极捐赠财物报恩还愿,这一系列集体无意识的自愿行为是民众信仰水神获得安全感与精神满足的生动表现。

---

① 李琳:《洞庭湖水神信仰研究》,华中师范大学博士学位论文,2012,第71页。

2. 促进地方官员勤政爱民，发挥安抚民心、稳定社会的作用

在"信巫鬼、重淫祀"的湘江流域，民众尤其笃信"天人感应"的观念，本地区出现干旱、水灾或者瘟疫等重大灾情，这是地方官府失政、当权者失道的原因，导致上天的惩罚。为了避免天降灾害，平时各级地方官员必须勤政爱民，消除社会冤情，以达政通人和。

湘江流域因特殊的地理环境和气候，历来水灾、旱灾频发。当灾情发生之时，地方官员需赶赴水神庙举行驱旱止雨的仪式，能够在一定程度上及时安抚民心、稳定社会。在民众的观念里，祈祷能否成功，取决于官员在神灵面前是否虔诚，心诚则灵；同时也取决于祭祀的官员自身是否具备崇高的品行。

明代洪武年间，吴显任平江县令，"处已正直，岁旱，祷雨辄应"。① 戴用任兴宁县令，"政尚体要。岁旱，祷于仰灶龙潭，石燕飞集冠上，俄而大雨，境内沾洽，年谷遂登"。② 永乐年间，陈安任衡阳知府，"持心正大。岁旱，祷雨辄应"。③ 清代乾隆年间，王有德知湘乡县"值岁旱，祷雨立应。及予告去，不名一钱。邑人萧衍守送诗，有曰：来时甘雨沛芎泉，归去清风载一船。盖纪实也"。④ 申兆定知衡阳县，"县西无陂塘之利，专仰雨泽，会大旱，兆定祷雨，跣行烈日中，至黑沙潭探龙湫归，不雨，檄告城隍神祠，以银铛自系其颈，一端系神颈，誓曰：'不雨不释。'顷之大雨，民歌颂之"。⑤ 以上数则

---

① 《〈光绪湖南通志〉点校》（第三卷），湖南省地方志编纂委员会点校，湖南人民出版社，2017，第2256页。
② 《〈光绪湖南通志〉点校》（第三卷），湖南省地方志编纂委员会点校，湖南人民出版社，2017，第2256页。
③ 《〈光绪湖南通志〉点校》（第三卷），湖南省地方志编纂委员会点校，湖南人民出版社，2017，第2258页。
④ 《〈光绪湖南通志〉点校》（第三卷），湖南省地方志编纂委员会点校，湖南人民出版社，2017，第2350页。
⑤ 《〈光绪湖南通志〉点校》（第三卷），湖南省地方志编纂委员会点校，湖南人民出版社，2017，第2351页。

地方官员举行的祷雨灵验的事例有一个共通的特点，就是主持仪式的官员皆是品行正直、大公无私、勤政爱民的贤能之人，他们关心民间疾苦的行为令人震撼、感天动地，无形之中提升了他们在人民心目中的崇高地位。

当然，面对重大水灾或旱灾，官方向水神祈求庇护是重要策略，但并不是唯一的方式，具有责任心和同情心的官员还会积极采取赈灾措施救助灾民，稳定社会秩序。嘉庆六年，光环任善化知县，境内"大水，米昂贵。长善城乡痞匪抢劫横行，环会同长沙知县杨洽，严饬差役拏获首犯枭示，两邑肃然。并劝城乡富绅捐赀赈饥，全活无算"。① 道光二十九年，易学超知善化县，"适值下游水灾，饥民蚁聚，随禀大府开仓发赈，并倡率富绅捐赀接济，四门设厂施粥、施药、施钱，无一夫不被其泽。时四乡无赖子结党成群，挨户坐食，名为排饭。学超出示严拏拘案惩治，居民获安"。② 官员一方面借助神灵的力量祈祷水神驱旱止雨，另一方面组织社会力量救济灾民，这两方面并不矛盾冲突，而是相辅相成的，皆为官员勤政爱民的表现，官方的作为有效地安抚民心，及时地平息由于灾情引发的社会危机。

风调雨顺的年代，地方官员热衷修缮水神祠庙，同时也大力提倡兴修水利工程，这是抵御和防范水旱灾害的有效手段。洪武初年，孔良弼任浏阳县丞，"修筑陂塘，究心水利，邑民赖之"。③ 弘治年间，张金知岳州府，"筑南津港堤御水，尤勤荒政"。④ 志书此类兴修水利的记载比比皆是。地方官员修建水神庙，以及兴修水利工程，在很大

---

① 吴兆熙、张先抡等修纂：光绪《善化县志》卷十八《名宦》，岳麓书社，2010，第322页。
② 吴兆熙、张先抡等修纂：光绪《善化县志》卷十八《名宦》，岳麓书社，2010，第324页。
③ 《〈光绪湖南通志〉点校》（第三卷），湖南省地方志编纂委员会点校，湖南人民出版社，2017，第2257页。
④ 《〈光绪湖南通志〉点校》（第三卷），湖南省地方志编纂委员会点校，湖南人民出版社，2017，第2270页。

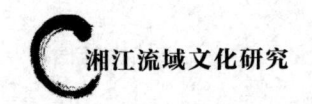

程度上源于对上天、对神灵、对人民的敬畏之心。湘江流域水神信仰习俗的存在，在区域社会产生了独特的功能，为广大民众抵御自然灾害提供了精神动力，而且调和了官与民之间的关系，发扬官员勤政爱民的作风，发挥了安定民心、稳定社会秩序的积极作用。

3. 丰富了湘江流域的文化内涵

湘江流域水神信仰盛行，从远古流传至现代，各种类型的水神信仰对湘江流域的文学艺术、民俗宗教、传统节日产生了较为深刻的影响，极大地丰富了湘江流域的文化内涵。

远古的湘江流域文化实质上是一种巫楚文化，湘江的水神信仰文化是其中重要的组成部分。"昔楚国南郢之邑，沅湘之间，其俗信鬼而好祠，其祠必作歌乐鼓舞以乐诸神。"① 屈原浪迹于洞庭湖畔，行吟于沅湘之间，创作了《离骚》《九歌》《涉江》《怀沙》《惜往日》《远游》等与湘江密切相关的梦幻诗篇，其中最优美的《湘君》《湘夫人》篇章，是屈原依据湘江流域民众祭祀湘水神的乐歌加工改写而成，神奇瑰丽的《楚辞》让湘江流进了文明时代。

后世以水神为题材创作的各类文学作品为湘江流域文化增添了无穷的魅力。自古以来，官方和民间对水神祠庙的修建以及祭祀从未停止，不仅形成独具特色的祭祀文化和习俗，还累积了丰富的颇具文学色彩的祭文和碑记。如汉贾谊《吊屈原赋》、唐柳宗元《吊屈原文》、韩愈《黄陵庙记》《祭湘君湘夫人文》、张说《祭江神文》、蒋昉《汨罗庙碑记》、五代萧振《昭灵侯庙记》、宋苏轼《屈原庙赋》、真德秀《新建龙王祠记》、清王士祯《题三闾庙》、李世杰《江神庙碑记》等。唐代李朝威创作的以洞庭湖神为主角的传奇小说《柳毅传》、南宋以后以杨泗将军为水神的各种民间故事，其影响覆盖整个湘江流

---

① 王夫之：《楚辞通释》，中华书局，1959，第25页。

域,以及历代名人吟咏水神的不计其数的诗篇,无不为湘江流域的文学艺术增光添彩。

传统节日与民俗文化是流域文化的重要内容,湘江流域的水神信仰对传统节日和民俗文化的影响更为明显。

在湘江上游郴州地区的永兴乡村,元宵有"送龙"之俗。入夜,草龙身上,遍插香火,沿"送龙"必经之途,用蚌壳点上油灯,浮置于水面,称照龙。家家户户燃起香火,放鞭炮,水缸上点灯辞龙。送龙队伍浩浩荡荡,敲锣打鼓。燃放焰火至河桥中间点燃草龙,投入河中,送龙者齐呼"龙归大海,风调雨顺"。随即息锣停鼓,悄然回村。每年元宵节的夜晚,汝城县的大小村庄都会有舞香火龙的习俗。由于汝城曾经发过洪水,当地百姓采纳"以火龙降水患"的建议,用稻草扎成草龙,面向洪水烧化,终将洪水制服。从此,汝城人民便形成了在每年元宵期间举行舞龙盛会的习俗,并代代相传。[1]

长沙洞庭宫定每年农历二月初八为龙王出行日,庙会初七开期,为时三天。初八日出行最为盛重,出行时有数十面旌旗前导,中间为30名精壮船工抬的朱漆大轿,轿中端坐长髯飘拂的龙王爷,前后有16条护驾神龙,数十名火铳手散布在游行队伍的前后左右,船工敲锣打鼓,浩浩荡荡沿湘江而行,泊碇河边的船只都要燃放鞭炮。龙王出行后,与船行关系密切的行业,如商会、笔会等,均给船帮送戏祝贺,谓之行当戏,俗称唱大戏。[2]

水神信仰对中国传统节日影响最普遍的是端午节,端午节被公认为纪念自沉汨罗江的伟大诗人屈原的中国传统节日。但端午节和龙舟竞渡最初并不是源自纪念屈原,诸多学者认为端午节可能和远古农耕

---

[1] 毛健、胡祥苏主编《郴州:郴江幸自绕郴山》,社会科学文献出版社,2019,第104~105页。

[2] 湖南省地方志编纂委员会编《湖南省志》第二十六卷《民俗志》,五洲传播出版社,2005,第247~248页。

民族祭祀水神有关，龙舟竞渡可能是祭祀水神的一种仪式。[①] 在屈原之前，端午与水神祭祀相关，日本古代的岁时专书《年中行事抄》记载了关于中国端午源起的资料："五月五日，茎缠。昔高辛氏子乘船渡海，急逢暴风，五月五日没海中。其灵成水神，令漂失船。或人五月五日，以五色丝茎缠投海中。茎缠变化成五色鲤龙，海神惶隐。敢不成害。后世相传。"[②]

在湘江流域的长沙，有端午去水神庙祭祀龙神的习俗，还举办隆重而热闹的龙舟竞渡活动，吸引大量观众，"城河多造船象龙形，竞渡中流，观者盈岸"。[③] 五月五日水神庙供奉龙头说明水神与端午的关系，龙舟竞渡是祭祀水神的活动，水神在端午节日里扮演了重要的角色。随着端午节及龙舟竞渡在民间广泛且长久传播，祭祀水神、纪念屈原、消除灾害、祛除瘟疫、祈福平安等多种仪式和习俗融合在端午节日之中，极大地丰富了湘江流域人民追求美好生活的传统节日文化。

在重鬼信巫的荆楚文化与尊崇理学的湖湘文化的滋润下，湘江流域形成了一个庞杂的水神信仰体系，水神信仰是湘江流域文化中极具特色的一部分。民众信奉的水神并不是唯一的，众多的水神在湘江流域的历史长河之中渐次登场，为展现一场场诸神的盛会提供了无限的空间。湘江有本土的水神，如湘水神；也有外来的水神，如海神天妃。信奉伏波将军为水神的习俗来源于沅水流域。湘江属于长江支流，长江的江神自然在湘江水神体系中占有重要地位，湘江橘子洲上的江神庙历来香火旺盛。无论南北，都流行龙王信仰的习俗，龙王是

---

① 李琳：《洞庭湖水神信仰研究》，华中师范大学博士学位论文，2012，第72页。
② 转引自刘晓峰《端午节与水神信仰——保存于日本典籍中有关端午节起源的一则重要史料》，《民俗研究》2007年第1期。
③ 吴兆熙、张先抡等修纂：光绪《善化县志》卷十六《风俗》，岳麓书社，2010，第284页。

一种典型的专职水神,湘江流域的民众同样普遍信仰龙王,向龙王祈雨是隆重而又常见的祭祀仪式,是官民共同应对自然灾害采取的一种重要策略。

从官方到民间,水神信仰是湘江流域广大民众精神生活的重要内容。民间社会的水神信仰是一种典型的实用主义,不可否认带有明显的功利性质。民众崇拜的对象是不固定的,常随着祭祀主题或社会环境的改变而发生变化,没有哪一种水神能够垄断民众的精神生活,因此人们的观念里有诸多类型的水神形象。官方将民间的水神信仰纳入国家主流意识形态之中,并积极主持修建水神祠庙,主办大型的祭祀仪式,以为民答谢神灵的代言人身份祈求风调雨顺、国泰民安。官方的作为,既安抚了民众的情绪,满足了他们的精神需求,又发挥了国家在地方秩序重建中的神灵指示作用。在官方与民间的互动之中,在世俗与神圣空间的交融之中,湘江流域的水神信仰向世人呈现了一幕幕娱神的历史图景,在更高层面上成为独具特色的湘江流域文化的永恒映像。

第四章
湘江流域的水路交通、商业贸易与城市发展

湘江历来是湖南最重要的一条水上交通线，同时也是发展商贸的经济带。湘江交通与沿岸城市经济发展是紧密结合的，尤其是商业贸易离不开交通，湘江水系拥有庞大而又发达的内河运输网，水路交通便利。自秦汉以来，湘江流域随着商业贸易的繁荣，逐渐形成并发展了以长沙、湘潭、岳阳、衡阳、郴州、永州为商业中心的城市，成为湖南境内经济文化最为发达的区域。

一 湘江流域历代水路交通运输的拓展

战国时期，楚国通过湘江水路交通，已形成了北通中原、东联吴越、南逾五岭、西接巴蜀的水陆交通路线。秦汉以后，湖南成为中原与两广交通的中介，湘江的交通条件得到了很大的改观。交通运输是商业发展的基础，宋元时期地方性的区域市场初步形成，各地区之间物资的交流以及朝廷对各地财赋的征收和运输，皆有赖于交通运输系统的发达，湘江沿岸亦陆续开辟或疏通了许多港口和码头，大小商船云集，均能畅通无阻地来往于沿江的各个城镇。明清时期，对外商业贸易繁荣，需要开通更为便利的水

第四章　湘江流域的水路交通、商业贸易与城市发展

陆交通与外界发展商品贸易，互通有无，湘江水系拥有庞大而又发达的内河运输网，水路交通便利，促进了湖南省境内商业与城镇的繁荣。

（一）秦朝开凿灵渠，连接湘水和漓水，沟通长江和珠江两大水系

秦汉时期湘江成为湖南联通外界的一条最重要的水路，顺湘江而下直达洞庭湖，沟通长江，北联豫鲁、西通巴蜀，东抵苏皖。西汉武帝元鼎五年，"遣伏波将军路博德出桂阳，下湟水"，"归义越侯严为戈船将军，出零陵，下离水"，"甲为下濑将军，下苍梧"。① 湟水，又名光水，源出郴县，南流入广东连县境。由长沙溯湘江而上，至衡阳，再溯春陵水和耒水南航，达桂阳、郴县境，即可入湟水。很显然这是溯湘江及其支流而上，到达湘南地区，通过灵渠沟通湘水和漓水，进而抵达广西。东汉永初七年九月，调"零陵、桂阳、丹阳、豫章、会稽租米，赈给南阳、广陵、下邳、彭城、山阳、庐江、九江饥民"。② 这都是利用长江、洞庭湖航线完成的。湘、资、沅、澧四水，将湖南从东到西，从北到南，连成一体。

从湖南到两广的水路交通线有两条：出桂阳入粤北，为东线；出零陵入广西，为西线。东线是沿湘江南下，经耒水而与溱水相通，再越过湟溪关抵达番禺。也可以由湘江支流春陵水南抵九嶷山，由九嶷山跨越萌渚岭，过阳山关，入湟水，再由溱水南抵番禺。③ 东线出郴县后，还可不入湟水，而下武水，经广东乐昌县（今乐昌市），至曲江县（今曲江区），汇始兴水为北江，顺流达番禺出海。武水，或名

---

① 班固：《汉书》，中华书局，1962，第186~187页。
② 范晔：《后汉书》，中华书局，1965，第220页。
③ 黄今言：《秦汉江南经济述略》，江西人民出版社，1999，第174~176页。

武溪，上游又叫溱水，源于湖南临武县西，与春陵水和耒水上游及支流十分邻近，东南流穿骑田岭入广东乐昌县（今乐昌市）境。东汉建武年间，马援南征，就是沿这一路线进军的。据东汉桂阳《周府君碑》云："府君庙在乐昌县西一百一十八里武溪上，武溪惊激石，流数百里。昔马援南征，其门人爰寄生善吹笛，援为作歌和之，名曰《武溪深》。"

由于经武水入粤是南北交通要道，但滩多水险，商旅往返艰难，东汉延熹年间，周憬任桂阳太守时，曾进一步加以凿疏。据记载："（桂阳）郡界溱水，入始兴溪。至曲江，同南海郡，商旅资以生给。舟下泷，经蓝豪山间，水石险恶，装载重舟多致沉坏，憬命吏开凿，镌石通流。今九泷十八滩，皆憬所开道也""由是小溪乃平直，大道永通利，抱布贸丝，交易而至"。周憬的开凿，更促进了湘粤间的交通和商业往来。

西线主要是利用灵渠，灵渠是秦始皇为了征服岭南而开凿的。《史记·平津侯主父列传》记载："使尉屠睢将楼船之士南攻百越，使监禄凿渠运粮，深入越。"史禄所开凿的渠道即灵渠，在今广西兴安县境，又名兴安运河。灵渠的修建已远远地超出了原来的军事意义，它连接了湘水和漓水，沟通了中国南方的两大水系——长江水系和珠江水系。从湖南溯湘江而上，经零陵入广西，通过灵渠，再顺漓江而下，可直达广州。西汉武帝元鼎五年（前112年），遣伏波将军路博德出桂阳，下湟水，归义越侯严为戈船将军，出零陵、下离水，就是走的这条路线。灵渠是中原到达岭南的水上交通动脉。岭南的物资通过漓江，进入湘江、长江而辗转运入长安和洛阳。中原的粮食也通过这条水路运至岭南。从长沙马王堆3号汉墓出土的长沙国南部驻军图看，在西线出零陵入两广还有一条通道，即由长沙溯湘江而上至零陵后，沿潇水南航，经现在的江华瑶族自治县，再溯沱江南行抵广东界,越南岭,顺连江、北江而下抵番禺。驻军图中,在临广东界不远的地方,标有一重要驻军地龙里,户数百余户,为附近一带最大村寨。龙里之所以成为驻军要地,显然就是为了把守这一通道。

(二) 唐朝通过湘江的对外贸易路线的繁荣

唐代湖南通往长江下游各地的交通线是发达且便利的水路:沿湘江入洞庭,溯长江而下达江州、扬州等地。唐代湖南大量粮食外运及长沙铜官窑瓷器对外销售主要依靠这条水路。至唐末五代,由于藩镇割据、军阀混战,这条重要商道被阻隔,湖南境内商品和其他物资难以输出,直接导致铜官窑的衰败,严重影响湖南经济的发展。通往中原的商道,多依赖荆、襄一线:顺湘江而下,越洞庭过长江,入汉水,进入荆襄地区,再从陆路到达中原。京杭大运河开通以后,南来北往的交通多走水路,湖南等南方地区与中原的联系,可以入长江而下至扬州,再通过大运河进入黄河中下游地区。安史之乱以后,大运河沿线强藩迭起,水路运输受阻,由洞庭湖入长江,经荆襄一线,北上中原的陆路通道又变得重要起来。[①] 五代时期,这条交通线更成为马楚北通中原和进行茶叶贸易的主要商道。西通巴蜀的通道,又可分两线,一条是由洞庭湖入长江溯江而上,过三峡进入巴蜀;另一条是通过澧水和沅水的支流酉水,沟通巴蜀。这条通道山多滩险,十分险恶,在军事上常常被冒险利用,但在商业上价值不大。湖南与岭南两广的联系,自秦汉修驰道、凿灵渠、开峤路以来,一直有东西两道:一是循湘江而上入广西地

---

① 晚唐诗人吴融《商人》诗云:"北抛衡岳南过雁,朝发襄阳暮看花。"所说的"看花",应指到洛阳看牡丹花。诗中所描写的由南往北的商道,是经由衡阳、长沙、岳阳、越洞庭湖过长江到达襄阳,再由陆路通往洛阳一线。

区；二是经耒阳、郴州而入广东地区。两条道路的汇合点在衡阳。①从商业角度看，西边通广西的道路不大重要，有较大价值的是东边入广东的道路。②

（三）宋元时期湘江流域的水陆交通运输

宋朝的交通运输仍然与前代一样，有陆路和水路两大动脉，由于社会环境和经济条件的变化，朝廷对交通运输的管理有明显的时代特征。在陆路上，从都城到各地皆有官道相通，在各地，州府与其所辖的属县之间也有大道相连接，从而形成以都城为中心的、四通八达的交通网络。在陆路和水路上，朝廷设有专门的"铺"作为邮传、运输的机构。如自江陵至桂州，是南方的一条重要交通干线，因此沿长江和湘江皆设有铺，谓之"水递铺"，这是朝廷在水路上的一种运输设置。水递铺中的交通运输者称为"水递铺夫"，因水路交通有很大风险，铺夫的生命往往难以保障，再加上服役者又受到非人待遇，其生活十分艰苦，"自江陵至桂州有水递铺夫凡数千户，皆渔樵细民，衣食不给。湘江多巨潭险石，而程限与陆铺等，或阻风涛阴雨，率被笞捶"。③也有由厢军充作水递铺夫的，如范仲淹在宋仁宗明道二年（1033年）奏言曰："臣至淮南，道逢羸兵六人，自言三十人，自潭州挽新船至无为军，在道逃死，止存六人，去湖南犹四千余里，六人比还本州，尚未知全活。乃知馈运之患，不止伤财，其害人如此！"④因沿途险阻、危险重重而使人深受其害。陆路上也有铺，称为陆铺，主要用以运送朝廷物资。如湖南各地陆铺有一个很重要的任务就是将

---

① 唐宪宗元和十年（815年），柳宗元被贬柳州，刘禹锡被贬连州，前者在今广西，后者属今广东。二人结伴而行，到衡阳后便分手。
② 伍新福主编《湖南通史》（古代卷），湖南出版社，1994，第338~339页。
③ 李焘：《续资治通鉴长编》卷十八，中华书局，1995，第394页。
④ 李焘：《续资治通鉴长编》卷一百十二，中华书局，1995，第2624页。

第四章　湘江流域的水路交通、商业贸易与城市发展

本地所产的铜、锡运至陕西铸造铜钱，"以递铺卒二人挽一车，日铺运铜锡五千斤，以年计之，可运一百七十二万"。① 陆铺的交通运输者多由厢军充任，待遇极为菲薄，劳动强度很大，"陕西运铜锡递铺兵，极为艰苦，死亡无处无之……道路有雨雪泥水之艰，士卒有风霜暴露之苦，运致不前"。②

宋朝水陆交通运输的一个重要作用就是便于漕运，将全国各地上缴的粮食财货，通过水陆运输运抵都城。湖南的漕粮物资首先在沿湘江岸边的城市如潭州、岳州等地集中，再经湘江北上，入洞庭，沿长江东走，最后运至真州。这条水路是湖南连接江南、中原的重要通道，具有极高的经济和政治价值。北宋末年，由于战争的影响及南方漕运的破坏，转般法无法继续实行，南方诸路的漕粮物资改为直达法，"自是六路郡县，各认岁额，虽湖南北至远处所，亦直抵京师"。③ 南宋时期，贯通南北的大运河被阻断为南北两截，处在淮北的汴渠逐渐湮废，而江南段运河仍然保存完好，并且在南宋漕粮物资的运输中起着十分重要的作用，正所谓"国家驻跸钱塘，纲运粮饷仰给诸道，所系不轻。水运之程，自大江而下，至镇江则入闸，经行运河，如履平地。川、广巨舰，直抵都城，盖甚便也"。④ 湖南的漕粮物资运输仍然多经由水路，可从长江抵建康府（今江苏南京）或平江府（今江苏苏州），然后再转船经江南运河运抵临安。

宋朝西南地区通中原的交通线一般是沿滇桂通道到桂州（今广西桂林），北宋时再经永州、郴州、衡州、潭州、岳州，出湖南到北方各地，南宋时自桂州经永州、郴州、衡州、潭州，再东向入江西，过

---

① 李焘：《续资治通鉴长编》卷二百三十，中华书局，1995，第5592页。
② 李焘：《续资治通鉴长编》卷二百三十，中华书局，1995，第5592页。
③ 马端临：《文献通考》卷二十五，中华书局，1986，第247页。
④ 脱脱：《宋史》卷九十七，中华书局，1977，第2406页。

信州（今江西上饶）和衢州（今浙江衢州），到达临安。① 这条交通线不仅是民间商品交流的主要干线，而且还是朝廷与西南地区的博马商道。南宋高宗绍兴三年（1133年）正月，朝廷于邕州（今广西南宁）置买马司，并且要求"马必四尺二寸以上"，由此每年可得马千匹。② 到淳熙二年（1175年）更增至3000余匹。③ 绍兴七年（1137年）朝廷用于博马的商品有"黄金五镒，中金二百五十镒，锦四百端，绮四百匹，廉州盐二百万"。④ 这些马匹及博马的商品皆需经由湖南运输，尤其值得一提的是，在博马之时，其他具有地方特色的商品，如药材、纺织品等也汇集参与交易，刺激了边地商品经济的发展。

宋元时期，灵渠仍然是广西与湖南之间的主要运输通道。由于灵渠"皆石底浅狭"，虽有36斗门，"一舟所载不过百斛，乘涨水则可行"，已不能适应当时经济发展的需要，于是宋仁宗嘉祐三年（1058年），提点广南西路刑狱李师中对其进行重修，"积薪焚其石，募工凿之，废斗门二十六，役三旬而成，舟楫以通"。⑤ 南宋时期仍沿袭北宋旧制，由灵川、兴安两县知县负责灵渠的疏导和管理，并不时对其加以修缮，保证渠道的畅通。广西与湖南的漕粮及商旅往来很多都是通过灵渠到湖南，再经湖南往北，到达京师。

两宋时期，湖南恰好处于广西、云南通中原的必经之路上，这两地与中原的经济贸易往来，乃至客商的往返皆以湘江沿岸的衡阳、湘潭、长沙等地区的码头或港口作为中转地。湖南境内主要的交通路线

---

① 杨宗亮：《试论宋代滇桂通道及其历史作用》，《中南民族学院学报》1993年第5期。
② 李心传：《建炎以来系年要录》卷六十二，中华书局，1956，第1065页。
③ 李心传：《建炎以来朝野杂记》（上）卷十八，徐规点校，中华书局，2000，第428页。
④ 李心传：《建炎以来朝野杂记》（上）卷十八，徐规点校，中华书局，2000，第426页。
⑤ 李焘：《续资治通鉴长编》卷一百八十八，中华书局，1995，第4528页。

第四章　湘江流域的水路交通、商业贸易与城市发展

是以水路为主，湘江可以称得上是贯通湖南南北商业贸易的大动脉，为推动本地经济社会发展发挥了重要作用。

元朝大运河的重新整治和贯通，连接了海河、黄河、淮河、长江、钱塘江五大水系，不仅解决了都城的粮食、丝帛等物资供应问题，而且也为南北商业的发展创造了极好的条件。"江淮、湖广、四川、海外诸番土贡粮运，商旅懋迁，毕达京师"，[1] 南方的丝绸、茶叶、瓷器、粮食，北方的豆、麦、梨等土特产品，均通过大运河进行贸易。

同时，元朝还开通了海运，江南的大部分官粮皆以海运为主，大运河主要是便于商旅的往来。海运路线一般是从平江路刘家港（今江苏太仓市东浏河镇）入海，沿海岸北行，到达界河（今海河）口的直沽，再溯界河而上，直达大都。而湖南一带的漕粮，则先用河船沿湘江、洞庭湖、长江运至真州，再与海船对接，出刘家港北运大都。从运输成本来看，海运比河运、陆运都要便宜，因此"终元之世，海运不废"。[2]

（四）明清时期湘江流域的水陆联运初具规模

明朝为加强对地方的控制与管理，颇为重视交通运输事业的发展，尤其重视驿道、桥梁、漕运等交通基础设施建设，这是促进社会经济发展的重要前提，也是关系国计民生的大事。在全国范围内，官府和民间共同努力，开路建桥，大大改善了各地的交通条件。湘江流域各州县之间的水陆交通在当时亦有很大发展。明代湖南地方官府重视交通发展，在经济活跃的地区筑桥修路，设置驿站管理交通，并且还在交通要道设立专业性的通货门和驿步门，以便发展通

---

[1] 苏天爵：《元朝名臣事略》，中华书局，1998，第20页。
[2] 陈邦瞻：《元史纪事本末》卷二，《运漕》，文渊阁四库全书本。

商贸易,交通条件大为改善。尤其是长沙,成为"聚四方之财,供一方之利"的重要商业城市,同时也是湖南地区最大的政治经济中心,陆路驿道向四方拓展,交通十分发达。以长沙为中心向各方辐射逐步形成了5条干线:①通湖北大道,自长沙北达湖北蒲圻,途经桥头驿、归义驿、大荆驿、青冈驿、巴陵驿、云溪驿、长安驿至羊楼司,与湖北驿道相接;②通广西大道,自长沙西南达广西全州,途经湘潭、衡山、黄堡驿、衡阳、排山驿、祁阳、零陵至枣木铺与广西驿道相接;③通贵州大道,自长沙西达贵州玉屏,途经宁乡、益阳、龙阳(今汉寿)、武陵(今常德)、郑家驿、界亭驿、辰阳驿、怀化驿、沅州(黄江)至鲇鱼铺,与贵州驿道相接;④通广东大道,自长沙南达广东乐昌,途经衡阳、耒阳、马田驿、郴州、宜章,与广东驿道相接;⑤通江西大道,自长沙东南达江西萍乡,途经南山站、双牌驿、醴陵出插岭关,与江西驿道相接。这些驿道到清代仍是湖南的主要陆路交通干线。①

明朝对水路交通的建设也非常重视,组织军民整治、疏浚对各地经济交通有重要影响的河流或运河,从而改善沟通南北的水路运输网。洪武二十九年(1396年),命御史严震直修灵渠,审度地势,导湘、漓二江,浚渠五千余丈,建斗门三十有六,凿去滩石之碍舟者,漕道悉通。以漕运为主的水上交通网初具规模,"江西、湖广之粟,浮江直下"。②通过湘江,过灵渠,可达珠江流域。湘江水系是全国水路交通网的重要组成部分,水运条件极其便利。水运内航可达湘、资、沅、澧四水所流经的各县城镇;外航可过洞庭湖,入长江,直达鄂、赣、苏、浙、皖、沪各省市大小港埠。湘江江面宽广,水流量大且平稳,最适合船舶航行,沿江两岸优良的港口和码头林

---

① 陈先枢、黄启昌:《长沙经贸史记》,湖南文艺出版社,1997,第98页。
② 张廷玉:《明史》卷八十五,中华书局,1974,第2079页。

第四章 湘江流域的水路交通、商业贸易与城市发展

立,方便船只停靠装卸货物。沿湘江而下洞庭湖,过长江可进入湖北;沿长江而下,可达南京、常州等地。由洞庭湖溯长江而上经三峡可达巴蜀之地;或者通过澧水和沅水的支流酉水,亦可沟通巴蜀。

明代湖南地方政府又开展几次规模较大的"开河通商"工程,使境内水路交通条件大为改善,这也是湖南水运交通史上的壮举。嘉靖年间,长沙府推官翟台主持疏通湘江的西湖桥段,开辟成港口,以便停泊船只。从事河运贸易的商人为感激翟推官的功德,将新辟的港口命名为"翟公套"。万历年间,善化知县唐源再次倡议"开河通商",在长沙、善化两县募集银、招募民工,把南湖通往湘江的小港疏浚为停泊大型商船的大湖港。天启六年,长沙知府谢通祥又启动"登报赎银觅工开挖"南湖港工程,使之成为船舶屯集的港区。湘江沿岸亦陆续开辟或疏通了许多港口和码头,大小商船云集,均能畅通无阻地来往沿江的各个城镇。

随着湖南农业、手工业和商业经济的恢复和发展,各类农副产品和手工业产品越来越丰富,长沙、湘潭、岳州、衡阳等一批商业城镇和贸易中心也逐步形成和发展起来,对外贸易繁荣,因此需要开通更为便利的水陆交通与外界发展商品贸易,互通有无。湘江水系拥有庞大而又发达的内河运输网,水路交通便利。在陆路交通,清朝在前朝驿道的基础上加以拓展延伸,形成了当时较为发达的以跨省驿道和州县驿道为主的陆路交通网。水陆路交通的顺畅,促进了湖南省境内商业与城镇的繁荣。在水路交通方面,湘江流域发达的水路运输网,流经全省大部分重要城镇。水路交通拥有得天独厚的自然条件。湘江上游与珠江水系相沟通,通过水路可抵达广东、广西、江西等省区。湘江下游汇合于洞庭湖,在城陵矶注入长江,船舶可从各河上游顺流而下驶入武昌、汉阳、九江、安庆、江宁、

松江等地，并进入安徽、江苏等省的内河港口，水路运输十分繁忙，通过大小船只运载流通的货物主要有粮食、木材、茶叶、麻棉、桐油、矿产品、手工业品及其他农副产品。水路运输在古代具有特殊的优越性，利用河流水道、风力及有限的人力，花费较少的费用和能量，即可运载大量货物。水路运输的工具为各类型的大小船只，如长沙港，自康熙至嘉庆年间，经过百余年的休养生息，商贾云集，经贸繁荣，"船户生意，沿江约有十余里，上溯粤桂，下通江汉"。[①]从长沙港出发的运粮船只，顺湘江逆流而上，通过灵渠沟通珠江水路，抵达广州，"连樯衔尾，浮苍梧而直下羊城"。[②] 光绪二十四年（1898年）两湖善后轮船局在长沙港成立，湘江开启了轮航时代。光绪三十年（1904年）长沙开埠，长沙港随之成为对外开放的商埠，英、日、德、美等国轮船蜂拥而至，纷纷在大西门、小西门外开建银行、堆栈，租用码头，长沙港对外商业贸易开始蓬勃发展起来。

湘潭港为深水良港，乾隆至嘉庆年间，数次修建湘潭港城，护城石堤及各处码头等基础设施逐渐得以完善，吸引各省商船经湘江到此停泊集散货物，港内船舶相拥，其繁华程度超过长沙港甚多。因为湘潭港码头泊舟甚是方便，广东、广西、云南、贵州进入湘江航道通向西北诸省的货船必在湘潭港停泊，为湘潭码头经济的发展提供了难得的机遇。据统计，清代自乾隆中期至光绪中期130余年间，各省商人经水路贩运的大宗货物抵达湘潭港码头，在此集散销售的有江西的药材、瓷器，江浙的绸布、酒酱，福建的烟丝，四川的丹漆，北方的旃裘、汾酒、关角、潞参、甘草等特产，均有大量输入。南方的海味、

---

① 光绪三十一年长沙海关《长沙商贸论略》，参见湖南省地方志编纂委员会编《湖南省志》第十卷《交通志·水运》，湖南人民出版社，2001，第286~287页。

② 嘉庆十二年《重修陡河碑》，参见湖南省地方志编纂委员会编《湖南省志》第十卷《交通志·水运》，湖南人民出版社，2001，第287页。

第四章　湘江流域的水路交通、商业贸易与城市发展

葵扇、槟榔等食品和日用品，亦把湘潭港城作为首选的销售场地，每年销售不下 300 万担。珍贵商品或奢侈品如玳瑁、珠矶、翡翠，以及化皮安桂之属，亦大量贩运湘潭，每年销售颇丰。广州货船通过灵渠，经过零陵直抵湘潭港码头，在此中转以运达长江流域各地。湖南境内诸如涟水、涓水流域的谷米，湘乡、邵阳的纸卷，郴州、零陵的烟叶、钢铁、连锡、硫黄、土红、土果等各类丰富货物类，皆从四面八方汇集于湘潭港，水路商业贸易盛极一时。容闳在《西学东渐记》中叙述："湘潭亦中国内地商埠之巨者。凡外国运来货物，至广东上岸后，必先集于湘潭，由湘潭再分运至内地。又非独进口货为然，中国丝、茶之运往外国者，必先在湘潭装箱，然后再运广东放洋。以故湘潭及广州间，商务异常繁盛。"[①] 湘潭是湖南省最重要的转口贸易城市，湘江便利发达的水路交通，直接促进了湘潭商业贸易的繁荣。港口"自杨梅洲至小东门岸，帆樯舣集，连二十里，廛市日增，蔚为都会"[②]。在此繁荣期，城内商户分为赣、粤、闽、苏、浙、湘、豫七大商帮，可谓商贾云集，车水马龙。港岸船户分为浏阳、醴陵、岣嵝、衡祁、湘乡、宝庆、安化、长善、郴永九大船帮，呈现"千里樯桅依市立，万家灯火彻宵明"的旺景，"岁入甲全省，凡摊捐皆倍他县，享有'金湘潭'、'小南京'之美誉"[③]。

二　造船业、码头与湘江流域商业贸易的发展

湘江流域商业贸易的发展与便利的水运条件是密不可分的，通过

---

① 容闳：《西学东渐记》，生活·读书·新知三联书店，2011，第 42 页。
② 《光绪湘潭县志》（2），载《中国地方志集成·湖南府县志辑（13）》，江苏古籍出版社，2002，第 198 页。
③ 湖南省地方志编纂委员会编《湖南省志》第十卷《交通志·水运》，湖南人民出版社，2001，第 309 页。

湘江流域文化研究

湘江水路，各地的大量货物在沿江码头集散、分流，可以销往全国各地甚至出口国外，形成繁荣的水上商贸经济。舟船是水路运输必不可少的交通工具，水上经济的兴旺进一步刺激湘江沿岸的造船业的发展。船舶是水路商业贸易不可替代的运输工具，港口、码头是沿岸开展商业贸易的基础设施。船舶建造技术的提高，以及港口、码头的繁荣，象征着商业贸易的发展和兴旺。

（一）湘江流域造船业的发展

我国造船业是从木工中分化出来的一个手工业门类，其发展较早，且长期处于世界领先地位。秦汉时期，出于政治、军事、经济的需要，朝廷大力发展交通。秦汉时期，出现了各种船只，有漕船、战船、商船、渔船和渡船等。湖南的船只主要是漕船和战船，它们都是为战争服务的，战船用来战斗，而漕船主要用来运军粮。据记载，西汉武帝时，为与南越作战曾"治楼船，高十余丈"。东汉初，马援伐交趾，"将楼船二千余艘，士二万余人"。楼船是当时造船技术的代表。目前虽未发现汉代木船的实物，但各地发现的船只模型和图像已不少，湘江流域亦有发现。长沙西汉晚期202号汉墓中，出土一个16只桨的木船模型。船身细长，船头较窄，尾部稍宽，中腰最广，横断成近圆弧形，平底，首尾作流线形上翘，以减少水流阻力。船身两侧的边沿和首尾的平板上，都有很规则的钉眼，证明当时造船已普遍使用钉木结构（竹钉或铁钉）。船尾另置梢桨一只，比前面的划桨长近一倍，桨叶呈刀形，形制上已与划桨有较大的分化。这个木船模型的发现，说明湖南长沙地区和湘江下游及洞庭湖区一带，西汉时即已兴起造船业，并且造船工艺技术达到一定水平。①

---

① 伍新福主编《湖南通史》（古代卷），湖南出版社，1994，第191页。

第四章　湘江流域的水路交通、商业贸易与城市发展

宋元时期的造船业更是有不小的进步和发展，造船基地集中在陕西、京东、两浙、江西、湖南、福建等路，朝廷设有专门的造船务负责造船事宜。

宋朝的造船工人已经掌握了一整套先进的设计方法和生产方法，能够造出适应各种自然环境，并具有各种特定功能的船只。内河船的生产规模极为庞大，仅官府要求制造的漕运船，在宋太宗至道末年就有3337艘，宋真宗天禧末年虽有减少，但仍有2916艘，其中"处州六百五，吉州五百二十五，明州一百七十七，婺州一百三，温州一百二十五，台州一百二十六，楚州八十七，潭州二百八十，鼎州二百四十一，凤翔斜谷六百，嘉州四十五"[①]，可见，湖南的潭州和鼎州是当时的造船中心，无论是造船数量还是质量，都非常可观。尤其是潭州，所造船只的规模较大，湖南的漕米一般皆由漕船运出，以"巨舰漕米，一船万石"而被称为"长沙三绝"之一的巨舰，造船技术高超，当时在造船行业中可谓名列前茅。

最值得一提的还有宋朝的车船。车船又称明轮船，与内河船的推动力主要依靠风力和人力不同，明轮船靠轮叶推动，其特点就是在船舷两侧对称地安装了数对车轮，轮上装有激水叶片，以轮叶代替了船桨，人在船内用双脚踩动轮轴，即可带动舷外轮叶转动，以此推动船只前行。船的动力经过这样的改变以后，极大地提高了行进速度。南宋高宗绍兴二年（1132年），知无为军王彦恢首先将明轮船用于战舰，创制了"飞虎战舰"，"旁设四轮，每轮八楫，四人旋斡，日行千里"。[②] 稍后都料匠高宣又对其加以改进，造出8轮的"八车船"。高宣被洞庭湖区的起义军杨幺俘虏后，为义军制造了规模更大的战舰，船舷两边的明轮外加装了"护车板"，以防对方船只的撞击。作战中

[①] 马端临：《文献通考》卷二十五，中华书局，1986，第245页。
[②] 李心传：《建炎以来系年要录》卷五十六，中华书局，1956，第983页。

船内的众车手一齐踩动踏板，带动轮叶转动，可使船行如飞，若要使船只后退，只需反方向踩动踏板即可，进退非常灵活。杨幺所乘"和州载"，长30余丈，宽4丈余，装有24个车轮，动力强大，极富战斗力。① 杨幺起义军的船只"高大，贼矢石自上而下，而官军仰面攻之，见其舟而不见其人"，② 义军屡败官军。后"官军战船亦仿贼车船而增大，有长三十六丈，广四丈一尺、高七丈二尺五寸"，③ 可惜还未来得及使用，岳飞就平定了杨幺起义。此后，这种设计先进、规模庞大的战船开始在南宋水军中得到普遍使用，从而大大提高了宋军的战斗力。此外，由于湖南河湖水网发达，在水运条件十分便利的湘江流域，船只成为人们主要的交通运输工具，因此民间的造船业十分兴盛，大大小小的船只穿梭往来于河面、湖面，连接着湖南各地及周边路州，这些也是促使湘江流域造船业发达的重要原因。

水上经济的兴旺进一步刺激湘江沿岸的造船业的发展，清代湘江流域的造船业达到了一个新的高峰，湘江沿岸的造船业大致可分为官方造船和民间造船两种类型，官方制造的船只主要是战船、漕船和水驿船。清代湘江沿岸漕船主要运输漕粮，船身上油收干后涂以红漆，故又名"红船"。湘江各主要港口均有供给红船停靠的专用码头，衡阳、湘潭、醴陵、岳州各港于清初皆有"红船埠"或"红船厂"。④ 清代官方提高了水驿船的制造工艺水平，水驿船分为驿渡船与驿传船两种，前者用于横渡河面，后者用于传递官书、军报等。岳州临江驿、长沙西门驿的驿渡船最大，船中有二层大舱，上为官舱，下为统舱，舱前为敞口平板窝舱，可容马车二辆至四辆。船桅悬挂红灯笼、

---

① 赵德馨主编《中国经济通史》第五卷，湖南人民出版社，2002，第356页。
② 岳珂：《金佗粹编》卷六，《行实编年三·绍兴四年甲寅岁年三十二》，文渊阁四库全书本。
③ 陆游：《老学庵笔记》卷一，中华书局，1979，第2页。
④ 湖南省地方志编纂委员会编《湖南省志》第十卷《交通志·水运》，湖南人民出版社，2001，第531页。

第四章　湘江流域的水路交通、商业贸易与城市发展

三角旗，是为官船的显耀标志，民众一望便知。这种渡船具有良好的安全性与稳定性，水驿船所需修理材料与用工经费皆从官库支出。"驿递船呈梭形，首尖向上陡翘，水线曲度适当，有挡浪板，有蓬舱，置桅一、橹一、桨四，平水舱，破浪好，阻力小，速度快，前进时水流从两侧流向船尾。"① 清代湘江流域的水驿船制造工艺精巧，性能安全可靠且实用，非常适合内河航运。咸丰年间，曾国藩为抵御太平军创建水师，不少战船即由湘潭的船厂制造。造船业的发展及沿岸码头港口的建设，进一步促进了水路交通的繁荣。

清代湘江流域民间造船业的发达也是很明显的。舟船是生活在湘江两岸的民众不可或缺的交通工具，故造船业的发展是必然的。"湘沅两江，为湘省水道之主要干流。衡阳、湘潭，扼湘江之中段，赖此以形成湘南商务繁盛之区，船只往来，道出湘江者，皆停泊于此，故修造船只工业，在若干年前，已甚发达，及逊清中叶，衡阳西乡居民，操船业者日多，草河船、天柁船之需要骤增。衡阳造船工业，倍形发展，湘潭业此者，亦颇兴旺。当时是种船只，以贩运食盐及耒阳、永兴煤炭为主，布匹纸张、南北杂货、米豆桐油、茶油枯饼等次之。"② 所制造的船除上述草河船、天柁船外，还有八桨船、舴艋、七板子等多种适合河道航行的木船。清代宁乡县有本地小船用来运输米谷，因为本地河流"水槽皆浅，仅容小船，所谓'乌舡子'也"。③ 零陵县城北高溪居民"二百年以来，多以艖舟为业。大于粮艘，本赀甚巨，获利致富者甚多。此外则操八桨船，有饰为花舫者，以载仕

---

① 湖南省地方志编纂委员会编《湖南省志》第十卷《交通志·水运》，湖南人民出版社，2001，第532页。
② 《中国实业志·全国实业调查报告之四·湖南省》，第七篇《工业·造船业》，民国二十四年（1935年），第422（庚）页。
③ 《民国宁乡县志》，载《中国地方志集成·湖南府县志辑（84）》，江苏古籍出版社，2002，第219页。

宦。有茅篷、板篷者，以载货物。小至汉鄂而止，大则达于淮泗。零东两邑皆有之，至泷泊小船则不能行远矣"。① 祁阳人务农以外，以驾小船为业，小船种类多，"如烟江之桐壳、白水，归阳之鳅子、七板子，上下桂全称衡湘之间，转运粤粮淮盐"。② 当时湘江流域民间还能制造一种运盐的大船。清代湖南除了部分地区使用粤盐外，大部分地区使用淮盐，淮盐运输往往自仪征沿长江北上至汉口，再入洞庭湖经湘、资、沅、澧四水或经陆路运销湖南各地。自仪征至洞庭湖段的运盐船达千余艘，"其船大者装至四千四五百引，计重百余万斤以外。小者亦装至四五百引，计重二十余万斤"。更多的是"可装六七百余引以至一千余引二千余引之船"。③ 在内河航运中，这种盐船是相当大的了，而这种盐船"皆系楚省有力民人自行制造"，就是说是湖南及湖北两省民间制造，可见当时湘江流域民间造船的能力和技术也是很强，造船的数量也是很可观的。

（二）湘江沿岸的码头分布

码头是河流的重要节点，也是了解流域文化的窗口。码头的繁忙象征着商业贸易的繁荣。湘江沿岸的城镇与沿江码头互为依托，码头因城镇而闻名，城镇商业贸易因码头而兴旺。溯源湘江，昔日两岸码头林立，大量进出口货物在此集散分流，畅销全国各地，形成百舸争流、千帆竞发的壮观景象。沿江的衡阳、湘潭、长沙、岳阳等城市，在清代无不以大码头为据点发展商业而壮大，成为促进湖南经济发展的火车头。来往于古码头的各行各业的商人游客，不仅带来了商贸机会，同时还带来了商业文化、市井文化，影响着沿岸城市的人文环

---

① 《光绪零陵县志》，载《中国地方志集成·湖南府县志辑（45）》，江苏古籍出版社，2002，第453页。
② 魏明孔主编《中国手工业经济通史》（明清卷），福建人民出版社，2004，第592页。
③ 魏明孔主编《中国手工业经济通史》（明清卷），福建人民出版社，2004，第592页。

第四章　湘江流域的水路交通、商业贸易与城市发展

境、建筑特色、文学艺术、生活习俗乃至人文气质的形成。如今，古码头的商业功能已经消失，成为不可复制的历史遗迹，供人们参观留念。遗存下来的古码头，一条条青、麻石板或卵石铺成的石级和路面，沿着堤岸向着城市中心延伸，凝结着历史的沧桑，见证着河流两岸的喧嚣和宁静，见证着商业贸易的兴盛和衰落，蕴含着丰富多彩的码头文化。

1. 湘江上游的码头分布

湘江上游为永州苹岛以上河段，有灌河、紫溪河、石期河、潇水等较大支流汇入。湘江上游河床布满岩石，水流湍急，不利于修建码头，因此上游的码头都集中在湘江、潇水的交汇处，这里江面宽阔，水深且水流较平缓。

湘江上游的永州，在清代最有名的码头为鹿角湾码头，潇、湘二水在此汇合后，江面徒然加宽，水流平缓，浩浩荡荡，是湘江上游设置码头、停泊大小货船的上佳之处。而且鹿角湾正处于货船南下潇水、北进湘江的咽喉位置，水运交通便利，码头面积宽阔，非常利于装卸货物。清代鹿角湾以码头为中心，周边商铺林立，南来北往的商客在此云集，木材、大米以及农副产品、手工业品等大量商品货物在码头集合、分流，发展为湘江上游一个商业繁荣的市镇。鹿角湾码头与周边人文名胜融为一体，留下了不少动人传说和故事，形成浓厚的码头文化。时至今日，零陵千吨级新码头即将在鹿角湾开工建设，同时又保存恢复了江边古老的码头，新老码头相互衬托，商业与文化协调发展，繁华的水路经济即将再次成为现实。

在潇、湘二水汇合处，还有一个名为老埠头的古老码头，地处永州市冷水滩区蔡市镇老埠头村，古称铁炉步、湘口、湘口馆，唐五代时设镇曰潇湘镇，明时改设驿丞曰湘口驿，清代称为老埠头，即湘口驿所在地。道光《永州府志》载："湘口驿，在城北十里。康熙三十

九年，移驿县治后，裁驿丞。"① 光绪《零陵县志》载："湘口驿，城西北十里潇湘合流处，古名潇湘镇。"② 老埠头古城横跨湘江上游东西岸，古城至清代发展成商旅重镇，以码头为地标，保存有青石板铺设或河卵石镶砌的南北方向的古街道，街道旁有明清建筑风格的古商铺二十余座。临江渡口现存《老埠头新加义舟记》碑文写道："潇水自九嶷百折而入于永州北十里之老埠头，与湘水会合，为最古之名区。五代时设有镇司曰潇湘镇，明时改设驿丞曰湘口驿。驿前二水横亘，深阔若天限然，为吾乡所必经之要渡。曩有义舟二，日争渡而不息，兼当永宝孔道、湘桂通津。"③ 老埠头码头是水陆交通要道，《重修码头碑》写道："吾乡之要□□老埠头为首，此盖通衢大路也，往来斯道者不可胜数矣。"④ 沿江还建立有潇湘门码头、大西门码头、小西门码头、太平门码头、南门外码头、廻龙塔码头、诸葛庙码头、南津渡码头、潇湘古镇东岸码头。以码头为出发点，沿湘江及湘桂驿道可达广西，沿潇水及湘粤古道可至广东，沿湘江而下，可抵衡阳、长沙。零陵古城以码头为据点，在清代发展为湘、粤、桂三省重要物资集散地和中转地。

在清代许多运输繁忙的码头，如今早已成为历史遗迹，有的甚至是经过考古挖掘之后才重见天日。2018 年据红网报道，在湖南省郴州市北湖区华塘镇茅坪村发现一处清代水运码头遗址，该码头坐落在西河岸边，可通达湘江，连通长江、灵渠。码头是村民渡河的重要交通

---

① 《道光永州府志》（1），载《中国地方志集成·湖南府县志辑（43）》，江苏古籍出版社，2002，第 272 页。
② 《光绪零陵县志》，载《中国地方志集成·湖南府县志辑（45）》，江苏古籍出版社，2002，第 426 页。
③ 周艳华：《潇湘水路上的千年渡口——永州老埠头研究》，《湖南科技学院学报》2016 年第 2 期。
④ 周艳华：《基于碑刻文献的潇湘古渡——永州老埠头研究》，《湖南科技学院学报》2016 年第 1 期。

第四章 湘江流域的水路交通、商业贸易与城市发展

设施，一些从外地运来的货物也是从码头上岸，再运到送本地市场销售。码头遗址处的数块碑刻记载着当地村民维护和管理码头事宜。经现场勘察，平台为狭长形，约30平方米，比河面略高。从平台往上是45级青石台阶，分两段上接西河游道。石阶基本完好，阶缘牢固，阶面平滑。石阶上段内侧高低错落，立有《重修码头》《万古永昌》等7块青石碑刻，均为修建码头的记事碑和捐赠碑，字体清晰的有清雍正年间一块、道光年间两块、同治年间一块，记载了村中信士历次施田捐米用于码头的缘由、过程、数字和地址，多是全村倡议，其间书坊会和佛会亦参与捐赠活动。

2. 湘江中游的码头分布

永州苹岛至衡阳河段为湘江中游，河床多卵石和礁石，泥滩多而水位较浅，其间有舂陵水、芦洪江、祁水、白水、归阳河、宜水、粟水等较大支流汇入。

据乾隆《衡州府志》记载，湘江衡阳段沿岸著名的码头有：衡阳县北门码头，① 清泉县铁炉门码头、柴埠门码头、潇湘门码头、丁家码头、粟家码头、高家码头、谭家码头、浮桥码头。② 湘江衡阳段最著名码头为大石渡，因蹲守江岸的巨型蛤蟆石而得名。"大石渡在城东15里耒河口北，渡当冲要，建普济庵，'共捐资斧置田种七石，铺地十间以为饮食舟楫之费'。古为豫粤二省捷径，康熙二十五年（1686年）知县张五策有碑记。"③ 衡阳的贸易货物，首先在大石渡装货上船，然后通过湘江水运销往全国。外地抵达衡阳的货船，亦在大石渡停泊卸

---

① 《乾隆衡州府志》（1），载《中国地方志集成·湖南府县志辑（34）》，江苏古籍出版社，2002，第81页。
② 《乾隆衡州府志》（1），载《中国地方志集成·湖南府县志辑（34）》，江苏古籍出版社，2002，第83页。
③ 衡阳市交通志编纂委员会编《衡阳市交通志（1980~2005）》，湖南人民出版社，2008，第696页。

货。清代衡阳船夫经常吆喝摆渡号子:"衡阳开船大石渡,樟木七里问大浦,渡广萱洲霞流至,斗米雷家到衡山。"大石渡是对外贸易中货船驶出衡阳的第一站。在大石渡旁边,还建有普济寺,当地村民称为"水寺",经常在湘江流域往返奔波的船夫习惯在普济寺祈求平安。

3. 湘江下游的码头分布

衡阳至濠河口河段为湘江下游,河面宽广,河道蜿蜒曲折,水流平缓。有耒水、蒸水、洣水、涟水、靳江、浏阳河、捞刀河、汨罗河、新墙河等较大支流汇入,水势大增。湘江下游码头密布,水路运输繁忙。湘潭濒临湘江,江水到此围绕湘潭城市绕了一个大弯,所谓"千里湘江第一湾",此地江面宽阔、水流平稳,无礁石风涛之险。清代湘潭作为湖南黄金水道旁边的港口城市,具有发展水运的良好条件,是湘江流域最重要的码头城市,商业贸易尤其发达。

湘潭沿江古城街巷的一大特色是"总",与航运商业存在紧密的联系,"总"沿江延伸排列,大致可以码头为标志予以区分。据乾隆《湘潭县志》统计,十九总共有码头31座,这些码头在湘潭沿江的分布如下:半边街有文星门码头、观湘门码头、通济门码头、小埠桥码头、华光庙码头;九总有南岳行宫码头、扶康庙码头、朱家码头、老关圣殿码头;十总有盐店码头、真君殿码头、烂码头;十一总有曹家码头、新关圣殿码头;十二总有马家码头、唐家码头;十三总有周家码头、黄龙庙大码头;十四总有黄龙巷码头、蒋家码头;十五总有兴仁巷码头;十六总有仓门前大码头、张家码头;十七总有鄢家码头、新码头;十八总有大码头、高家码头、水府庙码头、唐兴寺码头;十九总有方家码头、水来寺码头。① 以上码头按照功能可分为航运码头、客运码头、货运码头或者综合型码头。湘江流域码头分布最密集的地

---

① 《乾隆湘潭县志》,载《中国地方志集成·湖南府县志辑(12)》,江苏古籍出版社,2002,第67页。

第四章 湘江流域的水路交通、商业贸易与城市发展

带就在湘潭港,随着商业贸易规模的扩张,清代湘潭沿江码头的数量也陆续增多。至清末,大型码头更是增设到53座。市街由八总而十总而十四总,后增至十九总。尤其是岳州、长沙开埠以后,外轮进出湘潭港,为适应大型轮船停泊,增建新式码头,增辟大型泊位,"英商建太古、怡和码头,日商建日清码头,两湖轮船局建有招商码头"。① 码头周围一片繁忙景象,来自天南地北各处巨量货物日夜不停地在湘潭港各处码头搬卸或装船。

在湘潭古城东北方向湘江边上的滴水埠码头,亦是清代湘潭一个有名的码头。因这里的一段崖石伸向江边,石上藤萝下垂,常年滴水,所以人们就叫它滴水埠。光绪《湘潭县志》记载:"滴水埠,戴建都等纠修。道光年戴家柏等重修。同治年袁九和等复修。"② 滴水埠的地势较高,道光年间建立码头,专供船家停船靠岸,起卸烟叶等农副产品。清朝嘉庆十一年(1806年)重修过一次,用麻石砌成四尺五寸宽的台阶,岸上如今还保留重修滴水埠石碑。民国初年,外省商人在滴水埠开办膏盐矿,由于矿区的出现,人口增多,商品交易量大,以滴水埠码头为中心的集镇得以兴起。现在的滴水埠,已经成为湘江边一处码头文化遗址。

湘潭部分乡镇,亦充分利用湘江水运的便利条件发展商业贸易。如位于湘江南岸的易俗河,至清代一直水运昌盛,易俗河港岸码头林立,"较著者有油榨码头、晏正友码头、裕隆码头、鼎丰码头、元吉码头、老日盛码头、正泰码头、柳树沟码头、坝脑上码头、李鸿兴码头、泰玉吉码头、杨洪昌码头、过山码头、黄玉泰码头、洋船码头、

---

① 尹铁凡:《湘潭经济史略》,湖南人民出版社,2003,第194页。
② 《光绪湘潭县志》(1),载《中国地方志集成·湖南府县志辑(12)》,江苏古籍出版社,2002,第456页。

铁牛码头、肖合兴码头、祥兴码头、杉树桥码头等19座"。① 至清末，易俗河有粮行48家，成为省内第一大米市，"水路运输有帆船、排筏、轮船，易俗河港沿岸有正泰等码头20处，繁盛时常年容纳运货大船30余艘、小船1500余艘"。② 又如茶恩寺镇，地处湘潭县南端，湘江下游西岸，当地盛产南竹，竹木制品享誉大江南北。"明清时代，境域交通有湘江水路，桅杆岭建有码头，货物多集散于此。"③

长沙位于湘江之畔，贯穿境内的浏阳河、捞刀河均为湘江重要支流，水路交通发达，来往旅客大多依靠乘船。货物运输，也要依赖沿江码头和水上船只。长沙港是湘江的一大港口，两岸码头甚多，随着商业货物运输量大幅度增加，长沙港口码头的数量由清初的9座增至27座。来自各地规模庞大的船夫群体以码头为据点，按船籍和地域组成不同的船帮，湘江流域主要有长沙帮、湘潭帮、衡阳帮、永州帮、祁阳帮。随着形势的发展，行驶外江的船帮与内河航运的船帮多有合并，如长沙、善化、湘潭、浏阳、湘阴五县的船帮组合为"五邑帮"，衡阳、耒阳、常宁、永兴的船帮组合为"衡郡帮"。各大船帮均在码头周边设立会馆，五邑帮会馆开始设在长沙港东岸的平浪宫，不久搬迁到铁铺码头的洞庭宫。衡郡帮亦在长沙南门外煤炭码头购地建立"南岳行宫"，为衡郡帮会馆。④ 经常乘船出行的商人或船家，都有崇拜水神的习惯。湘江水运发达的港口，均立有敬奉水神的庙宇，如龙王庙、将军庙等。在长时间的水路运输和商业贸易过程中，长沙地区

---

① 湖南省地方志编纂委员会编《湖南省志》第十卷《交通志·水运》，湖南人民出版社，2001，第350~351页。
② 湖南省地方志编纂委员会、湘潭市地方志编纂委员会编纂《湖南乡镇简志》（湘潭市卷），方志出版社，2019，第147页。
③ 湖南省地方志编纂委员会、湘潭市地方志编纂委员会编纂《湖南乡镇简志》（湘潭市卷），方志出版社，2019，第193页。
④ 湖南省地方志编纂委员会编《湖南省志》第十卷《交通志·水运》，湖南人民出版社，2001，第543页。

第四章　湘江流域的水路交通、商业贸易与城市发展

形成独特的码头文化。船只在航行途中，船工可以自由放歌，主要是一些劳动号子。"船只到港，所泊码头均有定规，特别是长沙、湘潭、衡阳、益阳、常德、津市和洪江等港，对各类民船与排筏所泊码头与水域都有界定，不容搞错。"①

清代长沙还有一个比较有名的码头即灵官渡，原来渡口的老街上有一座供奉道教护法神王灵官的灵仙祠，沿江百姓认为灵官可以保佑他们出入平安，灵官渡因此得名。清末创办的长沙湘裕炼锑厂选址在灵官渡附近，之后又创办了华昌炼锑公司，运用当时最先进的炼矿技术和科学管理方法，开发湖南丰富的有色金属矿产资源，公司生产的矿产品种类多、产量大，在国际市场占据重要地位，大量出口欧洲和北美。华昌炼锑公司的锑矿价格和质量一度成为近代中国锑矿行业的标准，灵官渡成为湘江沿岸最大的矿产品出口转运码头。

（三）湘江流域的商业贸易

1. 秦汉至隋唐湘江流域的商业贸易

秦汉时期湘江流域各城市商业也有相当大的发展，虽未形成长安、洛阳、邯郸、临淄和成都那样的大都市，也没有出现巨商大贾，但随着农业、手工业的发展和交通日渐发达，商业逐步发展起来。具体表现在货币的使用、流通和铸造，交通运输业的开拓，贸易的发展和城市的兴建等方面。这些都反映了湘江流域在汉代出现了经济发展的第二次高潮，使湖南逐渐摆脱了"南蛮"之称号，各方面都逐渐接近了中原地带。

从考古发掘的材料看，秦汉时期湘江流域货币的使用和流通、铸

---

① 湖南省地方志编纂委员会编《湖南省志》第二十六卷，五洲传播出版社，2005，第245页。

造已相当普遍。在西汉前期墓葬中，出土了大量的泥制（或陶制）冥钱。而其中以"半两"和"郢称"为最多；西汉中期以后至东汉时期的墓葬，则大量出土"五铢"铜钱，以及"货泉""大泉五十""陶锭和金饼"等。具体来看，如马王堆一号汉墓，出土泥"郢称"300余块，泥"半两"40篓左右，每篓盛2500~3000枚。① 象鼻嘴1号西汉墓，出土陶"郢"版200块，火候较高，有模印和压印两种，模印的形状较规则，长方形。还出土大小两种泥"半两"，字迹清晰。② 永州市鹞子山西汉"刘疆"墓出土铜"五铢钱"2000枚。③ 衡阳市玄碧塘西汉墓出土泥质"一两"、"半两"以及泥"金饼"，此外还有铜"一两""半两"两种。④ 衡阳荆田村东汉墓出土铜钱300枚，均为"五铢钱"。⑤ 此外，茶陵镰溪等地的汉墓中也出土了许多钱币。汉代湘江流域从上游到中下游地区，都已使用和流通货币，这说明湘江沿岸的商业已有相当的发展。

从铸造货币方面来看，湘江流域很早就懂得铸造货币，而且品种多样，有"郢称"，"两版""无文钱""一两""半两""五铢""货泉""大泉五十""大布黄千""金饼"等。形状大多为圆形，但"金饼"有长方形、方形和梯形等形状。从考古资料来看，湘江流域还是全国最早铸造和使用铁钱的地区，在长沙、衡阳、资兴的汉墓中均出土铁钱，应是当地铸造的。据《后汉书·郡国四》记载：桂阳郡"耒阳有铁"。《西汉会要》卷三十三"职官"："桂阳郡……有铁官"，衡阳、资兴离耒阳很近，因此，资兴、衡阳等地铸钱是很有

---

① 湖南省博物馆中国科学院考古研究所：《长沙马王堆一号汉墓》，文物出版社，1973，第12页。
② 湖南省博物馆：《长沙象鼻嘴一号西汉墓》，《考古学报》1981年第1期。
③ 零陵地区文物工作队：《湖南永州市鹞子山西汉"刘疆"墓》，《考古》1990年第11期。
④ 衡阳市文物工作队：《湖南衡阳市玄碧塘西汉墓清理简报》，《考古》1995年第3期。
⑤ 衡阳市文物工作队：《湖南衡阳荆田村发现东汉墓》，《考古》1991年第10期。

第四章　湘江流域的水路交通、商业贸易与城市发展

可能的。

　　湘江流域北可联通中原地带，东连苏、皖，南达两广。随着水路和陆路交通的开拓，很快成为贸易繁荣之所，况且湘江流域物产丰富，成为许多富商大贾经常光顾的地区，湘江沿岸各大商业重镇同全国各地的商贸往来大为加强。马王堆汉墓里出土许多纺织品、漆器、陶器等手工业品。在长沙马王堆西汉墓出土的大批漆器中，有的在木胎上烙有"成市草""成市饱""南乡口"等作坊标志。据考证："成市"即四川成都市府的省称。这说明有一部分漆器是由当时的巴蜀地区输入的。长沙西汉后期墓葬中，出土大量滑石器，包括装饰品和杂用器物，以及鼎、壶、钫、扁壶、盆等容器和屋、井、仓、灶等模型明器。经考证，广州、南昌出土的滑石器，与之十分相似，可能是受长沙的影响而仿制的。长沙西汉后期墓出土的硬陶，常施薄釉，以罐、壶为主，还有联罐，不论器形和花纹作风，都与广州西汉前期墓所出土的同类器物相似，从两地出土的先后看，这类硬陶器可能是受岭南的影响而仿制的。

　　长沙地区西汉后期和东汉前期，玉石器盛行。墓葬中出土了大量小环和珠串，原料有玉髓、玛瑙、鸡血石、松绿石、水晶和琥珀。玉器有璧剑饰、蝉形琀、耳瑱等。长沙曾出土一种金币，重约汉制的一斤，背面刻有拉丁文字。很显然，这种金币是两国商人为了克服交易过程中的语言困难而特地制造的。它与长沙沙湖桥东汉墓发现的铜饼的形制类似，一般为凸面带有花纹，凹面周围绕一圈外国文的铭文。此外，还有玻璃器、玻璃珠、玻璃杯和绿色状的玻璃串珠等。在湖南省博物馆首屈一指的是长沙出土的西汉琉璃矛，这是我国出土文物中唯一的以玻璃为原料制作的兵器，似应为仪仗用器，或是为陪葬而特制的明器。考古学界认为，这时长沙玻璃器和奇石珠的增多，估计有

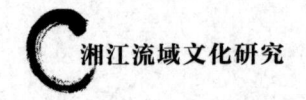

一部分是从南海诸国经由广州传入的。①

唐代湘江流域的商业经济，最突出的表现就是长沙窑瓷器贸易，其产品以良好的质量和独特的形式遍销国内外。除湖南各地均有长沙窑瓷发现外，国内东起滨海，南至南沙群岛，西至西安、重庆，北至石家庄、济南，十多个省份都发现了长沙窑瓷。由于长沙窑产品基本上属于生活用品，用于随葬的并不多，故墓葬出土遗物并不太多，出土地点以城市遗址、码头、河道、古井等地为多，最主要的是沿长江中下游及各支流延伸到各地。从中可以看出瓷器主要是依赖水路运输，这是因为就瓷器而言，水路运输不仅比陆路安全可靠，更重要的是其成本比陆路低得多。②

顺长江而下，长沙窑瓷可经江西抵江浙。长沙窑瓷在江西、江苏、浙江、上海沿途地区均有发现。③号称"天下通衢"的扬州，也是长沙窑产品的集散地。所以国内出土长沙窑瓷最多的地方就是扬州，质量也佳。扬州出土的唐代瓷器中，长沙窑瓷所占的比例排在各大窑口之首，大多出土于唐罗城中部偏西的城内官河（今汶河路）两侧和西门附近的手工业区、商业区内，显然与陶瓷贸易有关。长沙窑瓷大量运至扬州后，再转销各地，向东则抵宁波、上海等地。④出海

---

① 伍新福主编《湖南通史》（古代卷），湖南出版社，1994，第190页。
② 据唐朝规定，"凡天下舟车水陆载运皆具为脚直，轻重、贵贱、平易、险涩，而为之制。（河南、河北、河东、关内等四道诸州运租、庸、杂物等脚，每驮一百斤，一百里一百文，山阪处一百二十文；车载一千斤九百文。黄河及洛水河，并从幽州运至平州，上水，十六文，下，六文。余水，上，十五文；下，五文。从澧、荆等州至扬州，四文。其山阪险难、驴少处，不得过一百五十文；平易处，不得下八十文。其有人负处，两人分一驮。其用小舡处，并运向播、黔等州及涉海，各任本州量定）"可见水路运价一般只有陆路的1/9，有时还不及。长沙窑瓷沿江而下运至扬州，多走下水，按官价算运价"从澧、荆等州至扬州，四文"，应该说成本非常低廉。
③ 1981年江西安远县濂江乡古田村出土褐彩双系罐及模印贴花羽状复叶纹双系罐各一件，1996年江西新余的一座唐墓中发现双系罐两件。均为长沙窑产品。
④ 1988年上海青浦区白鹤镇青龙村的唐代水井中出土两件长沙窑模印贴花执壶，其中一件贴对鸟椰枣坐狮纹，另一件贴乐伎。

第四章 湘江流域的水路交通、商业贸易与城市发展

往东北到东亚的日本、朝鲜半岛，往南经泉州到广州，再出海到东南亚、南亚、西亚诸国。

唐代湖南与两广地区的贸易也非常密切，瓷器的运输还是多走水路，即溯湘江而上，经零陵潇水入广西，通过灵渠，再顺漓江而下，可直达南方重镇番禺。由这条线所经过的广西出土数量较多的长沙窑瓷，尤以桂林出土长沙窑瓷为最多。① 广州是长沙窑出海的中转地，在印度尼西亚海域打捞的"黑石号"上的长沙窑瓷大多装入大瓮罐内，大瓮罐经研究为广州附近烧制，由此可知，这批数量巨大的长沙窑瓷是从广州装运起航的。②

马殷占据湖南，以潭州为都城，建立楚国。为巩固政权，马楚在政治上依附中原朝廷；在经济上奉行奖励农桑、倡导纺织、重视商业贸易的政策。马楚国内商品经济繁荣，最突出的是看准中原市场，进行茶马互市获利。北方拥有巨大的茶叶消费市场，马楚为发展茶叶贸易，采取鼓励农民种茶制茶，"听民售茶北客"的宽松政策，政府坐收巨额茶税，每年收入"凡百万计"。另外，马楚国还以"官营"的形式在很多州县设置"回图务"（即商业货栈），招募商人组织对中原地区及邻国的大规模茶叶贸易。国家统一收购茶叶，提高茶农收入，很大程度上刺激了湖南境内茶叶生产。由湖南输出的茶叶运往黄河南北各商业销售点，销售至中原及漠北广大地区。另外，南方的茶叶销售市场也被打开，衡州的茶叶，"由潇湘达于五岭，虽远至交趾之人，亦常食之"。湖南的茶叶通过灵渠运往岭南，远销越南及东南亚地区。

---

① 桂林自1985年以来在唐城遗址内的12个基建工地出土了长沙窑瓷，唐城外41个工地上发现有长沙窑产品，其中文明路12号13栋市人民医院宿舍发现长沙窑瓷数量在500件以上。

② 李建毛：《湖南陶瓷》（二）长沙窑卷，湖南美术出版社，2009，第38~39页。

2. 宋代湘江流域市镇商品经济的繁荣

两宋时期，湖南的市镇得到迅速发展，在许多城市周围，如潭州、衡州、岳州等地区都出现了商品经济繁荣的市镇，为城市经济的发展做出了极大贡献。潭州的储州市，"既为舟车更易之冲，客旅之所盘泊，故交易甚伙，敌壮县"，① 市镇的经济发展水平甚至可与壮县相比；乔口镇，地处长沙、益阳、湘阴三县交界处，"商贾往来，多于此贸易"，于是由草市上升为镇，"市户二千余家，地狭不足以居，则于夹江地名暴家歧者，又为一聚落，亦数百家"。② 衡山县附近的岳市，"环皆市区，江、浙、川、广种货之所聚，生人所须无不有"，③ 商品经济十分活跃。岳州巴陵县有船场步、新墙市，也是人烟稠密、经济繁荣的草市。还有不少市镇，由于经济发展、规模扩大，人口众多而上升为县，如岳州临湘、衡州安仁、永州东安，因为人口增加、商业繁盛而由场升为县（临湘由王朝场上升而来，后改名为临湘）。

由于市场的发展、城市的扩大，宋朝出现了不少人口众多、经济发达的大城市，其中就包括湖南的潭州治所，即今天的长沙市，当时拥有人口在20万户以上的城市中，就包括潭州，潭州以地处经济不甚发达的长江中游而能位添大城市之列，可见其商业繁盛之程度。北宋学人宋祁对其繁华程度有如此的赞誉："春过潇湘渡，真观八景图。云藏岳麓寺，江入洞庭湖。晴日花争发，丰年酒易沽。长沙十万户，游女似京都。"④ 南宋时期，尽管受到战乱的影响，潭州仍然为人口繁庶之地，南宋诗人王阮有诗云："乙卯饥荒后，长沙富庶全。纪年四十载，斗米二三钱。县县人烟密，村村景物妍。朱蹄骄柳陌，金镫丽

---

① 范成大：《范成大笔记六种·骖鸾录》，中华书局，2002，第61页。
② 《宋会要辑稿》（7），刘琳、刁忠民等校点，上海古籍出版社，2014，第4398页。
③ 范成大：《范成大笔记六种·骖鸾录》，中华书局，2002，第62页。
④ 欧阳厚均编《岳麓诗文钞》，岳麓书社，2009，第30页。

第四章　湘江流域的水路交通、商业贸易与城市发展

花钿……兼并勤告谕，商旅渐喧阗……北来因鼎粟，南至出渠船……江步时时到，村虚日日穿"①，对长沙城市的繁荣及商业的发达作了细致的描述。

宋朝城市、市镇、草市的发展趋势，到元朝仍然继续保持着，当时不仅出现了一些世界性的大都市，如大都、泉州等，而且很多新兴的商业城镇也不断涌现，无论是农村还是大小城市，商品交易均十分频繁，农民和小手工业者以自己收获的粮食、土特产品或自制的手工业品，拿到集市上进行交换。湖南由于茶叶生产的繁荣和矿冶业的兴盛，与之相关的城市皆有较大发展，如岳州、澧州、潭州等地设有榷茶提举司，其治所所在城市就随之繁盛兴旺。湖南的某些矿产品也进入市场，这自然刺激了城市经济的繁荣。一些历史悠久的传统商业城市，如潭州更是在前代的基础上继续发展，当时扬州的商船，"舟楫溯江，远及长沙"②，长沙与长江下游城市的商业往来更加密切了。

3. 明代湘江流域的商业政策与商品经济的发展

商业政策是促进商业发展的前提，明朝政府为促进地方商业的发展和商品流通，实行了比较宽松的商业政策。首先清理、简化了自宋元以来烦琐的课税条目，就课税形式而言，明代商税主要有关卡税、货物买卖税，以及明中期以后出现的类似现在的营业税。明初商税税率低于前代，而且税额确定，在商税税率较低的前提下，对征税的商品范围也相应缩小，尤其是关系百姓生活生产的货物，给予免税的优待。永乐年间的规定进一步扩大了免税货物的范围，并且向民众公布免于征税的货物的种类，防止课税官吏横征暴敛鱼肉百姓。商税的征

---

① 王阮：《义丰集·代胡仓进圣德惠民诗一首》，文渊阁四库全书本。其云，长沙在唐朝时就有"小长安"之称，"朱蹄""金镫"皆引自杜甫诗句。
② 姚燧：《牧庵集》卷二十三，《吕君神道碑铭并序》，文渊阁四库全书本。

税机构,在地方府、州、县为税课司,下辖税课所、居征税机构。如湖南地区的长沙府,负责征收商税的是税课司,在长沙县设立榔梨税课司,在宁乡、湘潭、浏阳等县设置税课局。明代前期,政府征收商税并不苛刻,税课司、局如不能完成限定的征收数额,上级管理部门只清查核实征税数额,并不会严厉追究税课机构官吏的责任,从而避免课税官吏为完成征税指标勒索商人。

消费市场的扩大,有赖于大量各种类的农副产品和手工业品流入市场。明代湖南地方政府重视粮食生产,兴修水利,扩大水稻种植面积,改进农业生产技术,促进粮食产量大幅度增加,为粮食的商品化提供了客观条件,大量剩余粮食成为商品流向谷米市场,销往全国各地。湖南在明代已经成为全国重要的商品粮基地之一。明宣德年间,苏州、松江一带发生灾荒,粮食歉收,急需救济,而此时湖南地区粮食丰收,谷米市场供应充足,于是江浙、湖广等地的大商人见有利可图,蜂拥入湖南抢购谷米贩运至苏州、松江等灾区,当时通过湘江沿岸的港口贩运而来的粮食船只"数百艘一时俱集",① 场面颇为壮观。湖南的谷米是对外贸易中的大宗商品,不仅能在发生灾荒的时候起到重要的救济功能,在正常的经济交往中也能发挥重要的调剂功能。譬如在南京等地的谷米市场,百年来米价仍能保持平稳,虽然有时米价突然昂贵,等湖广之地的谷米运来之后,米价马上又降至正常水平,极少出现斗米百钱的现象。但如果湖广等地亦同时出现灾荒,没有余粮输往南京谷米市场,该地区的米价则不会这么稳定。"湖广、江西亦荒,米客不时至,则谷价骤踊,而人情嗷嗷矣。"② 不仅南京是湖南谷米的重要消费市场,山西、安徽、福建、京师等地区也从湖南贩运商品粮。天启年间任绥宁知县的包汝楫著《南中纪闻》,即称:"楚

---

① 转引自伍新福《湖南通史》(古代卷),湖南出版社,1994,第571页。
② 转引自伍新福《湖南通史》(古代卷),湖南出版社,1994,第571页。

第四章 湘江流域的水路交通、商业贸易与城市发展

中谷米之利……散给天下几遍。"① 湖南谷米满足当地人口的需求后，通过湘江水运，大量流向市场，粮食成为日常生活中不可缺少的商品，从粮食的销售市场看，工商业人口密集的城市，是粮食主要的消费市场，随着明代工商业与城镇的发展，湖南谷米的消费市场也随之迅速扩大。

与此同时，明代湘江流域农业逐步改变传统的以水稻种植为主的单一农业经营结构，开始注重木棉、烟草、茶叶、桐、桑、麻等经济作物的种植，各种经济作物商品化程度更高，为手工业提供原料，或者直接供应消费，与市场联系更加紧密，促进了本区域农业综合经济体制的发展。在湘江流域生产的诸多经济作物中，茶叶作为商品的销售范围和规模最为引人注目。明朝李时珍编撰的《本草纲目》记载："楚之茶有岳州之巴陵，辰州之溆浦，湖南之宝庆、茶陵……"由此可知明朝湖南产茶区分布较广，湘江流域的酸性土壤适合茶树的生长。明朝政府征集战马的主要方式是通过茶马互市，以茶叶贸易换取马匹。湖南茶叶在明代茶马互市中占有重要地位。明朝政府在茶叶产地设茶课司，在西北边境设茶马司，由政府控制茶马互市。战马多产于西北少数民族地区，而湖南茶叶产量大、价格便宜，茶味甘苦，有助于对饮用酥酪的消化，更适合少数民族的日常生活需要。在明朝早期，湖南的茶叶输往西北地区为商人私自贩运行为，属于私茶，在禁止之列。如《宁乡县志》载："明太祖附马都尉欧阳伦，贩私茶，至赐死。"② 万历二十三年，御史李楠奏请禁湖南茶入西北，其理由是："乃奸商利湖南之贱，逾境私贩。番族享私茶之利，无意纳马，而茶法、马政两弊矣。今宜行巡茶御史招

---

① 伍新福主编《湖南通史》（古代卷），湖南出版社，1994，第571页。
② 《宁乡县志》，嘉庆二十二年刻本。

商报引,先为晓谕,愿报汉(中)、兴(安)、保(宁)者准中,越境下湖南者,通行禁止。"事实上许多商人愿意贩运湖南茶叶销往西北,逐渐影响川茶的销路。朝廷对是否禁止湖南茶是有争议的,御史徐侨的意见则是力挺湖南茶的销售,他认为:"汉、川茶少而直(值)高,湖南茶多而直(值)下。湖茶之行,无妨汉中。汉茶味甘而薄,湖茶味苦,于酥酪为宜,亦利番也。但宜立法严核,以遏假茶。"①户部采纳徐侨的建议,决定"以汉茶为主,湖茶佐之。各商中引,先给汉、川毕,乃给湖南。如汉引不足,则补以湖引"。②自此,湖南茶列入官茶,准许各地茶商大量贩运湖南茶至陕甘茶马司,经核查后销往西北地区。

除了大米和茶叶这两种大宗商品外,湖南还有其他种类丰富的农副产品和手工业品涌进各地市场。农副产品和手工业品的生产,主要以市场为导向,这两类产品都不是为了生产者自给自足的需求,而是要拓展在市场上的销路,追求经济利益。又如在洞庭湖周边地区,各类鱼产量丰富,滨湖地区鱼市买卖繁荣。"家家卖鱼向江浦,大船小船不知数。"③市场上鱼价颇高,供不应求,激发湖边渔民打鱼的积极性,当涨水之时,渔民容易捕获更多的大鱼,家家都有鱼买,鱼市交易兴旺。尤其是制作的干鱼,以其味美深受各地消费者喜爱,可见干鱼的消费市场非常广阔。

4. 清代湘江流域的商业贸易

清政府在湖南的统治巩固后,即大力开发湖南境内的各种资源,以促进地区经济的发展。湘江流域的商业也随之快速发展,同时也促进了沿江两岸城镇的繁荣。这时期湘江流域商业与城镇的发展状况,

---

① 张廷玉:《明史》卷八十,中华书局,1974,第1954页。
② 张廷玉:《明史》卷八十,中华书局,1974,第1954页。
③ 李东阳:《李东阳集》,岳麓书社,2008,第95页。

第四章　湘江流域的水路交通、商业贸易与城市发展

乾隆《湖南通志》卷四十九《风俗》中记载的一段文字有比较客观完整的描述："楚南民朴，所需者日用之常资，故富商大贾亦不出于其间。惟米谷所聚，商贩通焉，其余则小肆店而已。盐集于长，徽商也。湘潭则衡、永、郴、桂、茶、攸二十余州县之食货，皆于是乎取给，故江苏客商最多；又地宜泊舟，秋冬之交，米谷骈至，樯帆所舣，独盛于他邑焉。衡州以上，商多豫章，以地近而贸易易至也。岳州地处省北，货裁取给一郡，即商船之停泊亦少。"由此可见，清代湖南地区物产丰富，百姓日常生活所需物资大多能自给自足，其余依靠当地集市贸易就能满足需求，故当地难有富商大贾。大量外地商人来长沙、湘潭等地贩运各类农副产品，沟通了湖南与各省之间的商业贸易，促进了当地商业的发展。因此，清代湘江流域商业与城镇经济的发展特征主要表现在集市贸易的增长与贩运贸易的发展两个方面。

由于湘江流域特殊的地缘关系，与周边地区的商贸往来比较密切，商品交换的互补性强，许多商品在湘江沿岸中心城市集散运往外地，因此清代湖南境内通过湘江水路的商品贩运贸易较为繁荣。湖南盛产的大米、棉花、茶叶、竹木、桐油、矿产等大量运往外省，而外省的盐、铁及土特产品又大批输入湖南，丰富了湖南城乡的商品市场。

（1）米谷的贩运贸易。在清代，水稻生产是湖南农业的主体，不仅关系湖南的经济命脉，而且对解决全国的粮食供应问题也起着重要作用。俗称"湖广熟，天下足"这深刻反映了湖南粮食产量大，也反映了湖南粮食输出的地区广。湖南已成为全国重要的粮食生产大省，尤其是在洞庭湖平原，被称为"鱼米之乡"，这是清代湖南最大的粮食生产基地。湖南境内还有大批的米谷集散地，通过谷米市场远销各地。如湘潭县易俗河镇，是县境内最大的谷米市场，当地富商在此囤积谷米，"湖南谷豆咸萃于此，乃至下游舟载逆挽来臻，富人建仓轾

储万石,寄屯之息岁至万金"。① 长沙县捞刀河镇,在粮食收获的季节,吸引大量商贾前来收购谷米。"一至秋收之后,各属大贾,携金行户之家,行户得其用钱,带客沿乡收买(米谷),以致大富高抬"。② 醴陵市渌市"惟碓户米坊",客商于秋冬之间至其地粜买。③ 另外湘江流域的清泉、善化、宁乡、祁阳、华容、平江、巴陵等县均有较大规模的米市。由记载的资料可以表明,湘江流域生产的谷米主要输往的省份有江苏、浙江、山西、陕西、四川、贵州、安徽、河南、广东、广西、福建等十余个省份。其中江浙地区是湖南谷米的主要销售地,因为江浙工商业发达,城市居民多,从事粮食生产的农民少,耕地面积亦狭小,粮食严重不足,需要从湖南贩运大量的米谷。雍正元年监察御史许容上奏:"江浙各郡,地狭民稠,素少盖藏,即当大有之年,本省之米犹不足供本省之用,大半仰给于江楚商贩,此江浙历来之情形也。"④ 另外,福建所产的粮食亦不足以供应当地消费,主要通过江浙转运湖南米谷。"福建之米,原不足以供福建之食,虽丰年多取资于江浙,亦犹江浙之米原不足以供江浙之食,虽丰年必仰给于湖广。数十年来,大多湖广之米辏集于苏郡之枫桥,而枫桥之米,间由上海乍浦以往福建,故岁虽频祲而米价不腾。"⑤ 湖南米谷的贩运不仅有官府的行为,私人贩运的米谷总量更大,私人贩运因资金等条件的限制,虽然单笔贩运的数量不大,但贩运的次数频繁,涉及面广,因此私人贩运谷米的总量远远超过官府采购的总量。

(2)棉花棉布的贩运贸易。清代湘江流域种植的经济作物品类繁

---

① 《光绪湘潭县志》(1),载《中国地方志集成·湖南府县志辑(12)》,江苏古籍出版社,2002,第498页。
② 《湖南省例成案》卷一《刑律·盗贼》,嘉庆年间刻本。
③ 嘉庆《醴陵县志》卷二十四《风俗》,嘉庆二十四年刻本。
④ 《宫中档雍正朝奏折》第1辑,台北故宫博物院,1979,第880页。
⑤ 王业键:《清代经济史论文集》,台北稻乡出版社,2003,第130~131页。

第四章 湘江流域的水路交通、商业贸易与城市发展

多，其中棉花是重要的经济作物之一，分布广泛，平原、丘陵、山地均有种植。经济作物的广泛种植为手工业发展提供了充足的原材料，促进了商品贸易的发达。湖南盛产棉花，质量也较好，所织棉布美名远播，吸引了大量外地商人在该地进行棉布的商贸贩运活动，境内棉花与棉布买卖频繁。道光《永州府志》记载："永明产棉花，柔软而韧，旁郡邑多来贩者，以机杼家籍其线作经，他处之线只堪纬也。秋冬间，十四区东铺、马蹄等村货棉最盛。""木棉之利出于永明、江华、零陵间，人每收买远贩。"①"棉布各县皆有，茶、攸、常、澧为多"。② 攸县的棉布"通行潭、醴及江右吉、袁"。③ 巴陵县的鹿角、孙坞、童桥、新墙等市镇都设有"布庄"，"早起收之，饭后而止，岁会钱可二十万缗"，这些布市已经形成一定规模，生意非常兴隆。

（3）竹木的贩运贸易。湘江流域拥有巨大的木材市场。各地经营木材生意的商人见湖南的木材市场有利可图，纷纷前来贩运木材，大量销往湖北、河南、江浙等地。因此在湘江沿岸木材生产、加工、集散贩运的地方便自然形成规模较大的专门的木材交易市场。如在蓝山县毛俊堡墟，"场市材用竹木器具甚盛，估客趋集，必旅宿焉"。④ 永州、衡州、靖州、辰州等地，多属山土，百姓栽植松杉树，长成可以伐卖。"零、祁之木，多出于白水，然后扎簰达江汉"。⑤ 祁县"懋迁者惟杉竹之产饶于他郡，每年架簰载舟涉洞庭而抵鄂汉者络绎不

---

① 《道光永州府志》(1)，载《中国地方志集成·湖南府县志辑（43）》，江苏古籍出版社，2002，第436页。
② 湖南省地方志编纂委员会：《<光绪湖南通志>点校》第二卷，湖南人民出版社，2017，第1541页。
③ 嘉庆《攸县志》卷十九《风俗》，嘉庆二十三年刻本。
④ 《民国蓝山县图志》，载《中国地方志集成·湖南府县志辑（47）》，江苏古籍出版社，2002，第43页。
⑤ 《道光永州府志》(1)，载《中国地方志集成·湖南府县志辑（43）》，江苏古籍出版社，2002，第358页。

绝"。① 境内丰富的森林资源为木材的商品化提供了客观条件,当地的居民也依靠木材买卖获得一定的经济来源。与此同时,外地的木材商人为贩运木材的利润所吸引,也纷纷来到本地,收购木材运往外地省份,从中谋利。湘江流域的木材贸易,在给当地带来经济收入的同时,也给环境带来巨大破坏。树木成材的周期较长,居民为眼前利益所迷惑,大肆砍伐森林资源,引发新的环境危机。这主要是因为人们对木材的需求日益增大,但缺乏可持续性发展的观念,无法做到维持树木的消耗与生长之间的平衡,尤其是对珍贵稀少的树种,因过度砍伐导致绝种。比如在郴州地区,清代以前这一地区曾是重要的皇木采办地,盛产楠、杉等大木,康熙《郴州总志·风土》谈到产物杉楠时仍注有"尽解殿工"字样,而事实上已无楠木可采,特产上这样注明给地方官带来了一些尴尬的麻烦。② 在社会经济衰退的时期,砍伐树木引发的环境破坏问题更为严重。如嘉庆二十三年(1818年)《善化县志》中《物产》一卷中论道:"乔木美材尽充梁栋,兼之酒市店弥布乡里,贫民无以为食,则偷树卖钱。土民开挖营生,则根株尽铲,牛山之濯濯所由为也。"

(4) 茶叶的贩运贸易。清代,由于饮茶习惯的盛行,以及国内外贸易的发展,湘江流域的茶叶产量与销量都大幅增长。就茶叶种植范围而言,除长沙府、岳州府传统的茶叶种植地区外,平江和浏阳两县的茶叶种植也后来居上。由于茶叶销路良好,湘江沿岸的山地甚至很多农田,普遍开辟为茶园。茶叶的销售,除国内市场外,还拓展到广阔的国际市场。

19世纪中后期是湖南茶叶发展的高峰期,年产量达150万担。主要原因是欧美国家来华采购茶叶的数量激增,为满足外商的需求,湖

---

① 同治《祁阳县志》卷二十二《风俗》,同治六年刻本。
② 龚政:《清代湖南的经济开发和生态环境的变迁》,西南大学硕士学位论文,2008,第44页。

第四章　湘江流域的水路交通、商业贸易与城市发展

南扩大了茶叶的出口。《巴陵县志》记载:"北港地皆平岗,出茶颇多,味甘香,亦胜他处。道光二十三年(1843年),与外洋通商后,广人每挟重金来制红茶,土人颇享其利。日晒,色微红,故名红茶。"① 出口欧美国家的茶叶以红茶为主,因此外地商人都来湖南指导当地茶农制作红茶。红茶的出口量极大,价格较高,受经济效益高的吸引,长沙、浏阳、平江、安化、沅陵等地茶农也大量制作红茶。《平江县志》记载:"茶,邑产颇多,有茶税。道光末红茶大盛,商民运以出洋,岁不下数十万金。上自长寿,下至晋坑、浯口,茶庄数十所。贫家妇女相率入市拣茶,填街塞巷,寅集西散。"②

咸丰四年(1854年),粤商到湘潭、安化等地加工红茶,晋商、鄂商等也接踵来到安化。随后不断传入邻近各个产茶县,由安化资水沿岸,传到涟源桥头河、蓝田,双峰永丰镇,娄底和新化一带,由湘潭传到湘乡等地,由平江传到长沙、浏阳、醴陵等县。从此,湖南省开始了红茶的生产、收购、精制运销和出口,统称"湖红"。这些成箱红茶主要运往广州,供应英商洋行出口。湖南茶叶贸易在清代出现了空前的盛况,主要是能够拓展国外市场,将本地的经济发展与外界联系起来,并且能够学习新的茶叶制作技术,以市场为导向,形成适应市场竞争的茶叶种植、制作、销售体系,保障湘江流域茶业的良性发展。

三　湘江流域城市的兴起

湘江流域城市在以前的基础上改造、扩建、完善,逐步形成清代城市布局的特色。由于清代长久的承平时期,城市商业经济繁荣,城

---

① 《光绪巴陵县志》(1),载《中国地方志集成·湖南府县志辑(6)》,江苏古籍出版社,2002,第500页。
② 《同治平江县志》(1),载《中国地方志集成·湖南府县志辑(8)》,江苏古籍出版社,2002,第425页。

湘江流域文化研究

市的功能也逐渐由军事防御型向商业经济型城市转变，湘江流域中心城市充分发挥了政治、经济、文化的功能。另外，湖南城市分别形成、发展于湘、沅、资、澧四水流域，城市对江水的依赖特别明显，因此境内城市规划建设有别于中原地区"方正居中"的空间布局模式，城门的设置充分考虑面朝大江大湖，城中主要街道也大体与江河平行或垂直布置，以便于联通水陆运输。

（一）秦汉时期湘江流域城市的形成

从有关先秦时期的文献记载和考古资料看，湘江流域有长沙城、罗子城、糜子城、磔、郴阳、鄙等。这些所谓"城"，当时大多为楚国的驻军地和控制其南疆的军事政治中心。但由于它们地处交通要道，随着楚人的迁入定居和商品交易的增多，有不少逐渐发展为手工业和商业中心。随着秦汉统一王朝的日益发展，各地联系进一步加强，封建统治者从军事和经济的发展出发，加强了交通运输业的发展，湘江水路作为原与两广交通的中介，地理位置日渐重要，水路和陆路交通得以全面开发。湘江沿岸的城市成为湖南境内经济文化发展的中心区域，所建的城市主要有临湘（今长沙市）、益阳铁铺岭古城、衡阳酃城（今衡阳市珠晖区酃湖乡）、攸（今攸县）、汨罗罗城（今汨罗市）等。

（1）临湘古城。《汉书·地理志》："长沙，秦郡。"《史记·高祖本纪》："徙衡山王吴芮为长沙王，都临湘。"西汉将秦的长沙郡改为长沙国，长沙郡附廓之县"湘县"改为"临湘县"，于是长沙首次成为诸侯王国的都城，长沙国的政治军事经济中心即临湘，考古资料显示，长沙是秦墓出土最重要的地区。根据高至喜先生的界定，湖南已发掘墓葬可认定为秦墓的有14座[①]，长沙所出秦墓共计11座，几乎

[①] 高至喜：《论湖南秦墓》，《商周青铜器与楚文化研究》，岳麓书社，1999，第301页。

第四章　湘江流域的水路交通、商业贸易与城市发展

占其总数的八成。由此可以判定，长沙是秦代湖南地区的首要城市。关于长沙城较为详细的记载最早是北魏人郦道元所著的《水经注》。《水经注》"湘水"条云："湘水又北，左会瓦官水口……又径船官西，湘洲商舟之所次也，北对长沙郡，郡在水东州城南，旧治在城中，后乃移此……又右径临湘故城西，县治湘水，滨临川侧，故即名焉……汉高祖五年，以封吴芮为长沙王，是城即芮筑也……晋怀帝有以永嘉元年，分荆州、湘中诸郡立湘州，治此。城之内，郡廨西有陶侃庙，云旧是贾谊宅地。"依据《水经注》的记述，"临湘古城"的位置大概是：南城墙约在今樊西巷南，北城墙在五一路与中山路之间，东北侧到小吴门附近，西北角到大西门；东至东庆街、东正街、西临湘江。略呈正方形，面积约1.5平方公里。

（2）衡阳酃城。《史记·越王勾践世家》："雎、庞、长沙、楚之粟也。"杨宽先生谓："《史记·集解》引徐广说'庞'一作'宠'，当即后来汉代长沙国的酃县所在。'庞''宠'酃从'龙'得声，和'酃'是一声之转。酃县在今湖南衡阳市东。"① 酃在秦朝地理位置十分重要，一方面在于它和长沙一样，原先也是楚国粮食生产基地；另一方面则在于它是由长沙南下五岭的必经之地。秦始皇征讨南越，大军由湘水南下至此当会分兵：粮草输送船队沿湘江折向西南方向而去，"塞镡城之岭"和"守九疑之塞"的两军亦随之溯湘江而上；"处番禺之都"的一军，则进入湘江支流耒水继续南下。《水经注·耒水》载："（耒水）又北过酃县东，县有酃湖，湖中有洲。洲上居民，彼人资以给酿，酒甚醇美，谓之酃酒，岁常贡之。湖边尚有酃县故治，西北去临承县十五里，从省隶。《十三州志》曰：大别水南出耒阳县太山，北至酃县入湖也。北入于湘。耒水西北至临承县而右注

---

① 杨宽：《战国史》，上海人民出版社，2003，第72页。

湘水，谓之耒口也'。"① 据《汉书·地理志》载，长沙国有酃县。《后汉书·郡国志》载长沙郡有酃县，刘昭注引《荆州记》曰："有酃湖，周回三里。取湖水为酒，酒极甘美。"② 1953~1956 年，湖南考古工作者在衡阳市湘江东岸酃湖一带共清理战国墓118座，此酃湖正是《水经注》与《荆州记》所记之酃湖。发掘中另外还清理出了12座秦汉之际的墓，发掘者将其"简称秦墓"。③ 酃湖旁边还发现了古城遗址。"据考古调查得知，城址平面呈长方形，南北残长约500米，东西残宽约400米，夯土城墙残高10米，宽5米左右。城外护城河宽约10米。采集有筒瓦、板瓦、瓦当以及盆、罐、壶、钵、豆等陶器残片、'五铢钱'、铁剑等。"④ 由于此地早在战国时期即为楚国重要经济城邑，调查发现的西汉古城遗址附近又有与之相对应的战国秦汉古墓群，因此基本可以确定秦朝时期这里也是一座城邑。

（3）汨罗罗城。公元前221年，以罗子国移民领地设置罗县，治所设罗城，隶属长沙郡。西汉高祖5年（前202年），长沙郡改为长沙国，罗县随隶。罗县古城在湘阴县东北30公里汨水南方小洲上，距玉笥山2.5公里。这里交通方便，汉以前巴陵到长沙，必经罗城，它又与平江接界，可达岳州。罗城北15公里，有屈潭，是屈原沉江之处。

罗子国尚有古城保存至今。《水经注·湘水》："汨水又西径罗县北，本罗子国也，故在襄阳宜城县西，楚文王移之于此。秦立长沙郡。"《读史方舆纪要》卷八十云："罗县城……春秋时罗国也。"罗城遗址位于岳阳汨罗市西北四公里处的翁家港至马头槽这一宽阔平坦

---

① 〔北魏〕郦道元：《水经注校证》，陈桥驿校证，中华书局，2019，第874页。
② 陈运溶、王仁俊辑：《荆州记九种》，石洪运点校，湖北人民出版社，1999，第102页。
③ 周世荣：《湖南古墓与古窑址》，岳麓书社，2004，第30页。
④ 国家文物局：《中国文物地图集·湖南分册》，湖南地图出版社，1997，第110页。

的土洲上。1957年湖南省文物管理委员会在此勘察及试掘,发现罗城确实是一个东周时期的城址。岳阳市文物工作队于1993年春曾组织人员对罗子国城址进行调查和试掘,从灰坑中出土了一组扁、盂、豆、罐、盆等属于典型楚文化因素的陶器。

湘江流域古城址还有灌阳观阳城、蓝山南平城、宁远泠道城、宁远春陵城、衡阳重安城、衡山永和城、长沙三汊矶城、平江安定城。秦汉时期湖南的城市发展很快,只是这些城市规模普遍较小,建筑比较精细,主要做防御外敌之用。

(二)唐宋时期湘江流域城市的发展

唐宋时期是我国古代社会发展的一个高峰,社会政治稳定,经济繁荣发展,在这些有利条件的基础上,湘江流域的城市在这一时期得到快速发展。

唐代长沙已发展为一座商业城市,并成为湖南地区政治、经济、文化中心。这一方面得益于当地农业与手工业的发展,为市场的开辟提供大量农业和手工业产品;另一方面得益于长沙对外交通即商业贸易线路的开通和改善。从长沙沿湘江入洞庭,顺长江而下可达扬州、宁波等地,开辟海外贸易,长沙窑瓷的外销,多经此商道;经湘江过洞庭湖,进入长江航道,北上可达中原地区;西通巴蜀,南及岭南。四通八达的商道的开通,促进了长沙商业的繁荣,长沙的粮食、茶叶、丝织品、瓷器等商品源源不断地远销各地。在长沙城内,货肆店铺林立,流寓长沙的诗人杜甫在《暮秋枉裴道州手札,率尔遣兴,寄近呈苏涣侍御》诗中描写了当时市场的情景:"茅斋定王城郭门,药物楚老渔商市。市北肩舆每联袂,郭南抱瓮亦隐几。"这说明长沙城形成一批比较发达的集市。集市的出现是商品交换发展的必然产物,同时又促进城市商业的发展。在城市布局上,居民区与商业区严格区分,并各由围墙封闭开来。市场白天开放,黄昏时关闭,这是自秦汉时城市一直实行的市坊制度。安史之乱以后,北方人口大量南迁,长沙城市人口增加,商品交换需求不断扩大,限时限地的封闭式市坊制度不能适应商业城市的发展,商业贸易难以被严格限制在专门的商业区,部分居民区开始出现市场、店铺、手工作坊,城市商品经济更为活跃。尤其是马楚国时期,定都长沙,实行开放的商业政策,刺激经济发展,传统的市坊制度逐渐被打破,长沙城市化进程加快。

湘潭作为水路商道的必经之地,于唐天宝八年(749年)从衡山析出建置,县治洛口(今易俗河),因其水陆交通的拓展与商业的繁荣,湘潭城市政治、经济、文化得以长足发展。水运方面,《湖南地理志·湘潭县》载:"水凡九曲,形如弓字,行二百四十里,通行无阻,此县商繁盛之利源也。"唐代两次疏通阻塞严重的灵渠,取道灵渠的岭南与中原的南北商业贸易,促使湘江航运更加繁忙。而湘潭居湘江上下游交汇之处,正当南北水运要冲。尤其是县治洛口,上距衡州下至长沙均便利,沿江数十里,水深且流速缓慢,是泊船的天然良港。因其独特的水文条件,湘水上游滩浅水急,大船难以通行,只适宜小船运载货物。因此中原、江淮、巴蜀大船所载货物,必须在湘潭洛口卸装,由小船运往湘南、两广地区;而湖南境内及岭南地方的货物,都由小船运集洛口,改装大船,经长江水运北上,甚至扬帆远渡重洋。洛口也是漕仓所在,长安、江淮米商云集湘潭,湖南的粮食囤积洛口,源源不断地运往长安、洛阳等地。其他贵重商品如大宗香料、珠宝、犀象等从湘潭转输中原腹地;中原的丝绸、瓷器亦多取道湘潭进入广州远销海外,中原、岭南货物与番货的转运贸易颇为繁盛。① 流寓湘潭的唐代诗人许浑在其《送客南归有怀》诗云:"绿水

---

① 尹铁凡:《湘潭经济史略》,湖南人民出版社,2003,第65页。

第四章 湘江流域的水路交通、商业贸易与城市发展

暖青萍,湘潭万里春。瓦尊迎海客,铜鼓赛江神。"诗中描述了全国各地甚至海外商人汇聚湘潭,进行商品贸易和运输的繁忙景象。长年累月,货船南来北往,湘潭遂成为商业贸易的中转枢纽,成为富庶之乡、财赋供应之地。

湘潭商贸的发展,客观上为都市生活提供了较丰富的物质基础,在寓居湘潭的文人士子的诗文当中,可见当时湘潭都市生活的繁荣。被贬潭州的书法家褚遂良在《湘潭偶题》中有"踏遍九衢灯火夜,归来月挂海棠前"诗句,反映了湘潭街道纵横、店铺林立、夜市热闹的场景。许浑《卢山人自巴蜀由湘潭归茅山因赠》诗云:"导引岂如桃叶舞,步虚宁比竹枝歌?华阳归隐莫归去,水没芝田生绿莎。"诗人以调侃的语气告诉友人,不要错过湘潭都市里的"桃叶舞""竹枝歌",这也直接反映了湘潭都市生活丰富多彩。杜甫乘船经湘潭赴衡州,发出"乱离难自救,终是老湘潭"的感慨。湘潭商贸发展的同时,亦迎来大批迁客骚人,为都市的发展积聚了深厚的文化底蕴。都市丰富的生活、兴旺的人文历史,突出地反映了湘潭商业贸易的发达及其城市的发展。

衡州治所在衡阳县(今湖南衡阳市),位于湘江岸边,蒸水、耒水与湘江汇合之处,交通便利。隋唐时期,衡州是湖南境内重要的粮食生产区,并有大量余粮外运,虽然后期人口大增,但衡州城市商业并不活跃。唐朝末年,衡州经济一直处于停滞状态。直到马楚国时期,在衡州兴修水利,发展农业,为城市商业发展奠定了基础;大力发展制瓷业,宽松的商业政策成就了衡州的衡阳窑、东江窑、湘江窑的兴起,并且超过了长沙窑,衡州的瓷器贸易畅销国内外。另外,衡州的茶叶贸易也形成规模效益,通过便利的水路运输,远销交趾。这样,衡州很快发展为商业城市。

岳州治所在巴陵县(今岳阳市),位于长江南岸,濒临洞庭湖,

水运发达，物产丰富。岳州湖边渡口既是舟船的停泊之地，又是水运与陆运的连接点。岳州的城市发展主要受军事、政治影响而有较多军事、行政职能，岳州历来是兵家必争之地。随着湖区农业、手工业发展，农业的商品性增加，商品交换相对活跃，乡村集市向小城镇过渡。此时期，岳州城市的经济职能明显增加，商业贸易频繁，城市经济的繁荣并不依赖行政和军事上的强制措施。

马楚统治期间，岳州大力发展种茶，所种邕湖茶（即含膏茶）最有名，是贡品。瓷器生产也小有名气，陆羽在《茶经》中多次提到"岳州窑"，谈到喝茶用的瓷器时说，"碗，越州上，鼎州次，婺州次，岳州次，寿州、洪州次"，岳州窑占第四位。在谈到釉色瓷时却说，"越州瓷、岳州瓷皆青，青则益茶"，把岳州青色釉瓷与越州瓷相提并论。在茶叶贸易、瓷器销售以及鱼市繁荣的经济因素刺激下，岳州很快成为有名的商业城市。

（三）明代湘江流域城市的改建与布局

明代湘江流域城市所属的府治、州治、县治基本是当地的政治、文化、商业中心。明代长沙府城仍是湖南地区的政治、文化中心。洪武五年（1372年），改潭州府为长沙府，治长沙。在雄厚富庶的经济基础上，明代长沙城的布局和城市面貌发生了突出的变化，长沙守御指挥使邱广主持改建长沙城，将元代所筑的长沙土城改为石基砖砌。这其间长沙经济有了很大发展。长沙"虽无甚富，但无甚贫"。城市面貌有了突出的变化。洪武五年，城周十四里，城基广三丈九尺，高二丈四尺，外围以护城河，设门九座：东为浏阳、小吴门，南为黄道门，西为临湘、德润、潮宗、通泰四门，北为湘春、新开二门，均有门楼，还有更楼六七座，城内建有钟楼、鼓楼各一座，并建了不少桥梁如清泰桥、落棚桥、西湖桥、广济桥、大椿桥等。此时长沙已成为

第四章 湘江流域的水路交通、商业贸易与城市发展

街道纵横、工商业繁荣的商业城市。围绕城市的高大城墙开九座城门，每座城门入口对着一条主干街道，与此主干街道纵横交错的共有150余条小街巷，共同形成整个城市的网状交通骨架。其中街名沿用至今的盐仓街、三泰街、织机巷、金线巷、苏家巷、碧湘街、学院巷等大小几十条街道位置，与今无异。"长沙城主要依据中国封建时期传统城市空间结构的基本模式，采取'方城直街、城外延厢、以形寓意、礼乐和谐'的布局方式。城址选择重视对城区周围自然环境的探索，追求山环水绕的形胜境界。城市道路多呈直角相交的方格网状，并有南北和东西通向城门的主街。城市内部空间布局整体感较强，主要政治、文化类建筑具有明显的轴线配置关系。"①

湘潭虽然在明万历四年才由知县吴仲主导修筑土城，但湘潭依靠湘江，江面宽阔，水流平稳，沿江有十余处良港码头，各地运至的货物在此集散，商业极为繁荣，在明代湘潭即有"小南京"的美誉。城中多士大夫宅第，房屋排列整齐。城内的商业街区，称为"总"，"其坊厢直街，分总从宋桥西至小东门为一二三总，宣化街至新街为四五六七总，旧生湘门为八总。"②"总"是湘潭明清以来对商业街区的特称，城外沿江的"总"比城内的商业贸易更加红火。明代湘潭的经济发展主要依靠便利的水路运输货物，在城市建设中，主要考虑街道连通沿江码头，便于水运货物，因此湘潭城市布局，突出表现了浓厚的商业色彩。

湘江下游的城市岳阳，其城市建设在明代亦有很大发展。"洪武四年，始拓而再筑之。二十五年，指挥音亮重加甃砌，周千四百九十八丈，约七里，高三丈六尺有奇；雉堞千三百六十有六，高四尺；旧

---

① 张河清：《湘江沿岸城市发展与社会变迁研究（17世纪中期~20世纪初期）》，四川大学博士学位论文，2007，第103页。
② 《光绪湘潭县志》（1），载《中国地方志集成·湖南府县志辑（12）》，江苏古籍出版社，2002，第436~437页。

为门者六,永乐间废昌江门。今门五,东曰朝阳,西曰岳阳,西右曰水西,南北各以方名,咸有月城,东南门外各为桥一。并北凿河,周千余丈,深二丈许,阔八十余丈。其西滨湖,盖唐人所咏波撼者。嘉靖间屡崩陷,知府王柄、赵之屏、金蕃、姜继曾皆修砌,而迄无成功之。(赵之)屏独费帑金将万,惜哉!北门月城筑台,其中竖立三贤祠,固尊之,然亦似蔽路冲者也。隆庆初,分巡副使施笃臣创议,即自江滨起筑,壁立直上,仰视山岗,犹数丈有余,城中直望之无蔽也。而所以御水者,别筑土堤,洪涛如山,土堤其若何?今水已抵城下矣。"[1] 岳阳城为洞庭湖边要塞,水运极为便利,也是沟通南北漕运的要道,历来为军事重地,岳阳城的筑造首先突出表现为"高筑墙"巩固城防的军事防御特征。另外,岳阳城位于洞庭湖滨,依长江,纳三湘四水,江湖交汇,水资源丰富,同时水患严重,因此城市布局中,不得不花费重金修筑防洪大堤,城中的重要建筑如官署、太庙、学宫等依地势而建,立于山岗高处,以免遭受洪灾。由于城市商业经济的发展,岳阳外城自南正街、竹荫街、天岳山延伸至吕仙亭附近一片,为新兴商业贸易及市民阶层的居住区。

明代湘江流域的城市布局大多表现出"高筑墙、固城池"的特征,城市的军事防御功能突出。内城以藩王府、官府行政机构为中心,外城主要是商业区和居民居住区。城市的扩建或改造在原来城址的基础上进行,或者在旧城之外扩建新城,由于明代商业经济的发展,政府经济实力比较雄厚,因此城市建设中改变前朝土城的样式,多以砖石为主建筑城市,为清代的城市规划建设奠定了基础。

---

[1] 隆庆《岳州府志》卷六《军政考》,载天一阁藏明代方志选刊,上海古籍出版社,1963年影印本。

第四章　湘江流域的水路交通、商业贸易与城市发展

(四) 清代湘江流域商业经济型城市规模的拓展

清代湖南城市在前朝城市的基础上改造、扩建、完善，逐步形成清代城市布局的特色。得益于清代长久的和平安定，城市商业经济繁荣，城市的功能也逐渐由军事防御型城市向商业经济型城市转变，中心城市充分发挥了政治、经济、文化的功能。另外，湘江流域城市建设对江水的依赖特别明显，因此境内城市规划有别于中原地区"方正居中"的空间布局模式，城门的设置充分考虑面朝大江大湖，城中主要街道也大体与江河平行或垂直布置，以便于联通水陆运输。

湘江流域城市规模最大的是长沙城，此时长沙城市商业较明代更为繁华，对外交流频繁，长沙、善化两县同城共治。乾隆年间，长沙城"现存城楼五座，城身计长一千一百八十六丈，系长沙县分辖管理；东自小吴门起，由南而西至浏阳门、南门、小西门、大西门止，城楼四座，城身计长一千四百五十三丈，系善化县分辖管理"。[1] 清朝前期，长沙府官员募集资金对长沙城的建筑、街道多次加以修缮，因长沙城长期的稳定和商业经济的繁荣，原有城门不敷应用，又新辟经武门、福星门、太平门、学宫门，城内街巷纵横。咸丰二年，太平军攻打长沙城，被官兵击退后，长沙城得以大加修葺，"屡次兴修，共计五百二十余丈，又拆修北门城楼及月城，添建各处炮台及码头、踩台，加高垛口二百余处，谯楼、雉堞焕然一新"。[2] 咸丰年间长沙城的整修，优先考虑城墙加固工程，同时兼顾了保护城市商业的目的。直到同治年间，长沙城市规模达到了"广五里，袤十里，周二千六百三

---

[1] 《乾隆长沙府志》，载《中国地方志集成·湖南府县志辑 (1)》，江苏古籍出版社，2002，第211页。
[2] 《同治长沙县志》，载《中国地方志集成·湖南府县志辑 (3)》，江苏古籍出版社，2002，第29页。

十九丈有奇","往年城工崇屹,甲于他郡"。① 长沙城市经济的发展主要依靠湘江沿岸的码头和商业街区的市肆贸易,城市的布局和拓展也沿着湘江岸线走势自由发展。绵延七里的古城墙开有九道城门,其中四道城门面向城西边的湘江。城中主要街道因运输货物之便,都通向湘江沿岸水运码头,这种自发形成的城市空间布局规模逐步向外扩张,形成与湘江走势相适应的商业街区。经营日用品的铺店和小型酒肆、茶楼在各街巷内随处可见。在通往水运码头的交通要道上则分布批发大宗商品的行业街市,以利货物集散。随着长沙城商贸零售业的大发展,同行业常集中在某条街上,形成了数十条商业街市。譬如长沙米市,在清代为全国四大米市之一,当时在沿湘江一线的街市,粮行米栈云集。特殊零售性质的行业街市及大型酒楼"茶馆"瓦子等则集中在城市中心商业区。至今仍保持或恢复原址的坡子街、太平街及潮宗街等,明清以来就是长沙城市的商贸中心。顺治年间,寓居长沙的苏州人劳澄在长沙的坡子街开设一家药铺,此为长沙城里最早的民营药铺,后其曾孙劳禄久于乾隆十四年(1749年)将店定为九芝堂。乾隆元年(1736年),长沙尚德街陈力新堂研制中药,疗效显著,民众多购买。因商品交易的兴旺,与群众生活息息相关的各种行业也陆续出现,进一步繁荣了商业。康熙三十一年(1692年),长沙城开始有执照营业的典当商行。乾隆五年(1740年),长沙董同兴刀剪铺生产的优质刀剪畅销湖南各地。嘉庆年间,长沙的副食品开始以手工作坊的方式生产,戴同兴酱园生产的豆制品深受顾客喜爱。光绪二十三年(1897年),绣工胡莲仙儿子吴汉臣兄弟在长沙城红牌楼开设吴彩霞绣庄,制作颇具地方特色的湘绣,并且开店销售湘绣产品。自清初

---

① 《同治长沙县志》,载《中国地方志集成·湖南府县志辑(3)》,江苏古籍出版社,2002,第29页。

第四章　湘江流域的水路交通、商业贸易与城市发展

以来，可以满足城乡居民日常生活需求的各类商铺均在长沙商业街上发展壮大，成为百年老店。这些店铺大多与手工业相互结合，形成前店后坊的经营模式。后台坊间制作的手工业品，可直接拿到前台店面出售，不仅可以零售，还可以根据生产规模大批量地批发给外地商人，生意颇为兴隆。有些资本雄厚的大商号不仅在长沙设店，还在外地设立分店，形成经营网络，开拓商品销路。商业街区的形成，在长沙城市发展史上占有重要地位。

湘潭城在明末清初时毁于战火，清初经过几次修复，至乾隆二十五年，"秦鏴乃请帑金二万四千，大建砖城，并作护城石堤，今城犹鏴制也。"①秦鏴在《重修县城记》中首先突出了湘潭城在湘江流域的重要地位，"潭邻衡岳，带湘水，上控两粤，下通江汉，邮传舟航，往来如织，号称剧邑，故有城"。②此次秦鏴主持修筑的湘潭城，以砖石为主要建筑材料，相比之前土木结构的旧城更加坚固安全，基本奠定了清代湘潭城的规模，"其城南临湘水，周千三百三十二丈，高丈八尺，垛口二千六百。启六门，南曰观湘，其东文星，东北熙春，西南通济，皆通水；北曰拱极，西曰瞻岳，皆通陆道。门各有楼"。③新城修建完工之后，城市面貌焕然一新，《重修县城记》曰："六门洞开，长堤绵亘，雉堞嶙峋，谯楼峻峙。潭民士掎裳连袂，欣欣色喜，张乐设彩庆祝，忭舞乃进。"④湘潭城开六城门，其中四道城门面向湘江，江面宽阔，江水平稳，沿江两岸多深水良港。"湘潭城外街巷形

---

① 《光绪湘潭县志》（1），载《中国地方志集成·湖南府县志辑（12）》，江苏古籍出版社，2002，第435页。
② 《光绪湘潭县志》（1），载《中国地方志集成·湖南府县志辑（12）》，江苏古籍出版社，2002，第435页。
③ 《光绪湘潭县志》（1），载《中国地方志集成·湖南府县志辑（12）》，江苏古籍出版社，2002，第435页。
④ 《光绪湘潭县志》（1），载《中国地方志集成·湖南府县志辑（12）》，江苏古籍出版社，2002，第435页。

成十街十六巷的城市规模,城厢地带的正街、河街、后街三层街巷,与湘江沿岸的各个码头相连,成为商品转销运输、商业贸易集中的市场核心区域。"① 这种布局充分考虑了湘潭城临江的优越地理位置,城内街道连通江边码头。城墙、护城堤、道路、港口、码头等基础设施的完善进一步促进了城市繁华的商业贸易。在湘潭城市布局中,商业街区的空间拓展是其最大的特色。湘潭当地以"一总、二总、三总,以至十九总"称呼县城以东整个城厢街区,故而城厢一带又称城总。自平政桥至窑湾为九总至十九总,沿河街巷在乾隆年间成为湘潭县市最核心的商业街区,以正街为主干道,河街在正街之南,与正街平行,河街往南到达湘江岸边即为各大码头。后街在正街之北,连接各个街巷往北边的陆路交通出口。正街、河街、后街等主干街道之外的衡街和巷子亦以"总"来确定方位。② 街巷商铺生意兴隆,"城总市铺相连几二十里,其最稠者则在十总以上,十九总以下,凡粮食、绸缎、布匹、棉花、鱼盐、药材、纸张、京广货物、竹木牌筏,皆集于此,为湖南一大码头"。③ 至光绪年间,湘潭城市规模进一步扩大,"城中几三千户,栋宇整峻矣","自通济门外为八总,直上至窑湾为上十八总,惟十八总分上下。凡十二总菁华萃于此,故为天下第一壮县"。④ 城中建有商人会馆近20家,沿江码头40余个,湘潭成为湖南省境内一大商业城市。

衡阳城历来是湘南地区的政治、经济、文化中心,在清代衡阳作

---

① 陈瑶:《籴粜之局:清代湘潭的米谷贸易与地方社会》,厦门大学出版社,2017,第38页。
② 陈瑶:《籴粜之局:清代湘潭的米谷贸易与地方社会》,厦门大学出版社,2017,第39页。
③ 《乾隆湘潭县志》(1),载《中国地方志集成·湖南府县志辑(12)》,江苏古籍出版社,2002,第177页。
④ 《光绪湘潭县志》(1),载《中国地方志集成·湖南府县志辑(12)》,江苏古籍出版社,2002,第436~437页。

第四章 湘江流域的水路交通、商业贸易与城市发展

为湘南重镇的地位丝毫没有改变。自顺治至乾隆年间,衡阳城屡经修缮,其城池建置基本确定。"城围计一千二百七十丈八尺,自南门东至北门计六百七丈,属清泉县经营。自南门西至北门计六百六十三丈八尺,属衡阳县经营。"① 乾隆二十一年,从衡阳县析出清泉县后,衡阳城就由两县共同治理。衡阳不仅是湘南地区的商业中心,还是全国性的军事重镇,城市布局依山傍水,地势险要。"城故有濠,自南而西至北门,袤八百二十六丈,深四尺,阔一十三丈,环西南而汇流于东北池,东则湘水旋绕为堑。"② 由于港口商业贸易活跃,道光二十六年(1846年)乃大修港城,"城周二千二百五十五步,东西最远四百步,南北八百五十步。城门七,南曰回雁,东南曰阅江,东曰宾日、亦曰柴埠,东北曰潇湘,西曰安西,西北曰望湘,北曰瞻岳。城内旧有街道,初宽不过八尺。"③ 阅江、柴埠、潇湘、安西等城门外即为港埠码头,在码头从事搬运的工人多达数百名。至同治年间,衡阳城区人口达6万之众,城区面积4.2平方公里,南北正街为中心商业区,北门为中心行政区,石鼓书院、船山书院所在街区为文化区。街道为四纵六横结构,城市功能分区明显。城市北区湘江、耒水、蒸水三水汇合,水路运输发达,湘南地区的木材、谷米等农副特产在此集散,北区街巷两旁均为店铺,是繁华的商业贸易街区。衡阳城南部主要是居民居住区、寺庙、各地会馆和集市。城中部为衡州府治、衡阳县治、清泉县治所在,城中街道纵横平整,四通八达,建筑排列整齐对称。从整体上看,衡阳城的布局充分考虑山水地理特征,城市依靠南

---

① 《乾隆衡州府志》(1),载《中国地方志集成·湖南府县志辑(34)》,江苏古籍出版社,2002,第74页。
② 《乾隆衡州府志》(1),载《中国地方志集成·湖南府县志辑(34)》,江苏古籍出版社,2002,第74页。
③ 《中国实业志·全国实业调查报告之四·湖南省》,第三篇《都会商埠及重要市镇·衡阳》,民国二十四年(1935年),第199(丙)页。

岳衡山主峰由南向北延伸发展，城东湘水环绕，西北有蒸水注入湘江，整座城市与自然山水融为一体，历来是名副其实的山水文化名城。

岳阳城位于湘江下游、洞庭湖畔，水运交通极为便利，为交通南北漕运的枢纽。岳阳城在清代前期屡经修建，雍正年间城市布局基本定型，至同治年间形成"三街六市"的规模，成为一座独具南方建筑风格的名城。"岳州府城门五，南曰迎熏，东曰湘春，北曰楚望，西曰岳阳，西之北曰小西。自咸丰二年于西门外北起小西门、南至天皇巷筑为月城，辟门曰金潭。小西门、大西门皆居城内。""光绪十一年，知县刘华邦增建东门月城，计步一百一十四，北门月城计步一百一十八。"[①] 清代岳阳城在旧城的规制和基础上屡次改造，修建城墙、城门、城楼、月城以及官署、学院、寺庙等主要建筑。城市的主体建筑风格和布局一方面遵循儒家礼制的等级体系，另一方面在城市整体布局中强调城市与山水地势的协调与交融，体现了人文与自然的和谐理念。岳阳的城郭格局随着山脉或湖面的地貌特征走向呈自然状态，并没有刻意遵守轴对称的齐整标准，城池亦依地形而开拓，呈不规则形状。城内标志性建筑如岳阳楼、文庙、书院、文昌阁等，均依山傍水，巧妙地依托自然地形而建，基本不需要移山填湖，城市布局与周边山水景观融为一体。又如红船厂、街河口、岳阳楼下端、韩家湾、南岳坡等处皆就坡岸筑码头、辟货场。光绪二十五年（1899年）岳阳开辟为商埠后，"外轮来泊，航行称便"。[②] 清代岳阳城三面环水，水路交通极其便利，然而也经常遭受水灾。因此岳阳城建设规划在充分利用水路交通优势的同时，还特别关注城市防洪堤的修建和加固，

[①] 《光绪巴陵县志》(1)，载《中国地方志集成·湖南府县志辑(6)》，江苏古籍出版社，2002，第505页。

[②] 湖南省地方志编纂委员会编《湖南省志》第十卷《交通志·水运》，湖南人民出版社，2001，第453页。

第四章 湘江流域的水路交通、商业贸易与城市发展

相比其他沿江城市，岳阳城的防洪堤修建工程是一大特色，如白荆堤、悭虹堤、永济堤、李公堤等防洪堤，与岳阳城墙、楼台、码头一样历史悠久，是岳阳城整体不可或缺的一部分，成为岳阳城市与山水和谐相处的人文胜景。

清代湖南的城镇建设沿袭了前朝城镇建设的风格，并在此基础上扩建、巩固，建筑多用砖石材料，城市布局及面貌有很大改观。虽然还重视城墙、雉堞、月楼、箭楼等军事防卫特征明显的建筑，但得益于清代前期长久的和平，以及城市商业经济的发展，城市的军事功能渐渐淡化，而城市的经济功能、政治功能日益凸显。城市的总体布局一方面遵循了儒家等级礼制，另一方面根据湖南境内的地形地貌，将城市与自然山水融于一体，城市都坐落于江湖边，尤其依赖水路运输，城镇的商业街区都与江边沿岸码头相连通，体现了城市与自然的和谐相处之道。

城镇以外的集市贸易一般远离中心城市，但为周边居民的生产生活带来很大的便利。生活在远离城镇的村民，因路途遥远交通不便，他们一般很少去中心城市购买所需的物品或出售自己剩余的农副产品，但他们的生产与生活仍离不开在市场上的商品交易。他们需要将手中多余的农副产品、手工制品等特产拿到集市中来进行买卖，以换取他们需要的日常生产和生活用品。在市场经济的条件下，这种需求自然会在居民生活的区域产生一个集市。这类集市按照其贸易规模可大可小，贸易方式十分灵活。从清代湖南地方州县的志书记载来看，各地的集市贸易相对而言比较发达和成熟。这类乡市在各个州县的方志书里均有记载，譬如规模较大的乡市还有长沙县乔口市、湘潭易俗市、醴陵渌口市、巴陵鹿角市、耒阳上堡市、祁阳归阳市、大营市、兴宁东江市等。这些乡市大多长盛不衰，成为当地的经济中心，有些乡市的规模和繁荣程度甚至超过所属县城。

第五章

湘江流域的治理及其交通

水是自然环境中最活跃、最具匠心的因素，形塑出美丽的湖泊，创造出宝贵的资源，成就着鲜活的精灵，孕育出多样的文明。但面对奔腾的河流和浩瀚的大海阻隔时，很难想象早期的人类是什么样的心情。为克服水域所造成的交流障碍，拥有发达智慧并善于积累经验教训的人类于是发明了船只这一重要的运输工具。借助舟楫，人类延伸了自己的双脚，打破了地域的封闭，扩展了自己的眼界，避免成为地理意义上的囚徒困境，且可获鱼盐之利，并促工商之兴。舟楫这一伟大发明，是人类充分掌握自然规律后取得的造福人类自身的标志性成果。但水可载舟亦能覆舟，当自然机理失调时则会产生异常巨大的破坏力，淹没农田、毁坏作物、漂没庐舍、吞噬生命、冲毁道路、卷走万物。

湘江（亦名湘水）水系发达，江河纵横，湖塘密布，水量充沛，多丘陵、盆地与河谷平原，流域内的先人祖祖辈辈在此繁衍生息，是湖南省名副其实的母亲河。但亦如所有的江河湖海一样，这条母亲河在给予人们以丰厚馈赠和万千福报的同时，也给流域内的人们生活、生产造成诸多不便，尤其是水患所释放出来的破坏力，更是严重威胁着人们的生命财产安全。人是大自然的产物，也是大自然的一部分。一部人类发展史，就是人类与自然长期周旋的历史。只有尊重自然、顺应自然，人类才能利用自然造福自身。对湘江流域的治理亦莫能外，兹从河道开浚、交通治理、救生治安、开埠通商等方面略述于下。

一 古代湘江干流治理

河道开浚是指为疏通、扩宽或挖深河湖等水域，用人力或机械进行水下土石方开挖工程。古代湘江干流河道疏浚工程，主要有灵渠的开通、港口的开浚、新河的开挖疏浚等。

（一）修筑沟通湘、漓二水的灵渠

位于广西壮族自治区兴安县境内的灵渠（古称秦凿渠、零渠、陡河、兴安运河、湘桂运河），由东向西流，将兴安县东面的海洋河（湘江源头，由南向北流）和兴安县西面的大溶江（漓江源头，由北向南流）相连，是世界上最古老的人工运河之一。

灵渠的凿成通航，最早可追溯到秦朝。秦灭六国之后，遣蒙恬北北击匈奴，"又使尉屠睢将楼船之士南攻百越，使监禄凿渠运粮，深入越，越人遁逃"。①时为秦始皇嬴政三十三年（前214年），主持修筑者是秦朝一位名叫"禄"的官员，为的是解决秦军南征百越所需的后勤补给问题。后废。东汉初年，伏波将军马援南征交趾，"开湘水，为渠六十里，穿度城中"②。渠道后又崩坏，唐宝历初（825年），"观察使李渤设斗门十八以通漕，俄又废"；咸通九年（868年），"刺史鱼孟威以石为铧隄，亘四十里植大木为斗门至十八重，乃通巨舟"。

---

① 司马迁：《史记》卷一百十二，中华书局，1959，第2958页。
② 蒋廷锡、王安国等修纂《大清一统志》（康熙）卷二百九十二，清道光九年（1829年）木活字本。

北宋，"国初漕臣边诩、嘉祐宪臣李师中、乾道帅臣李浩皆修是渠"；嘉祐三年（1058年），"提刑李师中积薪焚其石，募工凿之，废斗门而舟以通"；南宋绍兴二十九年（1159年）十二月，"臣僚言广西灵渠接全州大江，其渠仅百余里，诏漕臣修复，以通漕运"；绍熙五年（1194年）十二月，帅臣朱晞颜等重修。① 明朝较大规模的修浚有三次，"明洪武末，渠道湮坏，遣御史严震直修浚"；"永乐二年（1404年），改作如旧制，水患始息；成化间复坏，郡守罗珦修复"。② 至清代，灵渠又先后于康熙五十三年（1714年）、雍正九年（1731年）、乾隆十九年（1754年）、嘉庆五年（1800年）分别在广西巡抚陈元龙、两广总督鄂尔泰、广西巡抚金𫓧、两广总督杨应琚、广西巡抚谢启昆任内续修。③ 清光绪十一年至十二年（1885～1886年），广西护理抚院李秉衡请旨奉准大修，现今所见灵渠，大致就是这次维修后的面貌。

当我们走近灵渠，最先看到的是为避免湍急的水流冲刷河床、冲毁堤岸而特意修得迂回蜿蜒的分水塘。然后是一条为减缓水势向南伸展的浅滩，形似犁铧，故名"铧嘴"，前端直指湘江上游。铧嘴后接呈倒"人"字形的分水堤，稍短的南堤称"小天平"，稍长的北堤称"大天平"，将湘江上游水流一分为二。南、北两条水渠各有分工，相辅相成，三分南流水经小天平导入南渠，向西延伸汇入漓江；七分北流水经大天平导入北渠，向北延伸重回湘江。分水堤坝矮于两侧河岸，枯水期的湘江水被全部导入渠道；洪水期的江水可越过堤坝，流入湘江故道，既可泄洪，又可避免灵渠为洪水毁坏。

兴安县位于五岭最西的越城岭以南，东边是属于珠江水系的漓

---

① 王应麟：《玉海》卷二十二，文渊阁四库抄本，清乾隆四十七年（1782年）。
② 顾祖禹：《读史方舆纪要》卷一百七，敷文阁藏版，清刻本。
③ 谢启昆、胡虔修纂《广西通志》（嘉庆）卷一百十七，清同治四年（1865年）刻本。

第五章 湘江流域的治理及其交通

水,西边为湘水,两水之间距离很近,但湘水水位低于山岭,漓水的水位更比湘水还高,船只没办法从低处向高处"爬坡"。这一难题的解决,要归功于唐朝观察使李渤设计的"斗门","叠石造渠如铧觜,劈分二水,每水置石斗门一,使制之,在人开闭。开,漓水则全入桂江;拥,桂江则尽归湘水"①。陈元龙在《重修陡河天平石,陡门告成,阅视有作》对此称赞不已:"兴安河渠高下数百尺,湘源一泻无余泽。讵唯舟楫阻商旅,直使耕耘旱阡陌。唐时李渤垂大劳,逆流横截天平石。筑为陡门三十六,导直为曲延水脉。黄河之闸体制同,灌溉有资艘舶通。"② 其后,斗门(后称"陡门")修筑,"皆因渤之故迹",其数增减不一,至清光绪十一年(1885年),仍有35座。"舟入一斗,则复闸,斗俟水积渐进,故龙循岩而上,建瓴而下,千斛之舟,亦可往来治水,巧妙无如灵渠者。"③ 斗门主要建在南、北渠河道较浅、水流较急的地方,实际上起到了类似船闸提高水位、蓄水通航的作用。

灵渠主体工程除铧觜、大天平、小天平、南渠、北渠、斗门外,又有泄水天平、水涵、堰坝、秦堤、桥梁等设施,尽管兴建时间先后不同,但它们互相关联,成为灵渠不可缺少的组成部分。这样一来,灵渠将左右两条南北走向的漓水、湘水打通,共同组成一个向西倾斜的"H"形水系,巧妙地解决了水往高处流、船只翻山过岭的难题,形成了古代灵渠浮舟过岭的奇观,赢得"世界古代水利建筑明珠"的美誉,2018年入选第五批世界灌溉工程遗产名录。

灵渠虽然是秦朝出于开疆拓土的需要而修建,却在无意之中将湘江源头与漓江源头相连,起到了沟通长江和珠江水系、打通南北水上

---

① 蒋廷锡、王安国等修纂《大清一统志》(康熙)卷二百九十二,清道光九年(1829年)木活字本。
② 谢启昆、胡虔修纂《广西通志》(嘉庆)卷一百十七,清同治四年(1865年)刻本。
③ 顾祖禹:《读史方舆纪要》卷一百七,敷文阁藏版,清刻本。

通道的作用，让岭南文化与中原文化跨越五岭实现完美交融，对巩固国家统一，加强南北政治、经济、文化交流，密切各族人民往来，都起到了积极作用。时至今日，其仍在航运、灌溉、旅游等方面发挥着重要作用。

（二）为解决商船停泊问题开浚长沙南湖港

南湖港原是湘江干流长沙段金盆岭以北东岸的一条支流，延绵数里与长沙城东浏阳门外的护城河相通，还逶迤与老龙潭水相接。今港不存，只留下"南湖港"的地名。

南湖港，北魏郦道元所著《水经注》称之为"船官"，"湘水又北，左会瓦官水口，湘浦也。又迳船官西，湘洲商舟之所次也"。① 唐代时，称东湖，为长沙一风景绝佳之处。李群玉有《东湖二首》及《三月五日陪裴大夫泛长沙东湖》，其后一首云："上巳余风景，芳辰集远坰。彩舟浮潆荡，绣毂下娉婷。林樾回葱蒨，笙歌转杳冥。湖光迷翡翠，草色醉蜻蜓。鸟弄桐花日，鱼翻谷雨萍。从今留胜会，谁看画兰亭。"② 宋代时，属纳氏，故名纳湖。朱熹、张敬夫游长沙城南唱和二十咏中，将题为《纳湖》之诗置首。朱《纳湖》诗曰："诗简连画卷，坐看复行吟。想像南湖水，秋来几许深。"③ 张和诗云："原原锡潭水，汇此南城阴。岸花有开落，水盈无残深。"④ 明朝时名南湖，崇祯《长沙府志》长沙府图上标有此湖，有小港通湘江。湖旁有搴旗山，传为汉初樊哙征讨西粤驻扎地。

---

① 郦道元：《水经注》卷三十八，上海涵芬楼影印藏武英殿聚珍本，民国八年（1919年）。
② 李群玉：《李群玉诗集》卷一，上海涵芬楼影印上元邓氏群碧楼藏宋刊本，民国八年（1919年）。
③ 朱熹：《奉同张敬夫城南二十咏》，《晦庵先生朱文公文集》卷三，上海商务印书馆民国八年（1919年）影印本。
④ 张敬夫：《城南杂咏二十首和朱元晦》，载宋陈思编、元陈世隆补《两宋名贤小集》卷二百十一，清乾隆四十七年（1782年）文渊阁四库全书抄本。

第五章　湘江流域的治理及其交通

本为"商舟之所次"的南湖港，在湖南省善化县（宋始设置，民国初年撤，并入长沙县）南二里，临近湘江，水源长二十里，宋以后逐渐淤塞。

因长沙"郡城北岸难于泊舟，故客商不肯停聚"[①]，明代长沙地方官员曾多次商议开浚南湖港。明嘉靖四十三年（1564年），长沙府推官翟台曾开浚南湖港，一时称便。但过于浅狭，不尽如人意。开浚过程中，所起出之土多堆港上，雨水淋漓，岸复倾圮，泥复堆积，故未久遂塞。明万历二十八年（1600年），守道金学曾、知府刘眗奉两院指示，又决定开通南湖港，以入京觐见皇帝而作罢。明万历四十一年（1613年），善化知县唐源复具详申请。他在《开河通商议》中，首先指出商船之所以远徙，"盖府城逼临湘江，而船只不泊者，以沿江不得小港，风起涛涌，则有漂撞之虞；若随便星栖，声援孤子，又未免盗贼之患"，因此欲资民生、完国课，"莫于复水利一节"，并指出开浚后可带来四大好处："本港开成，可容百船。每船可余十人日用，柴米蔬菜称是，则一日有千人之费也，小民贩鬻者不日增千人之售乎？其利一。商船多往湘潭，以舍湘潭无可栖泊。计一县所需，宁敌一府？且府有藩封，有各衙宇，货物易售，不但利民且利商，其利二。今此肩脚之民，不过竹木砖瓦而已，虽有余力，无所用之。此港开而担负累累，是贫民衣食之数也，其利三。商货聚则四方之人聚，以四方之财，供一方之利，所得倍常，兼可转瘠为饶，其利四。"这些好处归纳起来，一是便商，解决商船在长沙停泊的问题；二是利民，凝聚人气，增加工作岗位；三是聚财，提高地方政府和百姓收入。至于开浚南湖港的具体方案，唐知县建议，所需资金则就长沙、善化两县"代监利县起鲜之银每年六十余两，又每年登报赎银计五百

[①] 吕肃高修，张熊图、王文清纂《长沙府志》卷五，清乾隆十二年（1747年）刻本。

五十余两,申详借支后,而逐年洒补","若夫兼督之得人,开浚之有法,工食之依期散给,皆可以运筹而算者"。①

唐源的这一动议,直至明天启六年(1626年)才被付诸实施。是年,长沙知府谢谋经按院杨某批示同意,登报赎银,觅工开挖,委托善化县知县彭瑀督理。遗憾的是,因托委非人,开浚又不得法,彭瑀不久又入京觐见,开浚南湖港竟成了烂尾工程。

进入清朝时期,南湖港开浚问题又被提上了地方工作日程。清康熙十二年(1673年),府司复议兴挑,旋止。清乾隆十一年(1746年),湖南巡抚杨锡绂"亲临相度,助项鸠工,于上流另开巷口,为新月形,停泊货船,商民称便"。②但南湖港来水逐渐局促,倒漾而入,停蓄而出,容易淤积,每隔一二年,就得挑浚一次。清乾隆二十一年(1756年),湖南巡抚陈宏谋"筑分水坝,以刷沙泥,开月形渠,以畅水势,商民便之"③,南湖港再度成为船舶聚集港区。至清嘉庆时,南湖港水尚抵白沙井附近,至清同治年间犹存。今长沙市南湖路隧道的东侧起点之处,即原南湖港一带。

(三)为弥补水运交通缺陷开挖疏浚长沙城北新河

邻近湘江的省城长沙,自秦汉以来就是湖湘地区的政治、军事、经济、文化、教育中心。至清康熙三年(1664年)秋,偏沅巡抚移驻,长沙成为湖南省会,其地位更加重要,"官商往来,百倍繁庶","商贾贸易,百货云集,咸从此地出入"。而省垣西岸沿江地段湾少水急,滩浅岸远,不便泊舟;勉强停泊,官商船只每遇风涛暴作,常被漂溺撞碎,官、商、民等均苦不堪言,言之而寒心。

---

① 雷起龙修、吴道行纂《长沙府志》卷八,梁小进点校,岳麓书社,2021。
② 吴兆熙、张先抡等修纂《善化县志》卷五,光绪三年丁丑(1877年)刻本。
③ 同德斋主人编《广湖南考古略》,湖南教育出版社,2010,第135页。

第五章　湘江流域的治理及其交通

以一省首善之区,有如此严重的水运交通缺陷,任职此地之官员及其他有志之士自无坐视不管之理,遂有开河通商之议。开河通商地点,曾寄希望于南边的南湖港,惜泊舟无多,满足不了日益增长的水路运输需要;又有西湖桥,"前人曾经议挑,俾小船从此湾泊,以避风浪。但桥口窄狭,舟不能入,即或将桥高驾宽展,而桥内之塘已渐窄小淤塞,积水无多,不能泊舟"。① 于是,地方官绅便将目光投向了城北的碧浪湖。碧浪湖,俗称黑罗塘,亦称黑潦塘,在长沙城北开福寺后,广袤约二三十顷、周四五里,上有九尾冲小溪注入,并可凿通浏阳河,以杀捞刀河水势。西与湘江只一堤之隔,掘堤即可连通湘江。若将两端开挖连通,使浏阳河与湘江相接,即方便官商船只停泊出入,且泊舟数量可以万计,被认为是当年长沙省城开河通商的理想之地。

最先开挖新河的是偏沅巡抚王艮。清康熙二十五年(1686年),王艮"于城北相度开浚,引大河水从黑潦塘西下,沿新太桥通城外便河,泊舟甚便";当年开挖而成的新河叫月河,"计长二百七十余丈,宽三十余丈,深三丈五六尺"。② 但河身偏窄,岁久淤废。康熙时,出任偏沅巡抚的赵申乔曾重新疏浚新河。

清雍正六年(1728年),湖南巡抚王国栋上疏朝廷说,省会之区长沙府城虽临湘江,但环顾江干,因无小港可以湾入,致无船停泊,请求开浚长沙北门旧河。若将长沙北门外淤塞已久的原有旧河,"开挖深阔,可以多泊船只,诚为大便于民之事。不但往来官民船可以避险,其驾小舟以谋生者可以安宿湖港,不致漂泊风波,而且商船四集,来百工则财用足,通百货则生计饶。即肩挑食力之民,有商船往来上下,可以担负累累,亦贫民衣食之薮也";因此事关系为民兴利,

---

① 陈宏谋:《勘估长沙月河檄》,载《皇朝经世文编》卷一一七。
② 刘采邦、张延珂等修纂《长沙县志》卷四,清同治十年(1871年)刻本。

宜早不宜迟，建议于是年冬兴工，所需"工银约费一万四千有奇"，可"先于司库正项内动用"。① 此次开挖深阔后，因岁久浊泥填壅，船只又不能进入了。

清乾隆二十年（1755年）和二十七年（1762年），陈宏谋先后出抚湖南。时淤塞的月河，已由熊姓重新开浚，为泊舟之用。陈抚谕令长沙县沈维基前往查勘后，却发现"月湖一道，上口宽二十丈，下口宽一十五丈，上首之上半截尚有河形，下半截已经淤塞"。陈宏谋并未因此而气馁，认为既有河形，"自是可以开河通流之处。河如月形，则水与大江分流，与江西河闸相似。水有来去，可以长流，不致如南湖港之短促受淤。如能将下半截开挖深通，于湖江之旁，有此百丈之月河与湘江分流间隔，不致有风浪冲击之患。月湖两岸均可泊船，比南湖港气势舒展，泊船较多。"他又指出："月湖之旁有碧浪湖，四季有水，若从月湖开通相连，湖中亦可泊船"。陈抚深信，长沙省会有此泊船之地后，"则商贾云集，运载百货，转移谷米，实为便益"，将会出现一派繁荣景象。② 李元度称："巡抚陈公宏谋筑分水坝以刷沙泥，开月形渠以畅水势，商民便之。"③

清咸丰年间，湖南巡抚骆秉章因长沙受到太平军的威胁，曾经委员打算重修，因河中石头太多而中止。清同治四年（1865年）冬，又有人动议将月河与其旁侧的碧浪湖开通相连，湖南巡抚李瀚章亦甚表赞同，但因有人质疑反对而作罢。大约在同治七八年间，从云南按察使任上开缺回籍、赋闲长沙的李元度，目睹省城不便泊舟之状，提议掘开横隔在碧浪湖与湘江之间的那道大堤，使两者相互连通。他建议趁冬季水涸时，雇工挑挖，使湖底与江底基本持平，以免湖水外

---

① 《皇朝经世文编》卷一一七。
② 陈宏谋：《勘估长沙月河檄》，载《皇朝经世文编》卷一一七。
③ 李元度：《开浚长沙城北碧浪湖议》，载《天岳山馆文钞》卷三十五，光绪元年爽溪精舍刻本。

泄，然后在掘堤处砌岸，"照运河式于水口立章闸，以时启闭，则湖虽略高，水亦不至倾泄矣"；采用土方之法进行挑挖，达到宽2000丈、深5丈，泊舟将不可胜计；"就中仍可略分界段，挖极深数十处，借以潴水。界段略高，使江水缩而所潴之水不随以缩，舟行则循路以进"，如此"狭其口而广其腹，所容多"。① 但未被采纳，新河旋复淤塞，至清同治十年（1871年）时，但存其名而已。

清光绪二十三年（1897年），时任湖南巡抚陈宝箴与晚清湖南巨商、在籍绅士朱昌琳商谋疏浚，因工大费巨，议由官绅合力筹办。朱昌琳首认巨资，力肩斯役，于是年冬间开始兴工开挖。因工程较大，决定分年疏浚。工程正在进行的过程中，戊戌政变发生，陈宝箴被革职去任，朱昌琳也因力量绵薄，策应不灵，附近农民又以开浚之后，田高水低，倍费车力，借以阻挠，导致工程半途而废。已经取出之土，在涨水之后，塌入湖中，旋疏旋淤。朱昌琳筹办此次河工，"捐钱八万四千二百六十余串文，其开挖河身之湖田尚不在此之内"。

清光绪三十一年（1905年）八月，岑春蓂调任湖南巡抚后，鉴于"马路工程自小西门起，中经平浪宫码头，拟造至新河口止，北门外城河起亦至新河……目下铁路公司亦已购地兴工，将来沿江一带地方既为商埠马路之所经，复为铁路货栈之所集，指日北门外将蔚为繁盛市场，亟应将该河开挖深通，与江连接，俾货舶连樯湾泊，而商务亦借以振兴"。湘江口至浏河沿湖左近之田地、湖滨房屋及附近开福寺荡地，公平议价，分别"由官给价收买"；又派熟悉工程之统带飞翰水师各营准补长安营游击杨明达、候补知县安骧，逐段测量勘估整个工程土方后，开挖疏浚新河工程遂于清光绪三十四年九月十一日（1908年10月5日）重新启动。按工部尺，此项工程除需挖土

---

① 李元度：《开浚长沙城北碧浪湖议》，载《天岳山馆文钞》卷三十五，光绪元年爽溪精舍刻本。

309198方外，还需"车吸湖内蓄水、培筑沿湖堤岸，以及岸外民田宣泄积水，须建筑石闸四座，并于渡口、凤嘴等处修砌码头，建造剥岸，暨培筑河街基址土石各工料"，工程量十分庞大。为确保其顺利进行，岑春蓂特派署巡警道赖承裕、绅商朱昌琳总理开浚一切事宜。整个工程被划分为五段，由补用副将袁熙龙、参将张宝源、守备王定国、千总徐振岱、外委李生盛等分别负责招募民工，查照测量丈尺，按段开挖；派委游击杨明达为总稽查兼监查验收土方、支放工款及催趱工程事宜；设立收支所，分派员绅经理，按照所估土方价值，制定按日验收给钱章程，层层稽查，以杜绝冒领、克扣等弊。在3个半月的紧张施工过程中，克服了清理满湖没胫淤泥、开掘湖底坚土砂石等种种困难。十二月二十八日（1909年1月19日），新河疏浚工程全部告竣。疏浚后的新河，河身长663丈，河面宽22~82丈不等，底宽14~63丈不等，平均计算下来，宽30.7丈，深2.17丈。此次购地疏浚新河，银钱合计，所费共银190200余两。其中，地价银49300余两，工程项银140900余两。工程款中，政府筹措了70900余两银子，朱昌琳认捐银7万两（已缴3万两，尚有4万两及其余工费先由牙厘局筹垫，再由朱氏分年归还），另有其所属"滨湖田亩约计132亩，任凭开挖，仍不计值"。

整个施工的过程中，天气晴和，工地上每日民工达八九千名之多，"胼手胝足，同心协力，奋锸齐施，群情踊跃"；动用民工近万，工程又如此艰巨，竟然"安静无哗，迅速蒇事，实为始愿所不及"；勘验开坝通江后，"民船含尾湾泊，无复风浪之险，行旅甚为称便"。岑春蓂甚感欣慰的同时，对新河一带可能的发展前景信心满满，"开浚此河，他日于商埠行栈货物转运交通大有裨益，目前商务亦可期日旺"。考虑到今后可能出现"帆樯云集，商民杂处，匪类不免混迹"的情况，岑春蓂要求"照省河水警办法，设立巡船两只，归水警总局委员督率,梭巡稽查,以资保卫"。①

重新开通的新河呈东北西南走向,两侧分别筑有南堤和北堤,居民主要住南堤一带。东北入浏阳河,形成了新的津渡,名为新码头,居民可由此过浏阳河去其北面。南侧与碧浪湖连成一片,西侧入湘江。新河疏浚后,未几又淤,"盖湘江漕泄,每岁水涨,泥沙雍淤,水口日益增高,浏河不能通过,仍为塘形。既无停泊之利,遇水涨流接,则北道多一小河,反为交通障碍"。虽然效果不如预期,但曾在短暂的时间里,起到过避风防险的作用,同时也利于装卸货物,方便商旅,对新河一带的发展也起过一定的作用。随着北门外一带被划为商埠区,以及新河火车站及后来三角洲新河机场的修建,新河一带清末及民国时期曾呈现可观的发展前景。

1949年后,由于水运中心的变动和城市建设的需要,新河原来通湘江的出口和通浏阳河的入口被填平;1982年时,新河仅有原碧浪湖附近约4/5的一段旧河道尚存,改作养鱼之用;1986年12月,湘江北大桥(后更名银盆岭大桥)建设启动,征地建桥后的新河仅存地名。

二 清末开埠后的湘江治理

湘江开放通商既是西方东侵的结果,也是湘人出于自保的产物。19世纪下半叶以来,地处内陆的湖南成为列强觊觎对象。湖南绅民素来"仇夷拒洋",省会长沙尤其突出,但也激起了西方传教士更强烈的征服欲望。特别是19世纪末,由湖南的反洋教宣传而鼓动起来的

---

① 岑春蓂:《开浚省城北门外商埠相连新河折》,中国第一历史档案馆藏"朱批奏折"原件04-01-05-0204-003号。上折时间为清宣统元年六月二十日。

长江流域反洋教斗争浪潮，使外国侵略者更加紧了对湖南的侵略步伐，叫嚷"如果要这些不断的混乱能够结束的话，湖南必须变得低首下心，它的两个或三个大的商业中心，必须向外国商业开放"，并视长沙、湘潭、岳州、常德等为理想的开放之地。百日维新期间，"自开商埠"作为"隐杜觊觎，保全主权"的国策定下来，由于湖南官绅的排拒，几经交涉，最终以岳州易湘潭，满足了英国要求开放通商口岸的要求。经过一年多的准备，清光绪二十五年十月十一日（1899年11月13日），岳州成为湖南近代首个开放的商埠，"许以通商，可不划租界，不夺民利益"，即自开商埠。

（一）清末湘江流域自开商埠

开埠岳州以堵住列强对湖南其他更为重要城市的觊觎，只不过是湘人一厢情愿的天真。就在岳州开埠两个月后，江汉关税务司英国人马士即向清政府提出再开长沙的要求。《辛丑条约》签订后，西方列强相继提出了将长沙开放为通商口岸的要求。面对此种情况，清政府接受了海关总税务司与其由议约而开不如自开以留自主之权的建议，湖广总督张之洞和湖南巡抚俞廉三遂提出将长沙作为自开口岸。清光绪二十八年八月初四日（1902年9月5日），中英正式签订《续议通商行船条约》，同意长沙为新增通商口岸，并设立租界，规定"工程、巡捕可由华官自办"，争取到了一定的自主权。继英国之后，经过长时间的断断续续的谈判，《中日通商行船续约》于清光绪二十九年八月十九日（1903年10月9日）签订。该条约规定，长沙将在条约批准换文6个月以内开作通商口岸，日方不得自设工部局和巡捕。开放为商埠的长沙，工程、巡捕由中国人负责，此被称为长沙开埠模式。

确定长沙为通商口岸后，随即筹划商埠区域。岳州税务司英国人夏立士来长沙会同湖南洋务局官员实地查勘，认为长沙北门外"地势平衍，西枕湘河，东傍铁路，袤长六七里，宽方二三里不等"，是通商租界的适宜之地；日本驻汉口领事永泷久吉也认为舍此别无他处。但英国对此不满，认为洼下之地易遭水淹，并提出通商租界应包括城池在内，允许洋商进城开行设栈。为了与英国竞争，日本于清光绪三十年（1904年）夏抢先与长沙关监督朱延熙签订了《长沙通商口岸租界章程》及《租界附属章程》，规定长沙北门外南以城墙为界、东以铁路线至新码头为界、北以浏阳河为界、西以湘江为界，作为商埠区域。时湖南当局认为北门外一带比较荒凉，让给外国人做生意，无关紧要；日本为防范英国干涉和竞争，只求早日达成协议，因此迁就了这一规定。租界以外沿河地段，外人本不可租用，考虑到开埠之初通商租界内各项设施在短时间内难以完成，故又作出"兹因长沙通商租界沿河一带，目前于轮商贸易尚未便利，特议于关章所定起下货物处之沿河地段，即自永州码头起下至西门鱼码头止，准各轮商指明租用"的规定。租地价格，则分一、二、三等地，每亩10～25元。

英、美、德、法等国领事对湖南省当局与日本签订的租界章程不予承认，但6个月开埠限期将到，湖南省当局骑虎难下，十分尴尬。在日本方面的不断催促下，湖南省当局只好如约于清光绪三十年五月十八日（1904年7月1日）正式实行开埠，并举办庆典，"特假水府庙以宴各洋棚（指各洋行在长的经理处）之经理人"，因海关关署尚未竣工，税务司夏立士"乃暂假红船一艘以为办公地"。[①]

长沙开埠后，湖南巡抚端方、湖广总督张之洞认识到"居交通时代，而闭塞抵制之谋，诚非策矣"[②]，提出将全省商务最盛之区的常

---

① 《长沙开埠》，《东方杂志》清光绪三十年（1904年）第1卷第6期。
② 端方、张之洞：《筹办常德湘潭自开口岸情形折》（光绪三十一年六月初八日），中国第一历史档案馆藏军机处录副档03-7132-013号。

德、湘潭自开为商埠以争取主动,在发展商业的同时,不至于丧失太多的利益,即所谓"顾主权而防流弊"。其中湘潭关务监督归长沙关兼办,准各国商民在经过勘定后的沿河两岸租设栈房、码头,开办经费则由长沙关税项下提拨。① 清外务部经过研究后认为:"中外通商口岸已逐渐增添,内地亦终难闭拒,实属时势使然。湖南近年风气大开,正宜扩充商业。该抚以常德、湘潭为全省商务最盛之区,请于该两处自辟商场,以期保守主权,自系切要办法",应准如所请办理。② 是日奉旨"依议"。湘潭遂成为湘江流域的寄港地。

开放为通商口岸后,长沙即开始大规模商埠基础设施建设,包括购用地基,修筑剥岸、码头、街道、沟渠,并建造房屋等。至清光绪三十二年(1906年),"两大驳岸、四大码头,俱系玉右装成,整齐坚好,共长六百英尺,此本关与太古洋行所造者。水陆洲又建成一所洋楼,为税务司公馆,美轮美奂,相映江山,将来此间必成为最妙居留地"。至清宣统元年(1909年)底,商埠建设用地,"计购北城外、西城外并水陆洲各地基,共四十一契";商埠建设工程,西城外剥岸和码头三座、北门外剥岸和码头一座修砌,街道修砌,沟渠疏浚,公用及租商房屋建造,关房外班住屋、税务司公廨、帮办及理船厅等公寓建造,均已完成,"共计购地及已办各工程并局用等项,共支银十六万四千八百九十六两三钱八分"。③ 至于租界附近地方,系粤汉铁路公司将来修筑码头车栈之所,为免外人觊觎,湘抚岑春蓂于宣统元年(1909年)冬,已将碧浪湖开挖宽深,"就湖之形势,将东西地面开

---

① 端方、张之洞:《筹办常德湘潭自开口岸情形折》,中国第一历史档案馆藏军机处录副档 03-7132-013 号,标题由笔者拟定。此折亦见于《端忠敏公奏稿》卷五。
② 《外务部议复端方奏请常德湘潭自开商埠折》,载王先谦、朱寿朋撰《东华录·东华续录(一七)》卷一百九十五,上海古籍出版社,2008。
③ 岑春蓂、杨文鼎:《奏请核销长沙开办商埠用过银两折》,中国第一历史档案馆藏朱批奏折 04-01-37-0148-032 号。标题系笔拟定。

浚成河，上达浏渭河，下通湘江，俾货船可连樯湾泊"，"续修租界码头及城外剥岸马路工程所需经费，则在长沙关所征税款内陆续动拨，俾资兴办"。①

(二) 长沙海关的设立与外人对湘江航运的把持

设关征税，自古而然。清前期承袭明代钞关之制，分内地关卡为工关、户关；清后期被迫开埠通商，设立新关即近代海关，原工关、户关均改称常关。长沙既已开埠通商，设立海关自是题中应有之义。按照各通商口岸成例，设于水陆洲的长沙海关采用外籍税务司制度，同时设立中国籍海关监督。长沙海关第一任税务司为英国人夏立士，第一任海关监督由盐法长宝道朱延熙兼任。税务司下设理船厅、裁判厅、巡江水师营、稽查课、海务课，后改名为航务课、验估课、船员管理课、关栈、巡捕房等。

长沙海关大权由外籍税务司掌握，"所有应运输新关税项，查照各口岸通商一律办理，不得稍有违悖"；所有航商注册给照、轮驳修造检验发证、轮船船员（限于船长、大副、二副、正副轮机长）检考发证、轮船进出口签证、营业税、商税、各项规费、海损与货损事故的处理判断等概归外籍税务司管理。由此可知，长沙海关外籍税务司不仅掌管关税征收，湖南的航运事宜也由其把持，湘江航道的航行权尽失于外人之手。"在湖南近代航运业初创阶段，外国轮运势力占据了绝对的优势，尚处于初生阶段的民族航运业只能在外国轮运势力的不断排挤之下于缝隙中艰难生存，而这种情况至民国初年才有了逐步的改善。"②

另外，近代航运管理机构的建立也使湘江航运管理开启了近代化

---

① 《湘抚岑春萱奏长沙租界附近已浚河开码头以免觊觎片》，《清宣统朝外交史料》卷十三。
② 黄娟：《湖南近代航运业研究》，华中师范大学中国近代史研究所博士学位论文，2009。

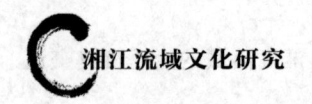

进程。长沙开关时,税务司即颁布了《长沙关理船厅章程》十七条。

长沙关理船厅章程

一、凡商船进长沙通商口岸,均应听新关理船厅指示停泊。查本口界限,自北门外开福寺新河起至南门外西湖桥止,所有界内上下货物之处,分作两段,以免拥挤。一自木码头下至王家巷码头,一自鱼码头上至永州上码头,其余之处,概不准随便上下货物。至于轮船到口,尚未下碇停妥时,凡舢板、拨船等,概不准争先拢榜。

二、凡在本口贸易之拨船,应先赴新关领执照,并将该船两旁用华、英文字写明号数。

三、凡装煤、油各船,应先在水陆洲下停泊。

四、凡装有煤、油之民船、拨船等,只准白天在上下货物界内停泊上下该货,晚间须遵理船厅所指示之处停泊。

五、无论何船,凡装有火药、炸药等危险之物,应先在水陆洲下停泊。

六、凡领照之民船,自备、雇用等船停泊之处,须俟后定。

七、验货及上下货物各章程,仿照长江各通商口,一律办理。

八、凡各类水浮水标,须禀明理船厅,方准安设。

九、停泊趸船,另有章程。

十、凡偶有瘟疫等事,应先防传染之法者,则照各通商口定章办理。

十一、各船夜间行走,应如何悬挂各灯,必须遵照万国会议防备碰撞之章程办理。

十二、各类船只在本通商口内,即当禁止放枪炮等事,并不

第五章　湘江流域的治理及其交通

得任意乱放汽筒。

十三、凡小轮船每年应由新关验看一次，所需验费，每次只缴关平银二十两。如执有本年已经验看之照则免。

十四、火油池应设在官定之处，其当遵之章程，则照江汉关所定者一律办理。

十五、凡新关应管界限内各项工程，关系水道沿河堤岸等情，必须禀由理船厅转请地方官核准，始可动工。

十六、凡煤灰渣子不准倾入大江暨各河道内，以致日久致碍船路。

十七、凡有违背本理船厅章程者，每次罚银一百元，至于办理此等罚款情事，悉照各关成案而行。

以上章程十七条暂行试办，如有应改之处，可随时更改。①

其中第一条，明确理船厅为管理商船的专门机构，"凡商船进长沙通商口岸，均应听新关理船厅指示停泊"；第二至六条以及第九、十三条是关于船舶管理方面的规定，对船舶登记、停泊地点作出具体要求；第七条为验货及上下货物的规定；第八、十五、十六条是关于航道、河道管理的规定；第十、十一、十二条为安全方面的规定；第十四条是对设立火油池的规定；最后一条，对违章处罚作出了规定。《长沙关理船厅章程》关于船舶登记、航道管理等方面的规定虽不完善，但在一定程度上对尚不成熟的湖南近代航运业起到了规范和引导作用，促进了湘江航运管理的近代化，特别是轮船注册登记制度是对轮船运输资格、能力和航线规划的前期认证和把关，是实现航业管理的重要基础，也为航业经营管理制度化、规范化的实现提供了可靠前提。

---

① 交通铁道部交通史编纂委员会编《交通史航政编（第二册）》，上海民智书局，民国二十年（1931年）。

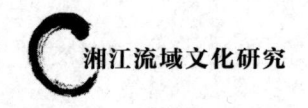

三 湘江流域水上救生与水域治安

湘江流域，河网密布，水运交通发达，给人们带来舟楫之利；但航行中的急流险滩、洪涛巨浪往往导致覆溺之患，顷刻间夺人性命，造成家庭悲剧，以木船为基本运输工具的时代尤其如此。天地以好生为德，圣人以思治为心，儒者以胞与为怀，地方官员希望保一方平安，一些心存恤民仁政之念的士绅则愿作行善之举，或在临江濒湖地区设救生船只，或江河湖泊险滩暗矶处设立救生局，有着极大需求的水上救生事业因之兴起。

（一）湘江流域的水上救生

在古代，水上救生虽被当作慈善事业的一部分，但对客商生命和财产安全的重视是毫无疑义的，因此可将其看作一项重要的水域安全治理工作。就其内容而言，主要是对水上遇险舟楫进行救助，对落水者进行救援，帮遇难者捞捡财物，对无人认领的浮尸进行掩埋等。湘江流域水上救生，最初为零星救生船只设立，后来才有一些地方建立专门从事水上救生事业的公益机构救生局。

1. 设救生船开展水上救生

从笔者所掌握的史料来看，湘江流域救生船只的造设，最早出现在清康熙年间的临湘县，时有出任该县知县的山西阳城贡生陈廷弼，"凡可有利于民者皆衷俸为之"，其中就包括造救生船。[①]

救生船可分为官设与民捐两种，多少不一，均配有水手或船工。船只维修与水手工食所需经费，前者由政府财政开支，后者通过劝捐

[①] 盛庆藏、恩荣修，熊兴杰、欧阳恩霖纂《临湘县志》卷九，清同治十一年（1872年）刻本。

的办法解决。清嘉庆《湘阴县志》："雍正十二年，奉文于白花洲、沉沙港、琴棋、望垒石险要之区，各处设立救生船一只，遵照战船之例，三年小修，五年大修。十四年，折造所有木料工食等项，另文报销请领。其每船水手五名，按名月给工食银五钱，四处共水手二十名，月给工食银一十两，共给发工食库平纹银一百二十两。又县属险阻之处，设立守风渔船十只，每船给工食库平纹银二两，共给发工食库平纹银二十两。以上二共工食银一百四十两，均自行赴司请领。"①这是比较典型的官设救生船只情况。清同治《长沙县志》："道光六年十二月，绅士陈新、萧宣昭、黄文曜、黄孝陔、陈国珍、秦潮、蔡湘、李端本、蒋廷镛、李应烜、蔡澧、彭涛、陈炳南、郑芬、胡执修、王声溥、杨璋、张国贤等以同善事宜禀府，略云：拟于长、善二邑本境筹设救生船只，添设义冢山场，设局施棺，制器救火，报验无名尸骨，雇收弃置遗文，合建一堂，颜以'同善'。"得到府、宪批准后，"旋即呈请出示劝捐办理，买卖货物，每银一两捐银一厘，每钱一千捐钱一文，居民每家按日助钱一文。七年三月开局"。其《同善堂章程》规定："救生不另设救生船，遇风大船险时，饬令渔船、划船往救。救一生人给钱八百文，捞一死尸给钱四百文。"同时设义山数处，分别男女编号排葬。②这是比较典型的民间机构参与水上救生情况。清同治四年（1865年）冬月，零陵县厘局曾向平政桥捐救生船一，又总镇鲍友智在黄叶渡设救生船一只；③香零山，"山枕中流，木贩要道，每春夏水溢，误触之，木漂人溺，惨人心目。间有攀登山顶，白浪掀天，两岸坐视其冻饿而不敢救。同治癸酉，邑绅黎得盛、何若泰、韩世昌、梁养源，江绅王德榜等倡建观音阁，设救生船，招

---

① 阎肇烺等修、黄朝绶等纂，徐鎐续纂修：嘉庆《湘阴县志》卷八，清道光三年（1823年）刻本。
② 刘采邦等修、张延珂等纂《长沙县志》卷九，清同治十年（1871年）刻本。
③ 嵇有庆、徐保龄修，刘沛纂《零陵县志》卷二，清光绪二年（1876年）刻本。

僧雇夫，以专其事。水涨时，昼钟夜灯，使人知警，并备衣食，以赒溺者。余钱叁百仟，归永善堂经管生息，作岁修等费"。① 说明零陵县救生船只，既有官设，也有个人捐设，还有民间机构参与设立。

2. 设救生局提升水域安全

水上救生有着极大的需求，而救生船之类的措施均有很大的局限性，迫切需要组织化的水上救生机构来提升水域安全保障。晚清时期，湖南有部分地方设救生局，湘江流域如衡山、长沙、湘阴、巴陵等临江濒湖地区就设有救生局。

清宣统元年（1909年），衡山救生局在衡山县雷溪市成立。雷溪市距离县城十五里，水路交通方便，位于湘水与㳔水的交汇之处，商船停泊往来络绎不绝。咸丰年间在该市设卡抽厘，但是湘水上下游之间险滩很多，距上游二里处有盖肋滩，滩上怪石很多，距下游七里处，东岸有罗汉矶，西岸有鸟石矶，两险对峙，峭壁陡绝，来往船只"非先事预防，猝遇惊涛骇浪，往往为之束手，其势然也"。② 面对此惨况，当地士绅禀请"设法救生，拟置船四，小划三，并置救生亭，修纤路，用厘税带捐办法，每厘钱一缗，捐钱五枚"。原为"引河洪，修纤路而设"的雷溪市利涉堂，救生局亦予接管，又"谕绅富助千余串，建造救生公船四只，分泊各险要，并于该地设筑公所"。当地同善堂给予了大力支持，除资助二百文外，还为救生局提供了办公地点和文职人员，"同善堂历系办公之地，救生官局即借此地办公，不必另建公所，亦不必另添书职"。③

《湖南省志》：咸丰初，曾国藩在湘江操练水师，一日出巡到昭山附近，见江面翻船，两人落水，大呼救命而无人前去相救，便与李次

---

① 嵇有庆、徐保龄修，刘沛纂《零陵县志》卷一，清光绪二年（1876年）刻本。
② 林梅纂《衡山救生局志》，民国十年（1921年）木活字本。
③ 林梅纂《衡山救生局志》，民国十年（1921年）木活字本。

青、邹墨林等士绅募集5000金,购田40亩,设救生局于黄土潭,后迁长沙南门外下六铺街。置飞船两只、红船两只,于大风时往来昭山与靖港间的江面,巡救落水者。①

据《新闻报》报道,"临湘县下游段里,其地与巴陵交界,复与湖北监利县毗连。三县犬牙交错之处,有危矶一拳独峙江中,名曰阳林。水势险恶,上下船只,每遇风浪,偶一不慎,遂至失事"。有鉴于此,总办湖北牙厘局李竹虚观察,念切桑梓,"拟于此处创设救生局一所,以惠行旅",禀准湖北巡抚谭继洵,咨明湖南巡抚陈宝箴,由两省合办,得到他们的支持,"特由鄂省遴委现办金心救生局之余少田少尉永清来湘请款"。所需造船建屋资金二千串文,每年常年经费须钱一千串文,由湘、鄂两省摊筹。

(二)近代水上警察的设立与水师改制的完成

清代社会治安由八旗、绿营、衙役以及保甲、团练等承担,军警不分,警政合一。太平天国运动以来,清廷国力衰微,各地盗贼蜂起,旧的维持社会治安制度已不适应新的社会治安形势。甲午战争后,向西方学习的力度进一步加大,开始逐步采用近代警政制度。清末新政中的警制改革,无疑是中国警察制度迈向近代化的滥觞。清光绪三十一年(1905年),清朝建立了巡警部,从此翻开了中国近代警察历史新的一页。第二年,清朝廷把巡警部改为民政部,警务成为内务行政的一部分。清光绪三十三年(1907年),"民政部各堂宪以近日长江一带枭、票各匪乘机蠢动,轮船往来迅捷,不易稽查,非设水上警察,不足以遏乱萌而资缉捕",通咨各省督抚,迅速筹设水路警察,"冀与水师相联络,俾得巡察周密,以期清患于未

---

① 湖南省地方志编纂委员会编《湖南省志·政务志》,中国文史出版社,1994。

萌"。① 由于管理江河、湖泊安全的内河水师本就担负一定警察性质的工作,各省督抚纷纷筹划将辖区内水师改为水上警察,以维护水域治安。

1. 清末湖南水上警察的设立

清光绪二十四年（1898年），湖南就曾设立湖南保卫局，成为中国历史上最早的专职警察机构。清末新政开始后，湖南保甲总局先是改名为省城保甲团练总局，后又改为湖南省城巡警总局，并增设巡捕局。湘江是湖南省的水上交通要道，湖南省水上警察队伍首先在湘江流域设立。

湖南省水上警察的设立，一因"湘省上接两粤、黔、滇，下通武汉，五方良莠不齐"；二与岳州、长沙开埠后商务日趋繁盛有关，"近年开辟商埠，设立新关，轮舶往来，尤应照章保护"。②

湖南水警之所以首先在湘江流域设立，则是因会党"啸聚关津，掠财害命"，严重影响地方社会治安。平定太平天国后，晚清湘军大规模遣撤"游勇与游士"，这些"游勇与游士"大批投入秘密结社，势力本就较为雄厚的湖南会党声势更加浩大。在籍绅士蒋德钧《请设四县水警察说帖》云：

> 窃查湘潭窑湾之匪，多半湘潭、醴陵、湘乡、安化四县船户、水手，其所驾之船曰倒扒子，以湘乡河为最多；而飘会则盛于醴陵河，即哥老会匪也。始缘江西萍乡载运煤炭，非领飘布入会党之船，不能合帮。近因萍醴铁路成，煤用火车装载，民船遂多失业，会党野性难驯，散往他埠，放飘、聚赌、行劫，得赃以

---

① 《通饬各省设立水路警察》，《广益丛报》1907年第146期。
② 《湘臬拟办水上警察》，《大同报》1907年第7卷第10期。

第五章 湘江流域的治理及其交通

船为窝，飘忽无常。故每出一案，此拿彼窜，地方官虽缉捕认真，而畛域之见终不能免。官即加差协拿，而衙蠹、地棍往往包庇。上年四月间，湘乡羊古荡等处，连劫十余家，首匪盘踞窑湾，差勇、团族往缉者，每熟视之而不敢过问。顷该匪等又在湘潭湘河口设卡敛钱，凡未入会之船，每经过一次，索钱数千、十数千不等。不与则过船滋扰，或放迷药，且有杀人沉河之事，行旅视为畏途。似此啸聚关津，掠财害命，恐日久而为祸愈烈，狡焉思逞，不止于放飘、强劫已也。职道以谓欲靖此患，非潭、醴、乡、安四县合办水警不为功。

由上可知，湘江流域首先创办相对独立的水警队伍，实系特殊情形使然。蒋德钧并进一步提出了创设四县水警的具体方法、职责、意义及经费筹措等。《说帖》云：

拟请于湘潭窑湾地方，设立水警察总局，湘潭之株洲，醴陵之渌口，湘乡之文家滩、羊古荡，安化之桥头河、蓝田，各设分局，员、绅并用。所有潭、醴、乡、安四县大小船只，一律调验取具连环保状，编立字号，发给牌票。一切放飘、劫盗、赌博、奸拐之事，悉以责成该总、分各局，严密巡查，务期有犯必获，获必严惩。县界既无彼此之分，船户复有名籍可考，良莠能辨于平日，缉捕自不难于临时。正本清源，未来之匪可以禁止，已入会者亦可解散，裨益治安，必非浅鲜。应筹经费，每船一只，拟每年收钱八百文，总、分各半，一年换牌一次，总局给牌，分局加戳。查四县揽载客货之船，约一万数千号，岁收钱八百，合之足敷办公，分之为数甚少。现今未入飘会之船，受害最深，望治慕切，必能踊跃奉公，咄嗟立办。如荷允行，即恳帅宪选委明干之员,驰往湘潭、醴陵、湘乡、安化等县,会商各县令,切实妥拟章程,禀请察核,迅速施行,实为公便。①

接获朝廷通咨各省督抚筹设水路警察之命后,湖南巡抚岑春蓂于清光绪三十三年(1907年),"以湘省南通滇、黔、两粤,北接鄂汉,五方杂处,时有匪徒出没,而舟楫往来尤须时防劫掠。拟先就善化以上历湘潭、醴陵、衡山四县开办水路警察",并"拨给官款二万两,派员分赴各县,体察情形,酌核妥办"。②但最终还是采纳了蒋氏的建议,决定由湘潭、醴陵、湘乡、安化四县合办水上警察,并委派熊从龙为总办。熊氏随即"分赴该四县,会同筹议,订拟章程及抽收船捐办法。先于湘潭县设立总局,所需开办经费,现在惟湘乡县业已筹垫,其余尚未措缴,由熊大令禀请抚院,饬由警务总局转饬该三县设法垫,并由善后局借拨银六百元,以资应用,并请发给警长佩刀五把,毛瑟枪二杆,及应配子药等件,业经批准照办矣"。③

清光绪三十四年(1908年),熊从龙赴省城向岑抚汇报办理四县水上警察情况时称,"各段所设水警察分局均经该令于月前前往巡视一切,尚称周密",但"株洲及观湘门两岸地方日渐繁盛,居民甚多,盗贼尤夥,非各添设水警分局一所,不足以保治安而增幸福,已于日前各募警勇二十名,添造巡船数艘,轮流稽察,以靖地方",四县水警得到扩充;至于办理水警所需常年经费,"现在抽收船捐,已得款四千数百余串,除开办株洲、观湘门两局共用钱二千余串外,仅存钱二千余串,不敷尚巨。兹拟再行加抽湘汉小轮船暨往来商贩竹木鱼等项捐款,曾经传谕各商,均愿承缴,故特来省面请核实"。岑春蓂同

---

① 蒋德钧:《蒋德钧辑》,民主与建设出版社,2019。
② 《湘省筹办四县水路警察》,《吉林官报》1907年第33期。
③ 《湘省合办水上警察》,《北洋官报》1908年第1609期。

意试办，但不得过于操切，致生事端。①

湘潭、醴陵、安化、湘乡四县水上警察后改派知县张德瀛负责，但办理不善。清宣统二年（1910年），新任巡警道桂龄将张氏撤职，特札调熊从龙前往接办，以便整顿一切。此时，"湘省水上警察仅省河及潭、醴、安、乡、龙源、武南等处，其余多未筹设，现在河江会匪充斥，到处皆是，以上数县水警实有鞭莫及之势"，桂龄遂决定逐渐推广，"先就澧州、安乡、巴陵、华容四州县暂设水警一处，以扼西湖要道，派委县丞李祚钦前往开办。所需经费，即由该员会商地方官，就地抽收船捐，以资挹注"。②

清宣统三年（1911年），民政部通饬各省督抚，最迟于清宣统三年腊月将水上警察一律设齐。次年清朝灭亡，水师改制计划由民国政府完成。

2. 民国初湖南水师改编为水上警察

清宣统三年八月十九日（1911年10月10日），武昌起义爆发。几个月后，清朝统治在全国崩溃。次年1月1日，中华民国成立。南京临时政府将警政建设作为进行资产阶级民主革命的一项重要内容列入日程，北京政府袁世凯为划一警制，对全国警务进了整顿。随着长江水师改制水警的成功，内务部要求沿海沿江各省水师改为水上警察。民国二年（1913年）2月，内务部正式发布改组令，规定"长江及其他水师改为水上警察，设水上警察厅管辖之"。③随即大量水师改制为水警，湖南对此亦十分积极。

湖南省洞庭湖汇湘、资、沅、澧各水，港湾歧出，盗贼据为巢穴，商旅戒心。辛亥革命以来，其风更甚。鉴于治安形势的严峻，湖南民政

---

① 《湘省推广水上警察》，《现世史》1908年第4期。
② 《湘省警务谈屑》，《江南警务杂志》1910年第9期。
③ 《长江及其他水师改组令》，《政府公报》1913年第288号。

司及军务、参谋两部虽认为清末湖南先锋水师五营、飞瀚水师五营、长胜水师五营、澄湖水师五营应予以淘汰，但"河江一带，伏莽甚多，该水师等分驻各处，于河道情形、会匪踪迹，自系熟手。现在各处水警亟待扩充，因限于经费，以致迟缓，不若将旧有之各水师一律改编水警，即以水军拨充警兵"。① 对此一举两得，湖南都督谭延闿随即予以核准，要求妥订办法后实行。经湘都督与民政、军务各司商量后提出了具体办法，即"洋舢板船只及飞翰水师，合潭、醴、乡诸邑水警，均改为水上警察。设总局于岳州，分局于常德、湘潭。各属旧有水师人员士卒，或分别裁撤，或重加教练，以昭划一而免参差"，称"一俟觅有专门警察人员，即行举办。其章程闻已拟有头绪，非常周密，不日即当颁行。从此水上无杨么之盗，人民赖子产之仁，饱驶风帆，永无惊恐矣。"② 除将先锋、飞翰各水师营改为水警外，还在水师中挑选官佐，送入省高等巡警学校添办水警官佐专修班学习，同时开办水警教练所，挑选水师士兵入所学习。民国二年（1913年）9月，汤芗铭氏督湘，将"各水师营分别改编为水警专署、分署，另设水上警察厅统之，是为湖南有水上警察厅之始"。③ 此后，水上警察厅建制又迭经变更，兹不赘述。

四 湘江流域的津渡与近现代桥梁建造

在水运为王的古代，湖南历史上的内外交流主要通过境内的水运交通网络来实现。发源广西的湘江，自南而北，纵贯湖南全境，自古是南联海域、北达中原的水运大动脉。湘江沿途汇入众多支流，构成绵密的水上运输网络，在给人们的生产经营活动提供运输便利的同

---

① 《水师改编水警之计划》，《警务丛报》1912 年第 3 期。
② 《水上警察之计划》，《警务丛报》1912 年第 23 期。
③ 《湖南二十年来之警政》，《湖南大公报二十周年纪念刊》，1935。

时，也给居住在河道两岸人们的生活带来烦扰。往返运输的货物需要装卸、往来两岸的百姓需要摆渡，作为古代水路交通重要组成部分的津渡、桥梁便应运而生，即方志所谓"兹邑人多好义，或独舍私财，或众志偕作。大江则造舟，乱流以渡；断涧则伐石，架阁以通。皆以济地道之穷也"。这些津渡、桥梁如一颗颗珍珠，将湘江流域内水运交通网络串联起来，呈现百舸争流、纤夫云集、商贾摩肩接踵的繁荣光景，构成了湘江流域的一道亮丽风景。

（一）津渡的繁盛与消逝

古代津渡一般设置在连通江、河、湖、海的交通要道，且水流平缓、船只易于停泊的地方。湘江流域究竟有多少古津渡，很难准确计算其数目。湘江流域湖南境内的重要津渡，清光绪《湖南通志》录入有510多个。府、州、县志关于津渡的记载则更为详细，如清康熙《长沙府志》、清乾隆《长沙府志》记载的津渡分别为56个、140个，又如明万历《郴州志》记载了83个，清同治《长沙县志》《善化县志》《湘乡县志》《攸县志》记载的津渡分别为65个、28个、118个、42个，光绪《湘潭县志》记载的津渡131个，民国《汝城县志》记载的津渡有18个。至1949年，长沙市区湘江渡口共有木划船405只，划业人员691人。

这些古代津渡，就其性质来说，主要有三：一是官渡，由官府设立，其修建以及管理维护经费都是由政府负责；二是义渡，多是由地方绅耆以及官员、生员、女性等身份不同的阶层来募款捐资设置；三是私渡，系由私人运营及维护的渡口，通常是由官渡或者义渡转变而来。往来官渡、义渡的旅客或货物不用向渡夫支付费用，如旅客或货物过私渡则需支付相对较高的费用。三类津渡，以义渡的数量最多，其次为官渡，私渡最少。古代津渡的设施主要有码头、泊岸、渡船、渡夫，以及旅客休憩的凉亭、贮藏渡船的房屋、渡口的桅杆、夜晚照

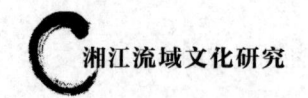

明的灯笼等。兹以省城长沙几个有代表性的古津渡予以说明。

1. 省城长沙段湘江干流津渡

湘江干流省城长沙段的津渡，有铜官渡、乔江义渡、乔口义渡、窑头山义渡、新康市义渡、下泥港义渡、驿步门外义渡、溁湾义渡、溁湾港渡、竹山口渡、灵官渡、渔湾市义渡、南湖港渡等。

规模最大的城河溁湾义渡，为"荆、襄、黔、滇往来通津"，原系官渡，日久法驰。清嘉庆十二年（1807年），长沙、善化两县绅民倡议捐修义渡，得到当局的支持，次年完工。共造船12只分泊两岸，另造应差船8只，"专备迎送并公文饷鞘、递解犯人等"[①] 之用。每船雇渡夫2名，东西两岸各设一名船夫头进行管理。在临江两岸暨水陆洲两旁修筑了三座石码头，分别建有碑亭，供往来旅客憩息。两岸渡口竖有碑石、桅杆。

灵官渡一带"江面甚阔，惟此处江心有洲，虽大风无浪。于此过渡至洲，横行百余步，至岳麓书院前登岸"。[②] 南宋时期著名的理学大师朱熹和张栻会讲岳麓书院，多由此同舟往返，灵官渡因此又名"朱张渡"，使之成为知名度最高的湘江津渡。清嘉庆年间，修建了朱张渡亭；咸丰年间重修渡口，并且以"文津""道岸"命名两个渡口。有渡船4只，渡夫8名。

2. 省城长沙段湘江支流浏阳河津渡

发源于罗霄山脉大围山北麓的浏阳河，是长沙境内汇入湘江的一级支流，自东而西，蜿蜒曲折，津渡众多。

（1）省城北出渡口

从浏阳河入湘江口骆驼觜起往上溯，省城北面有骆驼觜渡（复兴渡）、陈家渡、新码头。

---

① 光绪《善化县志》，载《中国地方志集成·湖南府县志辑（5）》，江苏古籍出版社，2002，第52页。

② 《〈光绪湖南通志〉点校》（第二卷），湖南省地方志编纂委员会点校，湖南人民出版社，2017，第1305页。

骆驼觜渡。志称浏阳河入湘江的地方名浏口，亦名骆口，俗呼骆驼嘴，因此处曾有一座矗立入江的小山，形似骆驼嘴。又名"落刀嘴"，传说关云长在此失落宝刀。骆驼觜在古代曾是长沙北出的驿站大路，交通要道所在，故设有渡口。该渡系官渡，有渡船一只。渡工薪资，按季度发给，从布政使所辖的藩库中领取。

复兴渡，是因省城北出驿路改道东移、骆驼觜废除后，生活在这一带的两岸居民往来不便，湘阴李概、善化劳文翽于清咸丰八年（1858年）在原骆驼觜处重新置的义渡。时任湖南巡抚骆秉章、布政使文格、廉访毓科、观察谢煌等亦捐廉相助，有财力的绅商们也闻风解囊。共置渡船二只，增建渡亭、船埠。并用剩余资金买置田产，将每年租金收入用来解决渡夫工食及修理船只费用问题。其事并归陈家渡、涝塘河二渡首事经理。民国时期，有划船7只。1949年后，该渡由长沙水运公司经营。

陈家渡，位于骆驼觜渡口上游，传说在明洪武年间有陈姓沿浏阳河插草为标，设置义渡，取名陈家渡。废弛后，官民于清康熙二十四年（1685年）捐资重建。清嘉庆二十二年，省城北出驿路改道，骆驼觜渡废除，其渡船归陈家渡。清咸丰二年（1852年），太平军进攻湖南，受战事影响，"居民流离转徙，下湘梗塞，谷贱费绌，船日朽而夫日穷，义举渐弛矣"。清咸丰八年（1858年），湘阴李概、善化劳文翽将首事邹碧山、周赞尧所存公田契据接收，另外造船四只，分设两渡，每船招渡夫2名，按月每人给工食钱三千文，修理船只及因大水临时增加船工的工资，皆随时酌发。渡口义田额定的租谷，均由佃户直接送到省城，随时变价，以供支发。今京广复线经此而过，建有铁路大桥。

（2）省城东出渡口

出省城东的津渡有黑石渡、湖渡、湖迹渡、长塘湾义渡、东屯义

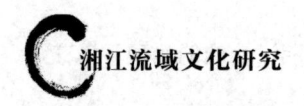

渡、杉木港渡等。

湖迹渡，又作湖碛渡，一名回西渡，现名红军渡。湖迹渡是旧时省城长沙出小吴门后，通往平江、浏阳的交通要道，扼平浏大路咽喉，人员往来、物资转运繁忙，故此处既曾设有公益性质的湖迹义渡，又设有专门运输货物的湖迹车渡。

湖迹义渡，本系官渡，改驿后遂废。此地居民，私造渡船，恣意勒索，经过此处的行人苦不堪言。清乾隆十六年（1751年），长沙县人饶渭南、杨少猷等采募资金，设置义渡，建造渡船，招募渡夫，给予固定工食，向当局备案，勒石永禁，船不得转拨，田不得侵占，渡夫不得需索。清嘉庆九年（1804年），又增加渡船一只。清咸丰五年（1855年），再增渡船一只。

湖迹车渡，为清代长沙县尊阳、清泰、淳化三都要津，是浏阳河东西两侧货物进出的必经之地。义渡不载车，装载货物车辆须另外雇舟渡河，因货物多而渡船小，经常担心覆溺。清咸丰十一年（1861年），饶映垣等商得三都商民及省城客商的同意，募集经费，另行设置了专门运载货物的车渡，运送货物的车夫甚感便利。

3. 渐形渐远的津渡

湘江干流与支流上的众多津渡，在历史上曾经发挥过巨大作用，带给人们生产生活的便利，带来川流不息的客流，带来特定城镇的繁荣。由于经济社会的发展，特别是科技的进步，近代交通日益呈现水、陆、空立体发展态势，津渡正与人类渐形渐远，前面所述省城长沙的津渡，均已不复存在，取而代之的是现代化的跨江桥梁和过江隧道，只能通过一些保留下来的老地名去遥想历史上曾经存在过的津渡光景。津渡由盛而衰，江河交通由弱而强，见证的是人类文明的进步。

（二）桥梁修筑的发展进步

在探索、利用、改造自然的漫长进程中，人类的交通经历了从最

第五章　湘江流域的治理及其交通

原始的徒步山川到依赖驯兽、舟筏、桥梁等工具的发展过程。古人很早就认识到桥梁在通津利济方面的重要性，"夫水，天下至险，圣人为之舟楫以济民。而舟楫须人之力，人力有限而涉者之无穷也，不须人而能济有无穷之力者，惟桥为然"。① 人类从天然桥梁中得到启示，学会了桥梁建造技术，用来克服河流、峡谷等自然障碍，编织成四通八达的交通网络，解决和满足了人类衣食住行中"行"的需要。因此，桥梁成为道路交通的重要配套设施，是解决江河湖海交通阻隔的重要手段，也是古代湘江流域治理不可缺少的重要工具。

1. 湘江流域的古代桥梁

鲁迅说："世界上本没有路，走的人多了也便成了路。"古代湖南最早的道路同样如此，这些走出来的路便是民道。后来因政治、军事、经济等方面的原因，才有了官府修筑的驿道，俗称"官道"。大量民桥、官桥的兴建，便是这些民道、官道的配套设施。湘江流域桥梁建造的历史悠久，经历了由低级到高级、由简陋到完善的演进和发展历程。

流域内最早的古代桥梁是因地质条件或其他自然现象的影响而形成的天然石桥或独木桥，习惯上叫作"天生桥"。湖南茶陵县洣江乡石良村的石梁桥，是湖南已发现的跨径最大的天然桥。该桥跨径45米，拱穹高约10米，梁厚约15米。②

受天生桥的启示，湘江流域的先民开始建造最原始的桥梁，如独木桥、木梁桥及磴步桥等。所谓磴步桥是一种简陋的石梁桥，湘南地区称"步磴"，湘西地区则称"跳岩"，系在浅而窄的溪流中，用石块垫起一个接一个略出水面的石磴，行人踏磴而过。此类桥梁一般架设在河床皆较平坦、水流较常年水位不高的河段。湖南双峰县永丰镇

---

① 湖南省地方志编纂委员会：《〈光绪湖南通志〉点校》（第二卷），湖南人民出版社，2017，第1307页。
② 陈明宪：《湖南桥梁》，湖南人民出版社，2010，第7页。

的永丰磴步，被认为是现存最久远的磴步活标本。此桥的建造是为便于自河中水质绝佳的古井中取水，在水井和西岸之间设有近20米长的磴步，每块石磴约一尺见方，间隔为20～30厘米，并设高矮两组，以便在不同水位时使用。①

随着生产力的发展、科学技术的进步，桥梁建筑得到很大发展，湘江流域也出现了结构更为复杂、材料更为坚固持久耐用的古桥梁。笔者据清光绪《湖南通志》所载统计，湘江流域内的各类古桥梁有412座，一些至今尚保存较完好。兹将湘江流域著名古代桥梁列表如表5-1所示。

表5-1　湘江流域著名古代桥梁简表

桥名	所在州县	横跨河流	始建年代	类型
济川桥	道州	潇水	宋嘉定中	浮桥
平政桥	零陵	潇水	元朝	浮桥
渌水桴桥	醴陵	渌水	明朝	浮桥
渌江桥	醴陵	渌水	南宋	木梁桥
寿隆桥	江永县上甘棠村		北宋靖康年间	石梁桥
大江石桥	宁乡沙田乡	七里河水	清光绪二十四年（1898年）	石梁桥
太和桥	宁乡沙田乡	黄涓水	清光绪二十四年（1898年）	石梁桥
社湾桥	零陵水口山镇		清	石梁桥
接履桥（原名接音桥）	零陵		三国	石拱桥
温江古桥	涟源市石马山镇	温江	唐朝	石拱桥
青草桥（俗称草桥）	衡阳石鼓区青草渡	蒸水	相传韩愈过此而始建，称韩桥。初为木桥，明正统七年（1442年）	石拱桥
斩龙桥	东安县卢洪市	卢江河	宋庆历年间（1041～1048年）	石拱桥
蓝溪桥（原名柳家桥）	涟源蓝田镇	蓝田河	北宋	石拱桥

---

① 陈明宪：《湖南桥梁》，湖南人民出版社，2010，第86页。

第五章 湘江流域的治理及其交通

续表

桥名	所在州县	横跨河流	始建年代	类型
步瀛桥（又名渡仙桥）	江永县上甘棠村	谢沐河	宋靖康元年(1126年)	石拱桥
四拱桥	汝城县	浙水河	明弘治年间(1488~1505年)	石拱桥
女子桥	汨罗古仑乡黄道村	罗水支流蓝向河	明万历三十七年(1609年)	石拱桥
枫林铺桥	祁阳县下马渡镇	祁水	明嘉靖年间(1522~1566年)	石拱桥
杉树桥	祁阳县高码头青云村	祁水	明万历年间(1573~1619年)	石拱桥
大埠桥（原名永济桥）	娄底市娄星区		明万历四十四年(1616年)	石拱桥
七拱桥	桂阳县	春陵江		石拱桥
汉城桥	湘潭县花石镇	花石水	无考，清雍正三年重修	石拱桥
万福桥	湘乡洙津渡	涟水	清雍正四年(1726年)建成	石拱桥
兴隆桥	汝城县		清乾隆十四年(1749年)	石拱桥
万年桥	蓝山县所城乡	舜水	清乾隆五十三年(1788年)	石拱桥
小陂桥	祁阳县兰桥乡	白河支流清江	清乾隆五十八年(1793年)	石拱桥
石灵桥（原名湘宁桥）	湘潭县响塘乡		清乾隆年间	石拱桥
毛公桥	宁乡巷子口镇		清乾隆年间	石拱桥
西佛桥	江华沱江镇	沱水	清光绪二十三年(1897年)	石拱桥
新安桥	浏阳社港镇新安村		明成化十年(1474年)	廊桥
广利桥	东安县紫溪镇	紫水河	清乾隆三十八年(1773年)	廊桥
三合桥	郴州市北湖区	西河	清道光七年(1827年)	廊桥
惠同桥	宁乡沙田村	涓水河	清道光十四年(1834年)	廊桥
望嶷亭	蓝山县所城镇		无考	廊桥
状元桥	祁东县归阳镇	白河	无考	廊桥
新车桥	涟源市石马山镇	温江河	无考	廊桥

据表 5-1 可知，这些保存至今的古代桥梁，均建于湘江支流，甚至是支流的支流，湘江干流未见有桥梁，其原因是当时生产力水平较低特别是桥梁建造技术的限制。湘江流域古代桥梁主要有浮桥、木梁桥、石梁桥、石拱桥、廊桥等类型，以石拱桥的数量最多。浮桥又称舟桥，是大型桥梁的先辈，是一种以船、筏和木板为桥身而建成的桥

梁，是古代跨越较宽河流的唯一桥梁形式，道州济川桥、零陵平政桥和醴陵渌水桴桥等是湘江流域历史上著名的浮桥。醴陵渌江桥是借助伸臂作用，用短梁建造成的长跨桥，属于木梁桥。木梁桥面容易腐朽，需要经常维修，后来便出现了石梁桥。湖南地区现存的石梁桥以石墩石梁桥最为常见，最为著名的当属始建于宋代的江永寿隆桥，采用卯榫结构，填补了木结构桥向石结构桥过渡的空白。石拱桥是湖南同时也是湘江流域现存古代桥梁保存最多的类型，其中青草桥是最富文化内涵的古桥之一，七拱桥曾是桂阳通往新田、常宁的必经之路，万福桥为衔接湘潭与邵阳的重要桥梁。廊桥又称风雨桥，是在桥面上盖建廊屋，集桥、亭、廊三者于一体的特殊桥梁。

2. 湘江流域的近代桥梁

随着生产力的发展，特别是工业革命中科学技术的突飞猛进、人工材料的不断进步与优化、桥梁建造理论与技术的重大进展，桥梁建造的历史进入了近代时期。近代桥梁从西方引进后，中国人也开始建造自己的近代桥梁。湖南特别是湘江流域近代桥梁的建造，与近代铁路与公路的修筑相伴而生。湖南铁路修筑早于公路，公路桥梁却先于铁路桥梁而成。

（1）民国时期湘江流域的公路桥梁

辛亥革命后，湖南于民国二年（1913年）开始修筑长沙至湘潭的公路，这是中国第一条标准汽车公路，名为长潭公路，至民国十年（1921年）建成。长潭公路共有31座桥梁，其中较大的桥梁有易家湾昭阳桥、迥龙桥及官桥等。

民国十一年至民国十三年（1922~1924年），湖南建成潭宝公路湘潭至湘乡段工程。民国十八年至民国二十八年（1929~1939年），湖南提出建设以长沙为中心的四通八达公路交通网，形成湖南近代公路发展的第一个巅峰。大批近代公路桥梁因之出现，其中属于湘江流域的桥梁亦应运而生（见表5-2）。

第五章 湘江流域的治理及其交通

表5-2 民国时期湘江流域重要公路桥梁简表

桥名	横跨河流	类型	建造时间	备注
渌江桥	渌江	石拱	1924年	民国时期湖南最大石拱桥
万福桥	涟水	石拱	1927年	抗战期间毁于战火
湘乡虞塘桥	虞塘河	钢筋混凝土梁	1927年	解放战争期间毁于战火
湘乡永丰桥		中承式钢筋混凝土梁	1928年	抗战期间毁于战火
醴陵泗汾桥		钢筋混凝土梁	1928年	
长沙望麓桥		钢筋混凝土梁	1929年	抗战期间毁于战火
栖凤渡桥		石拱	1929年	
攸县丹龙桥		石拱	1929年	
辖神渡桥		石拱	1930年	抗战期间毁于战火
沩江桥	沩水	钢筋混凝土梁	1932年	抗战期间毁于战火
螺岭桥		砖墩钢筋混凝土梁	1932年	解放战争期间毁于战火
浏阳大瑶市桥		车架钢梁木面	1934年	解放战争期间毁于战火
瞿家塅桥		石台墩钢筋混凝土梁	1934年	解放战争期间毁于战火

(2) 民国时期湘江流域的铁路桥梁

近代以降，铁路作为近代交通变革的典型代表，对一个国家或者某个地区的社会变迁所起到的作用是十分巨大的，对于近代湖南而言，同样也不例外。湖南人中对铁路的向往当首推郭嵩焘，甲午战争后怀揣湖湘铁路梦的则有谭嗣同等人。当清廷决定修筑卢汉铁路的延长线粤汉铁路后，湖南官绅即积极争取，使粤汉铁路得以取道湖南，从1898年议建至1936年建成，前后历经38年。

粤汉铁路联络长江、珠江两大流域，在华中与岭南之间架起了便捷快速的通道。该通道桥梁架设必不可少，由武昌至长沙共有桥梁289座，株韶段大小桥渠1300余座。据笔者所知，湘江流域的粤汉铁路桥梁，就有1920年建成的浏阳河桥、1931年建成的捞刀河钢桥、1934年12月开工的石湾河大桥，以及1935年建成的衡山县洣河大桥、醴陵渌口镇渌河大桥、衡阳县耒河大桥、田头水（武水支流）

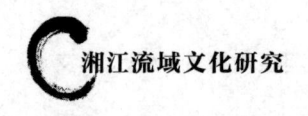

桥等。

粤汉铁路全线通车后,因"衡阳车站为全线中心枢纽,并为滇、黔两省出入之要道。自本站全线通车后,湘西一带物产之转运,日见繁增,惟该处中隔湘江,转辗驳运,诸多未便"①,遂决定在该处建设横跨湘江的大桥一座,连贯湘西交通。粤汉铁路衡阳站湘江大桥工程仅次于钱塘江大桥,堪称全国铁路中之第二大工程,"桥下四时可通小火轮,桥上密铺枕木,以便火车、汽车均可行驶"②。民国三十三年(1944年)衡阳会战,通车不久之雄伟湘江大桥,因阻止日军进攻的需要而被炸毁。

(3)基于城市发展需要建造长沙湘江大桥

因湘江的阻隔,省城长沙的交通及城市发展均受到严重影响。民国元年(1912年),黄兴回湘时曾提出建桥设想,"而水陆洲、岳麓山、溁湾市一带,建一铁桥往来,则居民散布,得受空旷之气"③。"长沙市与岳麓山隔江对峙,湘河水面虽不甚宽,但水陆洲蹲伏中央,由湘江东岸至西岸,必须两次划渡,湘江西岸为第一纺纱厂及湘南大学高等农业学校与清华学院所在,加以名山胜迹,令人景慕。春秋佳日,游人如蚁,湘西公路汽车总站亦在西岸,旅客往来,划渡更感不便。"湖南省政府"为便利行旅游客往来,久有建筑铁桥之意。惟连年省库空虚,财力不逮,遂寝其议"。直到民国二十六年(1937年),湘江大桥建设才被湖南省政府提上议事日程。时任湖南省建设厅厅长余籍传至京沪接洽衡中纱厂及自来水事宜,向金融界透露了长沙将兴建湘江铁桥的决定。为此,湖南省当局筹足了200万元建桥经费,请来设计师进行勘察设计,敲定大桥仿钱塘江大桥式样,由省城横跨水陆洲直达岳麓

---

① 《衡阳站拟建筑大桥横跨湘江》,《粤汉铁路旬刊》1936年第8期。
② 玉光《粤汉路直达通车过湘一瞥》,《上海报》1936年9月10日。
③ 黄兴:《在湖南十团体联合欢迎会上的演说》,《黄兴集》,湖南人民出版社,2008,第563页。

山，定名为中正大桥。工程极为浩大，预计须两年才能完工。① 但因日寇犯湘，为免资敌用，建了一半的湘江大桥不得不炸毁。

3. 湘江流域的现代桥梁

（1）跨湘江干流的现代桥梁

湘潭湘江大桥，位于湘潭市区原怡和码头，跨越湘江，连接湘潭市东西城区。1960年10月建成通车。该桥是湖南在湘江上建造的第一座公路大桥，也是当时全国最大的钢筋混凝土肋拱桥。

橘子洲大桥，原名湘江大桥，位于长沙城区五一路西端，经橘子洲到溁湾镇，是长沙市第一座横跨湘江的桥梁。1972年10月1日建成通车。

长沙湘江北大桥，又名长沙湘江二桥，现名银盆岭大桥。位于长沙市城北，跨越湘江，东起伍家岭，西至银盆岭，1991年1月建成通车。

衡山湘江大桥，位于衡山县城跨湘江，桥东为衡东县新塘镇，1995年12月竣工通车。

湘潭湘黔复线湘江特大桥，位于湘潭湘黔线湘江大桥下游40米处，跨湘江，1997年12月31日建成。

长沙月亮岛大桥，又名湘江六桥、石长铁路长沙湘江公铁大桥，位于长沙开福区龙王庙附近，跨越湘江，1999年10月19日建成通车。

长沙猴子石大桥，又名湘江南大桥、湘江三桥，位于南郊公园南侧，是长沙二环线南段跨越湘江的特大型桥梁，2000年10月建成通车。

湘潭湘江三大桥，位于湘潭湘江一大桥下游2.7公里左右的小东

---

① 《长沙湘江大桥即修筑》，《新建设》1937年第14期。

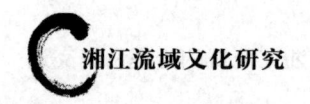

门码头处，2001年4月30日竣工通车。

株洲石峰大桥，位于株洲市湘江大桥下游的石峰公园西南角，2002年9月30日建成通车。该桥是株洲市横跨湘江的第二座大桥，钢筋混凝土箱形拱桥。

长沙黑石铺大桥，位于国道长沙绕城高速公路西南段，跨越湘江，2004年5月建成。

株洲建宁大桥，又名株洲湘江三桥，东连株洲芦淞区南环路，西接天元区西环路和京珠高速公路，跨越湘江，2005年12月30日建成通车。

湘阴临资口大桥，位于省道S308线上，湖南省唯一跨湘、资两大水系的大桥，又是洞庭湖区防洪保安的第一座大桥，2006年5月竣工通车。

长沙三汊矶湘江大桥，又名湘江四桥。位于长沙开福区三汊矶附近，是长沙市环线北段跨越湘江的特大桥，2006年9月通车。

湘潭湘江四桥，又名莲城大桥，西连二环线与上瑞国道联络线的交点，东接107国道，跨越湘江，2007年7月竣工通车。

株洲芦淞大桥，又名株洲四桥，东起株洲市芦淞区的建宁大道，跨越湘江，西连天元区的泰山路，2007年5月通车。

（2）跨湘江支流的现代桥梁

长沙东屯渡大桥，位于今长沙芙蓉区远大路与浏阳河交汇处，1960年9月竣工。

炎陵红星桥，位于炎陵县龙渣乡牛岗排村，跨越洣水上游瀚水深谷，1967年底建成。

宁乡靳江大桥，又称狮子山桥，位于宁乡市道林镇河清村与道林村交界处，跨湘江支流靳江河，建成于1973年11月。

望城沩江桥，位于望城区，跨沩水，建成于1980年12月。

白面石武水桥，位于衡阳广州复线坪石至罗家渡区间，1986年建成。

浏阳达浒二桥，位于浏阳市达浒乡原沙江陂渡口附近，1989年3月建成。

长沙洪山大桥，位于长沙北二环老洪山庙桥东60米处，南接四方坪立交桥，北临洪山庙旅游度假区，2004年12月28日建成通车。

长沙圭塘河大桥，位于长沙市人民东路与圭塘河交汇处，2004年底竣工通车，为长沙首座下承式钢筋混凝土箱形拱桥。

长沙浏阳人民路大桥，位于长沙市人民东路，跨越浏阳河，2004年底竣工通车。

长沙龙王港大桥（新望麓桥），位于长沙西出城交通要道枫林路上，2005年12月建成通车。

长沙万家丽路浏阳河大桥，位于长沙市万家丽路，跨越浏阳河，2007年11月通车。

宜章赤石大桥，位于宜章东北部的赤石乡境内，跨赤石河，是汝郴高速公路第19合同段上的一座特大桥，2012年竣工通车。

第六章
湘江流域生态保护和文化开发利用

湘江是长江的重要一级支流、湖南的母亲河。流域地处长江经济带与华南经济圈的辐射地带，区域内城镇密布、人口集中、经济发达、人文厚重、交通便利，是湖南省经济社会发展的核心地区。由于传统的粗放型发展模式没有根本转变，近年来流域资源和生态环境问题不断凸显，可持续发展压力日益增大。为探索流域科学发展路径，建设经济繁荣、社会和谐、山川秀美、区域协调的美好家园，打造"东方莱茵河"，支撑湖南在中部地区率先实现全面小康目标，在全国率先走出一条两型社会建设的路子，2013年3月湖南省政府正式批复《湘江流域科学发展总体规划》，为湘江流域文化保护与高质量发展指明了方向。湘江流域以湖南境内降雨汇入湘江的区域为界限，以县级行政区划为基本单元，包括长沙、湘潭、株洲、衡阳、郴州、永州、娄底、邵阳、岳阳等9市67个县（市、区），面积8.5万平方公里。[1]

---

[1] 湘江干支流流经区域：长沙市：芙蓉区、天心区、岳麓区、开福区、雨花区、望城区、长沙县、宁乡市、浏阳市；株洲市：荷塘区、芦淞区、石峰区、天元区、株洲县、攸县、茶陵县、炎陵县、醴陵市；湘潭市：雨湖区、岳塘区、湘潭县、湘乡市、韶山市；衡阳市：珠晖区、雁峰区、石鼓区、蒸湘区、南岳区、衡阳县、衡南县、衡山县、衡东县、祁东县、耒阳市、常宁市；郴州市：北湖区、苏仙区、桂阳县、宜章县、永兴县、嘉禾县、临武县、汝城县、桂东县、安仁县、资兴市；永州市：零陵区、冷水滩区、祁阳县、东安县、双牌县、道县、江永县、宁远县、蓝山县、新田县、江华县；娄底市：娄星区、冷水江市、双峰县、涟源市；邵阳市：邵东县、新邵县、邵阳县、新宁县；岳阳市：湘阴县、汨罗市。

第六章　湘江流域生态保护和文化开发利用

"东方莱茵河"这一概念的提出，在推动治理湘江的征程中掀起了一场生态建设的高潮。

一　做好湘江流域生态保护，打造"东方莱茵河"

随着城市化、工业化进程的快速推进，湘江沿岸城市经济迅猛发展，古老的湘江从未出现如此经济繁荣的景象，但是伴随而来的掠夺式开发与粗放型经济发展模式造成严重环境污染，给湘江带来难以弥补的创伤。湘江沿岸城市的供水、水运交通、农业生产等方面均受到不利影响，湘江流域面临的生态环境恶化问题日益突出。幸运的是，早在2008年，湖南省政府首次提出"把湘江打造成东方莱茵河"的目标，湘江治理成为湖南两型社会建设的突破口。在随后的顶层设计以及相关工作中，湖南不断探索湘江流域科学发展路径，致力于让美丽的湘江焕发新的魅力，成为"一条流淌文化的河流、流淌哲学的河流、哺育新时期湖湘人才群的河流"。

（一）把湘江打造成东方莱茵河的文化意义

湘江与莱茵河，虽分处欧亚大陆东西两端，但这两条大河有诸多相似之处。湘江与莱茵河流向相同，都是由南向北，最终汇入大海。两条河长度相当、流量几乎相等，流域内的城镇布局与人口密度分布相似，河流上游风景秀丽，中下游沿岸大小城市林立，形成主要的工业园区和人口聚集区。在生态环境方面，湘江与莱茵河一样经历着"先污染、后治理"的老路。不过莱茵河已经治理完毕，河水完全达到饮用水源标准，成了真正的绿色之江，而湘江正处在艰辛的治理过程中，还原一江碧水，仍然任重道远。在流域文化方面，河流孕育了人类文明，文化是每一条河流的灵魂。莱茵河被誉为欧洲的"父亲河"，是一条思想文化之河。康德、黑格尔、尼采、叔本华、马克思、恩格斯、胡塞尔、海德格尔等举世闻名的哲学家让莱茵河闪烁着哲学思想与智慧的光芒。湘江被称为湖南的"母亲河"，同样是一条文化底蕴深厚的河流，湘江孕育了神奇瑰丽的楚文化以及经世致用的湖湘文化。从屈原到周敦颐、王船山、曾国藩、谭嗣同、毛泽东等，无不在湘江流域留下了光辉的思想。湘江和莱茵河都是充满艺术气质的河流，把湘江打造成"东方莱茵河"的重要目标之一，就是要将湘江打造成具有独特艺术气质、较高艺术品位与浓厚艺术氛围的"艺术之河"，以满足群众的精神文化需要，让群众成为艺术创造与艺术享受的主体，使湘江流域成为人们生活的流连之地、诗意的栖居之所、精神的愉悦之地。①

（二）把湘江打造成东方莱茵河的基本原则和基本目标

《湘江流域科学发展总体规划》中，明确提出了把湘江打造成东方莱茵河的基本原则和基本目标。在治理湘江所要遵循的基本原则中，体现了以人为本，强调人与自然和谐相处；把握湘江流域的特征，在治理方面立足于标本兼治。《湘江流域科学发展总体规划》的出台，是治理湘江以及实现湘江科学发展的一个重要阶段，建设美丽湘江是湖湘人民的共同心愿。湖南要率先建立生态文明与经济文明高度统一、人水和谐相处的流域科学发展模式，实现健康、富庶、丰盈湘江的基本发展目的。

把湘江打造成东方莱茵河的基本原则之一是"以人为本，改善民生"。以实现流域居民全面发展为目标，以资源承载能力和环境容量为依据，稳步推进流域开发，改善居民生活条件，提高居民生活质

---

① 钱炜文：《湘江》，现代出版社，2015，第212页。

第六章　湘江流域生态保护和文化开发利用

量，促进流域有序发展。

把湘江打造成东方莱茵河的基本原则之二是"空间优化，城乡协同"。立足流域资源禀赋特色，优化流域功能分区和空间布局，着力推进城乡二元结构调整，加快空间资源、城乡资源共享互补，以城带乡，构建流域新型城乡体系，逐步实现流域空间优化和城乡一体化发展。

把湘江打造成东方莱茵河的基本原则之三是"生态优先，人水和谐"。坚持保护为主，强化生态修复，减少人为破坏，维护自然山水地貌，提高资源环境承载能力，正确处理好湘江与洞庭湖、长江之间的关系，促进生态平衡，实现人与自然和谐。

把湘江打造成东方莱茵河的基本原则之四是"标本兼治，综合开发"。坚持点源、面源治理相结合，工程措施与非工程措施相配套，保护、开发和治理相统一，注重源头减污，实施生态、防洪、农业、航运、发电、供水、旅游等有机结合的综合开发，着力解决重金属污染等环境问题。

《湘江流域科学发展总体规划》明确指出发展目标：科学进行功能分区，形成明确功能定位，促进区域生态环境与经济社会全面、协调、可持续发展。率先建立生态文明与经济文明高度统一、制度创新与科技创新双轮驱动，人水和谐相处的流域科学发展模式，建成健康湘江、富庶湘江、和谐湘江和丰盈湘江。

"健康湘江"指的是：突出资源节约和环境友好，加快环境整治和生态修复，建设山清水秀、生态优美的流域生态带。到2020年，流域单位地区生产总值能耗稳步下降，单位工业增加值水耗大幅降低，城镇污水处理率和垃圾无害化处理率分别达95%和100%。

"富庶湘江"指的是：着力提高发展水平，加快流域产业升级和布局优化，全面提高经济总量、均量和质量，改善居民生活水平，建

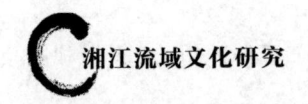

设经济发达、生活富裕的流域经济带。到2020年，流域人均地区生产总值达92100元，人均财政总收入6450元，城镇居民人均可支配收入42600元，农村居民人均纯收入19600元。

"和谐湘江"指的是：加快流域社会基础设施建设，提高居民社会保障水平，建设安居乐业、幸福文明的流域宜居带。到2020年，流域城镇登记失业率控制在4.5%以内，城镇保障性住房覆盖面在25%以上，城乡三项保险参保率达100%。

"丰盈湘江"指的是：综合开发利用流域水资源，加快河道整治和航电枢纽建设，提高可用水量，建设水量充沛、水运发达的流域交通带。到2020年，流域水运货运量占综合运输货运量的15%，千吨级以上航道里程达717公里，总用水量185亿立方米。

（三）重要举措："守护好一江碧水"

党的十八大以来，以习近平同志为核心的党中央，从中国特色社会主义事业"五位一体"总体布局和"四个全面"战略布局的高度，从实现中华民族伟大复兴中国梦的历史维度，强力推进生态文明建设。"绿水青山就是金山银山""环境就是民生，青山就是美丽，蓝天也是幸福""山水林田湖草是生命共同体，这个生命共同体是人类生存发展的物质基础"……一系列关于生态文明建设的新理念、新思想、新战略为促进湘江流域高质量发展、加快湘江生态文明建设指明了方向，湘江流域从此步入了环境治理、生态建设的美好前景。

在深入认识"守护好一江碧水"的重要性之前，我们必须了解湘江治理的历史与现状。湘江流域生态环境主要存在几方面问题。一是重金属污染。流域周边长期排放的重金属污染导致河道内重金属含量超标，存在大量铅、镉、汞等重金属元素，对周边自然环境造成了巨大危害。二是水资源污染。随着工业废水、农业废水和生活废水的流

第六章　湘江流域生态保护和文化开发利用

入，湘江流域的水质情况日益恶化，长此以往会反噬于流域周边的城市饮水资源和农业灌溉用水，对居民生命安全和农业发展造成极大威胁。三是湿地系统遭到破坏。在环境污染影响下湘江流域的湿地环境逐渐缩小，生物多样性也不断减少，破坏了湘江流域生态平衡，易引发恶劣天气变化和自然灾害。四是水土流失严重。流域周边的基础建设和山矿开采会减少植被资源、增大湘江水域的河流含沙量和破坏区域生态环境，造成水土严重流失、河流水质变差以及河堤坍塌等恶劣问题。

2013年，湖南启动实施湘江保护与治理"一号重点工程"，滚动实施3个"三年行动计划"。第一个"三年""堵源头"，第二个"三年""治""调"并举，第三个"三年"巩固提高，使湘江干流水质稳定在Ⅲ类，多数饮用水源地水质达到Ⅱ类以上。同一年，我国第一部江河流域保护综合性地方法规——《湖南省湘江保护条例》正式施行，对湘江流域各级政府"一把手"实行生态环境损害责任终身追究制，用最严格的法治管江、护江。沿着湘江干流，从郴州三十六湾到湘潭竹埠港，五大主要重金属污染区域打响一场场攻坚战。到2015年底，第一个"三年行动计划"，1100多家涉重金属污染企业关停退出，基本堵住湘江干流污染源头；到2018年底，第二个"三年行动计划"通过"治""调"并举，湘江逐步告别沉疴重症，水质全面好转。

2017年，党的十九大胜利召开。中国生态文明建设迈入新阶段。尤其是2018年4月习近平总书记在岳阳提出"守护好一江碧水"殷殷嘱托后，湖南生态文明建设踏上了新征程。

2018年5月，湖南省委、省政府召开长江岸线整治专题会议；同月，印发《中共湖南省委关于坚持生态优先绿色发展深入实施长江经济带发展战略大力推动湖南高质量发展的决议》；6月，全省生态环

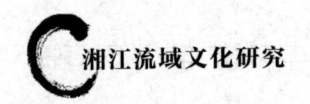

境保护大会召开，印发《湖南省污染防治攻坚战三年行动计划》（简称《行动计划》）；9月，省生态环境厅组建成立。

根据《行动计划》，污染防治攻坚战突出长株潭区域大气同治、洞庭湖水环境整治、湘江流域重金属（土壤）治理三大重点，强化转型发展、污染治理、生态保护三大举措，以蓝天、碧水和净土"三大保卫战"推进污染防治攻坚战，通过3年努力，实现全省空气质量优良天数明显增加、水环境质量明显改善、土壤环境风险明显降低。

2020年，污染防治攻坚战三年行动计划收官，湖南生态环境交出一份高分答卷：全省市级城市平均空气质量首次达到国家二级标准，实现历史性突破；空气质量优良天数比例达91.7%。湖南水环境"国考"取得高分。考核断面中水质优良率为93.3%，比2017年提高5个百分点；长江干流湖南段和湘资沅澧四水干流考核断面全部达到或优于Ⅱ类水质。在城乡居民生活区域，676个"千吨万人"饮用水水源地完成整治、1000个行政村生活污水得到治理、地级城市建成区黑臭水体消除率达到98.37%，湖南人喝水、用水都更放心安心。持续半个世纪之久的湖南环境治理和生态保护工作，在全面建成小康社会第一个百年奋斗目标实现的关键节点上，重现一江碧水、洞庭清澜、美丽长江岸线。生态强省建设，取得阶段性成果。①

2021年，百年大党风华正茂。大力实施"三高四新"战略、奋力建设现代化新湖南开启新局。在碳达峰、碳中和被首次写入政府工作报告背景下，湖南生态强省建设也面临新形势新任务：坚持绿色低碳发展；深入打好污染防治攻坚战；加强生态系统保护与修复；防范化解生态环境风险；推进生态环境治理体系和治理能力现代化。天蓝、地绿、水清、土净的美丽新湖南，必将稳步前行。

---

① 卢小伟、刘玉锋：《锦绣潇湘如诗画——湖南加快"生态强省"建设走笔》，《新湘评论》2021年第13期。

第六章　湘江流域生态保护和文化开发利用

二　建设多元城乡滨水景观，构建流域文化与旅游融合的精品线路

湘江作为湖南的母亲河，对湘江沿岸城市系统建设与城市整合具有重要意义。随着现代城市的发展、时代的进步和环境的变迁，人与自然、城市与滨水之间的关系也面临巨大的挑战。从水与城市共同构筑的系统性、整体性出发，以湘江水为线索的空间整合，有助于湘江沿岸建立具有不同功能、不同性质、不同特色的区域类型，推动湘江与城市环境关系的修复。

湘江滨水区建设发展，以湘江为枢纽，与众多山脉、水系以及两岸的城市共同组成独特的"山、水、洲、城"格局，建设湘江流域多元城乡滨水景观，可以形成流域文化与旅游融合的精品线路，充分实践文化强省战略。

（一）建设多元城乡滨水景观

《湘江流域科学发展总体规划》指出，打造现代滨江都市，充分利用滨水岸线资源，提升城市空间开发价值，强化建筑形态、开敞空间、城市标志的设计引导，围绕功能提升与更新保护，塑造城市魅力。打造悠闲滨江村镇，强调空间功能的生活化与空间景观的宜人化，彰显江南丘陵与平湖区村镇空间特色。打造自然滨江郊野，融合自然山水景观与田园风光，在沿岸平坦地带培育独具特色的生态景观农业，在沿岸山区丘陵地带塑造山水交融的魅力景致。形成农田丘岗为底、湘江为带、城市村镇为珠，城市—村镇—郊野相间的开放式链带空间结构。根据湘江流域自然环境和城市布局，沿江的多元城乡滨水景观可以分为现代滨江都市、悠闲滨江村镇、自然滨江郊野三大类

型。滨水空间与城市的其他空间相比,不仅是当地居民休闲活动的重要空间,更是城市文明的象征、吸引外来游客前来游玩观光的重要场所。

在现代滨江都市类型中,重点以长沙岳麓山大学城滨江科教风貌区为例,利用岳麓山山体环境和文化底蕴,发展以科教、文化、风景旅游为特色的滨水城区,凸显"山—水—洲—城"意象,彰显科教文化活力。岳麓山国家大学科技城植根湖湘文化沃土,在"大众创业、万众创新"的风潮中更应弘扬"心忧天下、敢为人先"的湖湘精神,致力于创新创业项目就地转化,打造领先中部、全国一流的创新驱动发展引领区、科技体制改革先行区、区校合作示范区,让各类人才慕名前来发展,从而实现"历史的延续,文化的传承"。在发展理念上,树立校区、园区、景区、城区"四位一体"共赢发展目标,构建以大学为纽带,辐射周边地区,集教育功能、产业功能和生活服务功能于一体的整体格局。强化地方、高校资源的整合,园区、景区、城区在重大项目、科技园区建设、环境整治、宣传氛围营造等方面应积极与高校对接;通过协同规划、资源共享,各高校应积极打破"文化孤岛""教育孤城"的封闭阻隔,注重发挥大学城对当地经济社会发展的人才库、知识库、思想库和产业孵化器作用,形成教育、研发、生产一体化的产业链或产业集群;各级政府应以环境整治提升为抓手,引导大学科技城发展从粗放拆建型向内涵提质型转变;通过文化和科学技术强劲的规模效应、辐射效应、关联效应和产业提升效应,向世界展示岳麓山大学科技城历史与现实交融、院校与地方共生的新形象。[①]

又如株洲白石滨江工业风貌区,保留、再塑工业遗迹,赋予现代

---

① 朱佩娟:《推进岳麓山大学科技城创新发展》,《新湘评论》2017年第15期。

功能与内涵，创造独特的工业文明体验空间。株洲在此规划基础上设计了"动力港湾"与"白石水韵"两大主题建设。

"动力港湾"主题段从市二水厂东至彩虹大桥。由于该段历史上主要为一些工业厂房以及配套的生活住区，属于集体用地和划拨的国有土地，公共功能较为缺乏。为增加该区域的公共功能，在该区域引入商务办公、休闲娱乐、运动健身等公共功能，通过打造富有趣味的开放性公共空间，进一步提升区域活力，同时与南面的"白石水韵"主体区相呼应，形成连贯的滨江休闲娱乐活力带。该区域的景观设计应充分利用依山傍水、得天独厚的滨水景观资源，以及底蕴深厚的工业历史文化资源，将自然山水与工业文化有机结合，打造具有独特魅力的公共文化空间，通过功能置换赋予旧建筑新的活力，使其成为延续工业历史文化的动力之源。可利用厂区旧址，设计富有文化复兴气息的创意主题园区。园区内可就地取材，提取原有建筑及构筑物的特征元素，如拱形的棚子、高高的烟囱、柱形机械等，根据建筑物结构特点及周边环境，将其改造为工业博物馆、艺术馆、演艺中心、露天餐吧等，旧式厂房成为株洲湘江风光带具有象征意义的建筑物。"白石水韵"主题段从彩虹大桥至贺嘉路。该段历史上为港头商贸交易区，现保留有永利码头、麻纺厂等工业旧址。目前，该区域大部分已被居住区覆盖，原有的港头商贸功能已消失。"白石水韵"主题段正对桥头，拥有良好的交通区位及景观资源，规划通过增设绿地、引入商业娱乐功能、凸显工业文化特色等方式，增强区域活力。[①]

在悠闲滨江村镇类型中，主要有株洲朱亭江南丘陵古镇风貌区，保护传统建筑元素，延续村落空间格局肌理，凸显依山顺势、山—水—田—居相嵌的丘陵村镇空间特色，塑造宁静古朴的古镇风

---

① 李伟：《株洲湘江风光带滨水公共空间规划策略研究》，湖南大学工程硕士学位论文，2019。

貌；有衡阳南岳生态旅游小镇风貌区，以湘江为玉带、衡山为翠屏，构建"衡山—湘水—名镇"空间形态结构，打造国际化生态旅游名镇；有衡阳松柏生态工业小镇风貌区，展示现代工业与生态宜居功能，营造滨水工业建筑景观，建设滨江风貌生态工业示范小镇；有永州观音滩田野村居风貌区，打造滨江生态农业，营造田园村落景象。

以湘江上游的永州为例，永州以绿色作为高质量发展底色，重视保护田野村居生态环境，促进农业和旅游业发展，这与健康湘江、富庶湘江的发展目标是完全一致的。《永州市国民经济和社会发展第十四个五年规划和二〇三五年远景目标纲要》中明确规定"品牌强农"，构建以"永州之野"全品类市级农业公用品牌为引领，以企业品牌和农产品品牌为主体的永州农产品品牌体系。建立"永州之野"公用品牌的授权使用机制和产品可追溯管理机制。"特色强农"，要求做强蔬菜产业，打造祁阳槟榔芋、新田三味辣椒、江永香芋、江华珍珠椒、道县香芋加工型蔬菜优势区，认定一批"湘江源"蔬菜生产示范基地。永州的强农政策与保护农村生态环境、守护好湘江源头一江碧水的要求息息相关。因此进一步要求促进乡村宜居宜业。实施乡村建设行动，统筹推进农村各项建设，加快补齐农村发展短板，促进城乡融合发展，建设美丽乡村。在推进乡村建设方面，要求改善农村人居环境。扎实推进美丽乡村建设，打造具有"湘南风貌"特色的美丽幸福新家园和粤港澳大湾区"后花园"。深入实施"湖湘农民新居工程"，提升农村建筑风貌，打造田园建筑示范，推动建设具有地域特点、民族特色和时代特征的农村建筑，加强新建农房风貌管控，积极保护历史文化名镇名村，促进农村生态优势向绿色发展优势转化。修复与保护乡村生态，推进村庄绿化、亮化。实施乡村人居环境提升行动，因地制宜推进空心房整治、农村改厕、生活垃圾处理、污水治理

第六章　湘江流域生态保护和文化开发利用

和农业面源污染治理。开展美丽乡村示范创建。开展美丽乡村县乡整域推进试点，选择一批基础较好、特色鲜明的村，创建具有湖湘特色的布局美、产业美、环境美、生活美、风尚美的美丽乡村示范村。在大力发展文化生态旅游方面，打造潇水河山水生态休闲带。以潇水和湘江为脉络，整合两岸旅游资源，将其打造成综合性、多功能、水陆互动的核心旅游发展区域，构建集田园观光、滨水休闲、潇湘文化、碑林文化体验于一体的旅游示范带。在促进生态与旅游融合方面，整合潇水和湘江两岸旅游资源，构建通畅的水上旅游发展通道，进行水上、岸线、沿岸旅游节点的开发和建设，发展休闲旅游、生态旅游等多种业态，打造潇水河山水生态休闲带。推进森林体验和康养休闲，依托丰富的生态资源和旅游产品，培育森林生态旅游新业态新产品，打造国家森林步道、康养步道、特色森林旅游目的地和精品线路、新兴森林生态旅游地品牌。加强森林生态旅游宣传推介，以田园景区、共享农庄等新型体验农业业态带动乡村旅游。重视特色古村落保护开发工程。支持周家大院、李家大院、龙家大院、下灌村、上甘棠村、谈文溪、宝镜村、勾蓝瑶寨等为代表的永州独具湘南特色古村落的旅游项目开发。[1]

（二）保护与利用洲岛资源

保护洲岛资源，修复生态景观。改善天然洲岛生态植被环境，加强被破坏、被污染洲岛的综合治理与生态修复，重点保护龙洲、傅家洲、柳叶洲、柏家洲、鹅洲等生态景观保护型洲岛。加强洲岛开发利用管控，严格开发建设规划设计管理，严禁挖沙、堆填等破坏洲岛资源的行为，全面清理违章建筑，深入开展环境整治工作。利用洲岛空

---

[1] 《永州市国民经济和社会发展第十四个五年规划和二〇三五年远景目标纲要》（2021年1月12日永州市第五届人民代表大会第六次会议批准），《永州日报》2021年7月16日。

间，打造公共休闲场所，开发特色旅游产品，重点打造月亮岛、橘子洲、巴溪洲、兴马洲、杨梅洲、古桑洲、空洲岛、大洲岛、东洲岛、巴洲岛等生态休闲开发型洲岛。

强化城市节点设计，以水系为纽带，串联城乡叙事空间，抒写湘水文化故事，彰显地域文化特色；注重滨水公共空间设计，加强沿江风光带建设，创造生活休闲空间；安排各种节庆活动以及休闲散步、水上运动等日常活动，增强滨水区活力；合理组织滨水区内部与外部交通，增强滨水区与城镇其他地区之间的可达性与便捷性，加强滨水区内部慢行系统的设计。

限制沿岸城镇建筑高度，加强天际轮廓线引导；塑造沿岸建筑景观层次，创造更多临水景观面；建筑组合疏密有致，虚实空间交错过渡；预留垂直于岸线方向的视觉通廊，加强滨水景观渗透；强化城市标志性建筑设计，彰显湖湘特色。

（三）构建流域文化与旅游融合的精品线路

湘江流域拥有非常丰富的文化旅游资源，既有风景秀丽的山水田野风光，又有文化底蕴深厚的人文景观；既有优秀的传统文化遗存，又有现代闻名的红色文化景点。《湘江流域科学发展总体规划》指出，整合流域自然、人文、经济资源，加强区域旅游整体布局和联动协作，突出旅游品牌建设，提升整体旅游形象，打造国内知名的江河旅游目的地。并提出打造"五色"旅游品牌，形成流域文化与旅游融合的精品线路，将文化资源转化为富民强省的资源。

绿色湘江生态旅游景点有都庞岭、飞天山、天鹅山、苏仙岭—万华岩、岣嵝峰、天堂山、东台山国家森林公园；桃源洞、阳明山国家级自然保护区；流光岭、仙庚岭、观音岩、大京、大围山、八景洞风景名胜区。以绿色湘江为主题、沿岸自然生态景观为背景，打造流域

第六章 湘江流域生态保护和文化开发利用

生态旅游基地，重点建设东洞庭湖、桃源洞、舜皇山等国家自然保护区，大围山、云阳等国家森林公园，湄江、飞天山等国家地质公园，酒埠江、斜坡堰水库等国家水利风景区以及千龙湖等国家湿地公园。以流域生态旅游带建设为平台，通过丰富的岸线形式和绿地景观，建设连接干流6市并集旅游、运动、休闲、交通、防洪和基础设施于一体的旅游观光大道。加快联通节点和节线工程建设，完善流域各地绿道工程，优化沿江道路、沿线景区景点及配套设施。

红色革命文化旅游景点有李达故居、湘南年关暴动旧址、罗荣桓故里、夏明翰故居、蔡和森故居、韶山风景区、彭德怀故居、齐白石纪念馆、李立三故居、茶陵工农红军政权旧址、叶家祠、长沙红色旅游景点（新民学会旧址、船山学社、八路军驻湘办事处、中共湘区委员会旧址等）、杨开慧故居、胡耀邦故居、秋收起义文家市会师旧址、沈家大屋、雷锋纪念馆、刘少奇故居、任弼时故居。以伟人故居为核心，串联相关红色旅游景点，加强红色旅游产品表现形式多样化建设，推动红色旅游的区域合作与产业联动。精心打造以韶山为中心的"领袖故里红三角"旅游区，重点建设以毛泽东故居为代表的红色名人故居，秋收起义旧址、三大纪律·六项注意颁布地旧址、沈家大屋为代表的重大革命事件纪念地，茶陵县第一个红色政权、湘南年关暴动指挥部旧址为代表的红色政权旧址，长沙烈士纪念塔为代表的红色纪念标志四大类旅游产品，推动红色旅游的品牌建设，形成流域整体的红色旅游产品体系。

蓝色水上休闲旅游景点有古潇湘镇（老埠头）、苹岛、潇湘平湖、天堂温泉、东江湖休闲度假集聚区、便江水利风景区、洣水水利风景区、江口镇鸟洲景区、水府庙、湄江风景区、云峰湖国际旅游度假区、株洲湘江生态风光带、酒埠江水利风景区、洮水水库景区、长沙市湘江风光带、黄材水库水利风景区、远浦楼。依托湘江水系，以干流及延伸段为景观主轴，串联沿线地标、景点、古城古镇和洲岛等景观，大力发展湘江轮渡游，在条件适宜的湖泊、水库、河段发展游艇、摩托艇、水上自行车、划龙舟等多种参与性活动。重点开发月亮岛、橘子洲、巴溪洲、兴马洲、杨梅洲、古桑洲、空洲岛等洲滩度假休闲旅游。

古铜色湖湘文化旅游景点有柳子庙、怀素旅游区、浯溪石刻、九嶷山—舜帝陵、玉蟾岩、周敦颐故居、千家峒、上甘棠村、宝镜古民居群、聚龙居、石鼓书院、退省庵、萱洲古镇、王船山故居、蔡伦文化旅游区、娄星区老街、曾国藩故居（富厚堂）、易俗河老街、渌江书院、炎帝陵旅游区、岳麓山风景名胜区、长沙市内人文景点（橘子洲、天心阁、湖南省立第一师范、潮宗街）、长沙马王堆汉墓等湖湘文化旅游景点（马王堆汉墓、简牍博物馆、贾谊故居、长沙明藩府）、黄兴故居、铜官窑、谭嗣同故居、炭河里商周遗址、裴休墓、左文襄公文化生态游、屈子文化园。发展炎帝陵、舜帝陵等谒祖旅游，抓好岳麓书院、石鼓书院等重点旅游景区的规划和建设，深度开发寻根祭祖、古迹遗产旅游精品线路。围绕屈原、周敦颐、曾国藩等湖湘名人历史踪迹，抓好湖湘人文历史景区（点）开发与优化。重视非物质文化遗产旅游开发，建立非物质文化遗产综合展示馆，开展主题旅游活动，重点打造流域内非物质文化遗产强县。

金黄色宗教文化旅游景点有宁远文庙、南岳衡山风景区、大杰寺、伏波庙、云岩寺、开福寺、铁炉寺、松柏寺、陶公庙、石霜寺、戴公庙、密印寺、湘阴文庙、普德观。以宗教圣地南岳衡山为核心，以南岳大庙、祝圣寺，长沙开福寺、麓山寺、戴公庙，宁乡密印寺，云阳山紫霞观，资兴寿佛寺，宁远文庙，株洲伏波庙，汨罗普德观等为依托，挖掘和利用千年古刹宗教文化资源，在尊重和保护各宗教差异性的基础上，整合流域各种宗教文化资源，推动流域宗教旅游资源大组团，推介宗教文化旅游新亮点。加强与周边区域宗教文化景点的互动，提升湘江宗教文化旅游品位。

三 弘扬湘江红色文化精神

湘江流域革命传统资源是我们党的宝贵精神财富，每一个红色旅游景点和每一个红色经典故事都蕴含着丰富的政治智慧和精神动力。发生在湘江流域的一段段改天换地的红色征程、一个个感天动地的红色故事，不仅蕴藏着我们党"从哪里来"的密码，还指引着我们党"走向何方"。要讲好党的故事，让人们认识那段光辉的红色历史，做到知史爱国、知史爱党，激发人们对党忠诚的情感认同，赓续红色基因，传承湘江流域优秀革命传统。习近平总书记在党史学习教育动员大会上深刻指出："着力讲好党的故事、革命的故事、英雄的故事，厚植爱党、爱国、爱社会主义的情感，让红色基因、革命薪火代代传承。"我们要挖掘利用好本地的红色资源，讲好红色故事，让红色文化成为湘江流域文化中一颗璀璨的明珠。

（一）成立共产党早期组织，促进马克思主义在湘江流域的传播

五四运动前夕，湖南成为南北军阀混战的战场之一，民众生活在水深火热之中。另外，由于湘江沿岸重要城市与港口逐渐对外开放，以及西方列强加大对湘江流域的经济侵入，湖南近代工业经济与工人阶级逐渐发展壮大，工人阶层思想觉醒，为马克思主义在湘江流域的传播和生根发芽提供了必要的前提条件。

1918年4月，毛泽东、蔡和森等有志青年在老师杨昌济先生的教导下成立新民学会，以"改造中国与世界"为学会宗旨，长沙的进步青年学生依靠新民学会这个平台，积极参加社会实践，为长沙成立共

产党早期组织奠定了坚实的基础。五四运动的爆发,以及俄国十月革命一声炮响,为中国送来了马克思主义。以毛泽东、何叔衡、彭璜为代表的知识分子在长沙兴办书社、成立研究会、创建报刊发表文章,在湘江流域迅速传播马克思主义。

1920年8月,毛泽东、易礼容、彭璜等人在长沙创办文化书社,湖南进步青年以此为文化阵地,广泛宣传、研究马克思主义。文化书社成为日后长沙共产党早期组织的秘密联络机构。

毛泽东、方维夏、何叔衡等人还在长沙成立湖南俄罗斯研究会,先后推荐刘少奇、任弼时等进步青年远赴俄罗斯留学,为今后中国共产党早期的重要骨干培养杰出人才,刘少奇、任弼时成为新中国的重要领导人。可见湖南俄罗斯研究会在中国共产党的历史上发挥了重要作用。受到陈独秀和李大钊的影响,毛泽东等人又在长沙成立马克思主义研究会,组织并带动一批批进步青年为改造中国社会而学习、研究、宣传马克思主义。五四运动以后,毛泽东等进步青年在长沙发动了学生大联合、湖南人民自治运动等系列运动,大批青年通过系列运动的洗礼,很快成长起来。同时,以工人阶级为核心的无产阶级队伍也迅速形成规模,推动马克思主义与湖南工人运动结合起来,为今后革命的胜利积蓄了无穷的力量。马克思主义在湘江流域的传播,以及毛泽东等进步青年在长沙开展的系列运动造成巨大的社会影响,为长沙成立共产党早期组织创造了良好的条件。陈独秀也从湖南的自治运动中看出青年毛泽东的才华和领导才能,他给毛泽东寄来了《共产党》月刊,并委托毛泽东在长沙负责筹建共产党组织的事宜。毛泽东回忆说:"我一旦接受了马克思主义是对历史的正确解释以后,我对马克思主义的信仰就没有动摇过。"到1920年夏天,"在理论上,而且在某种程度的行动上,我已成为一个马克思主义者,而且从此我也认为自己是一个马克思主义者了。"到1920年10月"一大"前夕,长沙共产党早期组织共有10位党员,其中有6人在发起文件上签名。1920年12月,酝酿已久的长沙共产党早期组织正式成立,开启了湖南共产主义运动的新篇章。

(二)讲好湘江经典红色故事,传承红色基因

2020年9月习近平总书记考察湖南,将考察首站选在"半条被子"故事发生地——汝城县沙洲村。总书记用一天时间专门去看这个考察点,并在沙洲村深情讲道:"作为一名党员干部,我要和9000万党员、14亿人民不断接受教育、接受洗礼。"总书记还用"十步之内,必有芳草"赞誉红色湖南。可以说,这里的"芳草",主要生长在湘江流域。我们要讲好湘江经典红色故事,从中吸取砥砺前进的精神力量,把湘江的红色基因一代一代传承下去。

1. "半条被子"的故事

"半条被子"是一个发生在湘江流域的红色经典故事。这个故事发生在1934年11月上旬,中央红军突破了国民党的第二道封锁线,陆续抵达湖南省汝城县,分别驻扎在文明、秀水、韩田、沙洲等地。其中,总卫生部驻扎在沙洲村。红军进驻前,村子里很多人受国民党的反动宣传影响,跑到山里躲了起来。村民徐解秀夫妇因为照顾婴儿留在家中。在此期间,有3名女红军来到她家,帮她烧火煮饭,闲时跟徐解秀夫妇拉家常,讲革命道理,宣传红军是穷人的队伍,叫老乡们不要怕,回到家里来,还把打土豪得来的衣物、粮食分给她家。很快,徐解秀便和女红军熟络起来。临睡前,她带着女红军来到厢房。简陋的床铺上垫着稻草,铺着破席,盖的是一堆烂棉絮,连一条完整的被子都没有,根本抵挡不住寒冷。于是,女红军拿出她们仅有的一条被子,和徐解秀母子合盖。几天后,红军大部队出发,女红军也要离开了。为了感谢徐解秀,她们决定把

这唯一的被子留给徐解秀家，但夫妇俩说什么也不肯接受。在村口，她们将被子推来推去。就在互相推让的时候，大部队开始翻山了，女红军十分着急。这时，一位女红军摸出一把剪刀，把那条被子剪成了两半，留下半条给徐解秀。女红军对她说：红军同其他当兵的都不一样，是共产党领导的，是人民的军队，打敌人就是为老百姓过上好生活。徐解秀和丈夫朱兰芳送她们走过泥泞的田埂，到了山边时，天快黑了。徐解秀不放心，想再送一程，因为是小脚，走路困难，就让丈夫送她们翻山。年年这几天，她都要在与女红军分别的山脚下等好久。红军离开沙洲村后，敌人随后赶来，把全村人都赶到祠堂里，逼大家说出谁给红军做过事，大家都不说，敌人就搜家。女红军留给徐解秀的半床被子也被搜走了，还把她拖到祠堂里跪了半天。

1984 年 11 月 7 日，重走长征路的《经济日报》记者罗开富来到了这个村庄。80 多岁有点恍惚的徐解秀以为是红军回来了："你们打回来了？你们胜利了？那 3 名女红军什么时候能来？我家男人怎么还不回来呀？"闻听此言，罗开富被感动了。徐解秀老人还问罗开富："你能见到红军吗？"罗开富答："能见到。"她说："那就帮我问问，她们说话要算数呀，说好了，打败敌人要来看我的呀！"她说到这里，脸上已流下了泪水。丈夫和三个女红军走了，徐解秀苦苦等了 50 多年，那间厢房的陈设也一直是原来的样子。徐解秀还记得临别前女红军对她说过的话："大嫂，天快黑了，你先回家吧。等胜利了，我们会给你送一条被子来，说不定还送来垫的呢。"徐解秀抹着眼泪说："我已有盖的了，只盼她们能来看看我就好。"徐解秀说："虽然那时候为了红军留下的半条被子吃了点儿苦，不过也让我明白了一个道理，什么叫红军，什么叫共产党，共产党就是自己只有一条被子，也要剪下半条给老百姓的人。"

第六章　湘江流域生态保护和文化开发利用

1984年11月14日,《经济日报》头版"来自长征路上的报告"栏目发表了罗开富撰写的《当年赠被情谊深如今亲人在何方——徐解秀老婆婆请本报记者寻找三位红军女战士下落》一文。这篇文章迅速传遍了大江南北,在全国产生了强烈反响,"半条被子"的故事也就这样传播开来。文章见报后不久,邓颖超、蔡畅、康克清、刘英、谢飞等15位当年经历长征仍健在的女红军十分感动,特地委托谢飞接受采访,对长征途中帮助过红军的父老乡亲表达她们的怀念之情、感激之情,"悠悠五十载,沧海变桑田。可那些在革命最艰难的时候帮助过红军的父老乡亲们,我们没有忘记。请罗开富同志捎句话:我们也想念大爷、大娘、大哥、大嫂们!"在邓颖超亲自主持下,一场寻找3名女红军的行动在全国展开。遗憾的是,英雄已无觅处,3名女红军最终没有找到。为了完成她们的未了心愿,邓颖超等人特意买了一床崭新的被子,委托罗开富送到徐解秀家中。①

2016年10月21日,在纪念红军长征胜利80周年大会上,习近平总书记作了《一切贪图安逸的想法都要不得》重要讲话,用了湖南汝城沙洲村"半条被子"这个红色经典故事,在讲话中总书记指出:"一部红军长征史,就是一部反映军民鱼水情深的历史。在湖南汝城县沙洲村,3名女红军借宿徐解秀老人家中,临走时,把自己仅有的一床被子剪下一半给老人留下了。老人说,什么是共产党?共产党就是自己有一条被子,也要剪下半条给老百姓的人。同人民风雨同舟、血脉相通、生死与共,是中国共产党和红军取得长征胜利的根本保证,也是我们战胜一切困难和风险的根本保证。""半条被子"的故事,代表了中国共产党的初心,体现了党为民本色。共产党人自己有一条被子也会剪下半条给老百姓,这绝不是口号,不是作秀,我们就

---

① 卢毅:《"半条被子"折射长征路上鱼水情深》,《学习时报》2021年4月12日。

是这么做的。而且这种誓言，我们一直传承下来了。正是这样，老百姓才把共产党看成是自家的党、老百姓的党。

2. 陈树湘断肠明志

我们党的百年历史，是一部英雄人物辈出的历史，也是中国近现代以来历史上最为可歌可泣的篇章。湘江战役是长征中规模最大、时间最长、战斗最激烈、伤亡最大的一场战役，其中牺牲最惨烈的是未能成功渡江、几乎全军覆没的红三十四师。为了掩护红军主力，陈树湘率领的红三十四师承担起全军后卫的任务。这一战，红五军团三十四师6000余人全军覆没，史称"绝命后卫师"。师长陈树湘受伤被俘，在被敌人抬至长沙领赏途中，陈树湘乘人不备，忍着剧痛从伤口处掏出自己的肠子用力绞断，壮烈牺牲。

1934年11月中旬，中央红军突破国民党军第三道封锁线后，由湖南省南部向广西省（今广西壮族自治区）北部前进。11月25日，中央红军在道县到江华间渡过潇水，主力继续西进。这时，蒋介石急调嫡系部队和湘、粤、桂三省地方军阀部队合计达26个师近30万人，沿湘江构筑第四道封锁线：中央军薛岳部和湘军何键部集中到零陵、黄沙河一线；桂军主力进到全州、兴安、灌阳地区，布成袋形阵地；中央军周浑元部和湘军李云杰、李韫珩等部，尾随中央红军追击。11月27日晚，中央红军先头部队胜利渡过湘江，并控制了界首至脚山铺间的渡河点。为了掩护红军主力，陈树湘率领的红三十四师奉命留守原地，被阻隔在湘江以东，坚决阻击尾追之敌，承担起全军后卫的任务。中革军委要求红三十四师提前做好准备，万一不能过江，则返回湘南打游击。临别前，军团首长叮嘱三十四师年轻师长陈树湘，一定要把干部组织好，要把战士们安全带回来。对于红三十四师的前途，中共中央也做了最坏的打算。

11月28日起，红三十四师便遭到敌军的重重包围。在严峻的形

第六章　湘江流域生态保护和文化开发利用

势下，全师广大指战员拼死一搏，抵住了敌人的疯狂进攻，成功地掩护红军主力渡江。完成任务后，红三十四师赶到湘江边已是12月2日。此时湘江沿岸所有渡口已被敌人占领。在抢渡湘江无望的情况下，红三十四师不得不执行之前中革军委指示的向湘南游击的预案。师长陈树湘当机立断，率领部队东返，准备撤回湖南打游击。在最危急关头，师长陈树湘召集师团干部，和战士们一起高喊"为苏维埃新中国流尽最后一滴血！"下达最后的命令：毁弃无弹的火炮、枪支，争取寻找敌人兵力薄弱的地方突围出去，到湘南打游击。然而，红军"毕竟是孤军作战，又处在白崇禧的统治区，兵力、粮食、弹药都得不到补充，既无兄弟部队配合，又没有群众支援"。在敌军的疯狂"追剿"下，红三十四师转战数日，终因寡不敌众，遭受失败。12月11日，陈树湘率领最后幸存的战士们渡河时，遭到反动民团伏击。陈树湘不幸中弹，腹部受了重伤，肠子流了出来。为了不拖累大家，他命令警卫员补上一枪。警卫员含泪为其包扎好伤口，抬着他继续突围。12月16日，陈树湘命令师参谋长王光道率领仅存的百余人上山躲避，自己则不幸落入敌手。敌人见抓住一名红军师长，"高兴得发了狂"，便用担架抬着失血过多、昏迷不醒的陈树湘，准备向蒋介石邀功请赏。12月18日上午，陈树湘在半路上突然醒来，他誓死不做俘虏，于是乘敌不备，猛然撕开绷带，将手伸进腹部伤口处，扯出自己的肠子，用尽平生最后的力气绞断。陈树湘壮烈牺牲时，年仅29岁。烈士牺牲后，凶残的敌人惨无人道地将他的头颅割下，悬挂在烈士老家长沙小吴门的城墙上。

湘江战役，中央红军经过英勇奋战，突破了国民党军第四道封锁线，挫败了蒋介石企图歼灭红军于湘江以东的计划。但此役也是中央红军长征中损失最大的一次。整个湘江战役中，有3万余名红军指战员血染湘江，为革命献出生命。为此，当地老百姓流传着这样一句话：三年不饮湘江水，十年不食湘江鱼。湘江战役是关系中央红军生死存亡的一战，这一战换来红军战略方向的彻底改变。一个月后，中共中央政治局召开了划时代的遵义会议，中国共产党和工农红军历史上的伟大转折从此开启。

党的十八大以来，习近平总书记高度关注湘江战役。2014 年 10 月，在福建古田召开的全军政治工作会议上，习近平总书记就曾深情讲述了陈树湘"断肠明志"的故事，在座同志无不为之动容。之后，习近平总书记又多次谈到陈树湘，每每提及，都是感慨万千。"壮烈啊！陈树湘是牺牲英雄中很典型的一个。"红军将士在面临重大伤亡的绝境中，将视死如归、向死而生、一往无前、敢于斗争、战胜艰险的崇高精神发挥到极致，用意志克服常人难以想象的困难，打退敌人一次又一次的攻击，保证大部队顺利渡过湘江，为中国革命蹚出了一条走向新生、走向胜利的光明道路。

在 2021 年 4 月 25 日至 27 日习近平总书记到广西考察期间，首站就来到位于桂林市全州县才湾镇的红军长征湘江战役纪念园，向在这场战役中英勇牺牲的烈士敬献花篮，并对湘江战役中红军将士坚定的理想信念进行了高度赞扬，习近平总书记说："试想，如果没有这么一批勇往直前、舍生忘死的红军将士，红军怎么可能冲出敌人的封锁线，而且冲出去付出了那么大的牺牲，还没有溃散。靠的是什么？靠的正是理想信念的力量！"湘江战役是红军长征的壮烈一战，是决定中国革命生死存亡的重要历史事件。红军将士视死如归、向死而生、一往无前、敢于压倒一切困难的崇高精神，永远值得我们铭记和发扬。习近平总书记发出号召："我们对实现下一个百年奋斗目标、实现中华民族伟大复兴就应该抱有这样的必胜信念。困难再大，想想红军长征，想想湘江血战。"新的长征路上，还会有一道道"封锁线"，我们永远需要义无反顾、无所畏惧的英雄气概和革命斗志，越是艰险越向前，朝着实现中华民族伟大复兴的目标奋勇前进。

(三) 湘江流域红色文化为"三高四新"战略实施提升精神动能

红色文化是中国共产党人浴血奋战、历经磨难、追求真理的精神结晶，湖南作为"十步之内必有芳草"的红色沃土，凝聚着不屈不挠、艰苦奋斗、爱国奉献的优秀精神品质，蕴藏着丰富的红色资源、优秀的革命传统、动人的红色故事。湘江流域是一方红色热土，大批共产党人在这片热土挥洒了青春乃至热血，谱写了一曲曲英雄的壮歌。境内遍布毛泽东同志早期的革命足迹，记载着刘少奇、任弼时、彭德怀、罗荣桓、李达等老一辈革命家的成长历程。推动"三高四新"战略尤其需要用红色文化激发创业斗志，勇立潮头、敢闯敢为，干出实打实的新业绩，干出群众的好口碑。

以红色信念为湖南"三高四新"战略实施鼓舞士气。湖南是红色信念的重要创造地传承地，夏明翰写下"砍头不要紧，只要主义真"后英勇就义；何宝珍被捕后对敌人鄙视道，"革命者是杀不尽的"。实施"三高四新"战略，既要塑形，也要铸魂。湖南"十四五"时期乃至更长时期，既是经济转型升级、爬坡过坎期，也是各类矛盾风险易发期，需要有志不改、道不变的理想信念与精神定力。要持续加强对广大党员干部的湖南红色文化教育，突出"初心"意识，突出"使命"内容，"润物细无声"般地教化。要将红色文化中内含的精神力量转化为个体的情感认同和行为习惯，切实推动广大党员干部自觉矫正"小富即安、小进即满"的骄傲自满，自觉克服患得患失、怕这怕那的畏难情绪，以战斗到底的精神把湖南"三高四新"战略推向前进。

以红色作风为湖南"三高四新"实施涵养正气。陶铸曾说"如烟往事俱忘却,心底无私天地宽",体现的正是"风清则气正,气正则心齐,心齐则事成"的湖南红色作风。推进"三高四新"战略的进程中风险大、挑战多、任务重,需要真抓实干、干在实处、干在难处的优良作风。要强化风雨兼程、风雨无阻的优良作风,在推动湖南高质量发展中坚定信心、坚守岗位、坚实担当,做到守土有责、守土负责、守土尽责。加强作风监督,在空间上不设禁区、时间上不分节点、对象上不搞例外,对"清谈客"型、"泥菩萨"型党员干部,不负责就问责、不担当就挪位、不作为就撤职,倒逼"懒散拖"党员干部在日常细微处尽责任,在急难险重时敢攻坚,推动形成奋勇担当、动真碰硬的新风正气。

以红色情怀为湖南"三高四新"战略实施厚植底气。党的根基在人民、血脉在人民、力量在人民。毛泽东曾说:"我们这个队伍是完全为着解放人民的,是彻底地为人民的利益工作的";蔡和森提出"伸张民气"而心向人民,徐特立病危时将急用的两瓶血浆让给一个大出血的产妇。以他们为代表的湘籍革命家,心中装着人民,为了人民的利益勇于奉献自己的一切,这就是"即便自己只有一条被子,也要剪下半条给老百姓"的共产党人。"三高四新"战略的根本目的就是为了能让人民群众过上更好的日子。要深刻领悟"人民就是江山,江山就是人民"的执政规律,始终扎根人民、时刻为了人民、紧紧依靠人民。要把群众路线当作推动"三高四新"战略实施的生命线和根本工作路线,最广泛动员和组织三湘人民投身到这项伟大事业中来。要常怀爱民、忧民、为民、惠民之心,始终坚持以民意民声为导向、以民愿民盼为引领,真正把"民有所呼"化作"我有所为",使"三高四新"战略真正成为民生工程、民心工程。

湖湘大地是人文荟萃之地,传统文化与红色文化紧密结合,文化底蕴深厚,湘资沅澧每一条河流都是群星闪耀的"星河"。我们要认真贯彻落实习近平总书记考察湖南重要讲话指示精神，在弘扬红色文化中，在党史学习教育中，大力宣传湘江流域著名革命家的光辉业绩，传颂他们鞠躬尽瘁的人生经历、感天动地的精神风范、可歌可泣的精彩故事，传承红色基因，将学史明理、学史增信、学史崇德、学史力行融会贯通起来，达到学党史、悟思想、办实事、开新局的目的。

参考文献

1. 司马迁：《史记》，中华书局，1963。
2. 《中国地方志集成·湖南府县志辑》，江苏古籍出版社，2002。
3. 《〈光绪湖南通志〉点校》，湖南省地方志编纂委员会点校，湖南人民出版社，2017。
4. 湖南省地方志编纂委员会编《湖南省志》第十卷，湖南人民出版社，2001。
5. 湖南省地方志编纂委员会编《湖南省志》第二十六卷，五洲传播出版社，2005。
6. 郦道元：《水经注校证》，陈桥驿校证，中华书局，2019。
7. 陈运溶：《湘城访古录》，岳麓书社，2009。
8. 吕恩湛、宗绩辰：道光《永州府志》，岳麓书社，2008。
9. 王逸：《楚辞章句》，上海古籍出版社，2017。
10. 袁珂：《山海经校注》，上海古籍出版社，1980。
11. 张华：《博物志校证》，范宁校证，中华书局，2014。
12. 王夫之：《楚辞通释》，上海古籍出版社，2018。
13. 沈括：《梦溪笔谈》，中华书局，2016。
14. 胡宏：《胡宏集》，中华书局，1987。
15. 张栻：《张栻集》，中华书局，2015。

16. 邓显鹤：《沅湘耆旧集》，岳麓书社，2008。
17. 曾国藩：《曾国藩全集》，岳麓书社，1987。
18. 王嘉：《拾遗记》，中华书局，1991。
19. 李玫：《纂异记》，上海古籍出版社，1991。
20. 容闳：《西学东渐记》，生活·读书·新知三联书店，2011。
21. 赖中霖编著《洪武永州府志注释》，湖南人民出版社，2013。
22. 吴兆熙、张先抡等修纂：光绪《善化县志》，岳麓书社，2010。
23. 李心传：《建炎以来系年要录》，中华书局，2013。
24. 伍新福主编《湖南通史》（古代卷），湖南出版社，1994。
25. 刘泱泱：《刘泱泱文集》，民主与建设出版社，2020。
26. 周世荣：《湖南古墓与古窑址》，岳麓书社，2004。
27. 张伟然：《湘江》，江苏教育出版社，2010。
28. 熊治祁编《湖南人物年谱》，湖南人民出版社，2013。
29. 陈代湘：《湖湘学案》，湖南人民出版社，2013。
30. 周建刚：《周敦颐与宋明理学》，中国社会科学出版社，2018。
31. 王晚霞：《濂溪志》，湖南大学出版社，2013。
32. 陈谷嘉、邓洪波：《中国书院史资料》，浙江教育出版社，1998。
33. 季啸风：《中国书院辞典》，浙江教育出版社，1996。
34. 季羡林：《比较文学与民间文学》，北京大学出版社，1991。
35. 向柏松：《中国水崇拜》，上海三联书店，1999。
36. 陈先枢、黄启昌：《长沙经贸史记》，湖南文艺出版社，1997。
37. 杨罗生：《历代龙舟竞渡文学作品评注》，中国文联出版社，2003。
38. 国家文物局：《中国文物地图集·湖南分册》，湖南地图出版社，1997。
39. 尹铁凡：《湘潭经济史略》，湖南人民出版社，2003。
40. 陈瑶：《伞巢之局：清代湘潭的米谷贸易与地方社会》，厦门大学出版社，2017。

后　记

　　《湘江流域文化研究》是湖南流域文化丛书中的一部，亦是湖南省社会科学院 2020 年度重大委托课题"湖南流域（一湖四水）文化研究"最终成果之一。该课题由湖南省社会科学院党组成员、副院长贺培育研究员与湖南省社会科学院历史文化研究所李斌所长共同策划，并组织拟定本书写作提纲，带领课题组成员赴湘江上游潇水与湘水汇合处、沿岸重要码头、下游汇入洞庭湖口处进行实地调研，收集相关资料。在调研期间，课题组得到了湖南省地方志编纂院以及地方史志部门的大力协助。

　　湖南是一个多水的省份，水为生命之源，人类文明亦发源于江河流域。湘江流域面积为湖南四水之最，永州、郴州、衡阳、湘潭、株洲、长沙、岳阳均属于湘江流域，全省经济、政治、文化重心都在湘江流域，因此湘江被誉为湖南的母亲河，"湘"成为湖南省的简称。从流域文化的角度考察湖湘文化，能够为湖南地域文化研究提供一个新的视角。

　　作为湖南流域文化丛书中的一部，本书的撰写是一个全新的尝试，也是集体研究的成果，毛健撰写第一、二、三、四、六章，其中，李斌撰写第二章第三节；杨锡贵撰写第五章。本书在撰写和修改的过程中，贺培育副院长、李斌所长、郭钦副所长先后提出了许多宝

后 记

贵意见，社会科学文献出版社宋静老师作了许多协调、联系工作，责任编辑张超老师细致审读书稿，提出许多修改意见，为本书顺利出版付出了辛勤的劳动，在此深表谢忱！由于时间和研究水平有限，书中疏漏和不当之处在所难免，敬请读者方家批评指正。

编　者

2022年5月

图书在版编目（CIP）数据

湘江流域文化研究 / 毛健著 . -- 北京：社会科学文献出版社，2022.8
（湖南流域文化丛书）
ISBN 978-7-5228-0217-6

Ⅰ.①湘…　Ⅱ.①毛…　Ⅲ.①湘江-流域-地方文化-研究　Ⅳ.①G127.64

中国版本图书馆 CIP 数据核字（2022）第 099233 号

湖南流域文化丛书
湘江流域文化研究

著　　者 / 毛　健

出 版 人 / 王利民
组稿编辑 / 邓泳红
责任编辑 / 张　超
责任印制 / 王京美

出　　版 / 社会科学文献出版社·皮书出版分社（010）59367127
　　　　　地址：北京市北三环中路甲29号院华龙大厦　邮编：100029
　　　　　网址：www.ssap.com.cn

发　　行 / 社会科学文献出版社（010）59367028
印　　装 / 三河市龙林印务有限公司

规　　格 / 开　本：787mm×1092mm　1/16
　　　　　印　张：16.75　字　数：215千字

版　　次 / 2022年8月第1版　2022年8月第1次印刷
书　　号 / ISBN 978-7-5228-0217-6
定　　价 / 98.00元

读者服务电话：4008918866

版权所有 翻印必究